# 改訂版

# 単語耳 レベル2

たんごみみ

中級英単語2000の音を
脳に焼き付けて「完全な英語耳」へ

松澤喜好［著者］

大学英語教育学会［協力］

JN048235

## 『改訂版』について

　『単語耳　英単語八千を一生忘れない「完全な英語耳」実践編 Lv.2』が 2007 年 10 月に発売されてから 14 年が経ちました。その間に、みなさんを取り巻くネット環境がすっかり変わり、多くの方にとってスマホが生活必需品となりました。今回新たに『改訂版』を出版するねらいは、本書レベル 2 の内容を、インターネットが普及した時代性に合わせて、より学習効果が出るように見直すことです。まず、付属 CD で提供するレッスン用の音声データを mp3 で提供することにし、加えて、スマホ等に直接ネットからダウンロードできるように切り替えました。また、パソコン等で動作する Google 翻訳や Google Meet などの音声認識機能を活用したレッスンも新たに提案しています。

　英単語は発音から覚えると忘れなくなります。英語では、子音・母音の発音がそもそも日本語とは異なっています。さらに、英単語は子音・母音を複雑に組み合わせて発音するため、日本語とは、まるでかけ離れた発音となります。母音を中心に子音を組み合わせた、英単語を構成する音の単位を「音節」と言います。日本語の仮名（あ、か、さ……）は、仮名 1 つ 1 つが 1 音節です。これが英語ではどうなるかと言うと、例えば「street」はスペル全体で 1 音節なのです。日本語の「ストリート」は 5 音節です。ですので、英語の音節とは感覚がかなり違うのです。このことが英語の発音やリスニングの習得を困難にしています。

　本書レベル 2 では、主に高校生が習う 2000 単語を素材にして、「音節」に真正面から向き合った分類を実施し、「音節の発音」から単語を習得するレッスンを行ないます。具体的には、2000 単語を 507 個の代表的な音節で分類して、56 のレッスンに分けて提供しています。

　また、英語の音節の発音は、いくら一生懸命発音練習をしても、自分の発音が客観的に正しいかどうかわからなければ、みなさん、不安だろうと思います。

　それが 2021 年現在では、AI を使った音声認識の技術の進歩によって、自分の発音が正しいかどうかを、パソコンやスマホを使用して自己判定できるようになってきました。特に本書の 2000 単語は、現代の音声認識アプリと相性が良いので、音声認識を利用できる方は、ぜひ活用してください。詳しい練習方法については、理論編 Part2 の第 2 部でご紹介します（もちろん、音声認識アプリを活用できない方向けのアドバイスも併記しています）。続く第 3 部では、主に Windows10 パソコンでの使用を例に、音声認識アプリの操作法を解説しています（Mac やスマホをご利用の方は、そこでの説明を個々の環境に合わせてうまく読み替えたり、ご自身でネット検索をして調べたりして、音声認識アプリを活用してみてください。とはいえ、著者である私も出版社 KADOKAWA も、みなさんの個別の環境での音声認識に関するサポートは一切行なえませんので、念のため）。

## 付属 CD の収録音声は旧版のものを再編集

　本書『改訂版』の付属 CD に収録した音声は、旧版時の英単語の音声に手を加えて、無音の部分を詰め、よりテンポよく発音練習できるように再編集してあります。単語の収録順序は変えていません。音声の編集作業は私自身が行ないました。ネイティブ・スピーカーの発音の自然なテンポを実現するためです。

　また、旧版のように「音楽 CD」2 枚ではなく「データ CD」を 1 枚だけ付属させることにしました。「音楽 CD」ですとトラック数に最大 99 の制限があるため、旧版では 56 あるレッスン内の合計 507 の音節の音を、全 99 × 2 に無理に押し込めていました。したがって、探している番号の音声がどのトラックに入っているのかがわかりにくく、読者のみなさんにたいへんなご不便をおかけしていました。ところが今回の「データ CD」であれば、トラック数 99 の制限を気にすることなく、mp3 形式の音声ファイルをいくつでも収録できます。これにより、今回は 1 つ 1 つの mp3 ファイルを、練習しやすい長さの音声にすべく編集しなおせたのです。ファイル名から直接、音番号がわかるので、スマホや携帯機器での練習が楽になっているかと思います。

　それらはネット（https://promo.kadokawa.co.jp/chukei/voice/）からもダウンロード可能です（ダウンロード時に、ID とパスワードを求められますので、「DOWNLOAD」ボタンの上にある指示をよく読んで、入力願います。なお、データは zip 形式で圧縮されていますので、Windows や Mac、Android や iOS 等の対応アプリでのご解凍をお願いいたします）。

## 理論編 Part2 の改訂

　旧版では、理論編 Part2 の第 2 部、第 3 部は以下の内容でした。
　第 2 部　音読・リスニングの最適教材
　第 3 部　「多読」入門のためのガイド
　しかし今回、上記の内容は『改訂版　単語耳　レベル 1』のほうにすでにすべて盛り込んであるため、すべて削除しました。そして新たに「第 2 部　付属 CD の使い方・音声認識の活用」「第 3 部　音声認識アプリの具体例とその活用法」を書き下ろしました。

　実践編 Lv.2 の Lesson1 から Lesson56 までの英単語の分類は、旧版とまったく同じです。ただし、発音方法の解説の記載を見直したことで、付属音声から得られる気づきは旧版より多くなると思います。

　旧版（全 4 巻）では、レッスンの素材となる英単語リストに、JACET8000 と呼ばれる「大学英語教育学会基本語リスト 8000 単語」を採用していました。JACET8000

は、2016 年に「新 JACET8000」となり、8000 単語の内容が見直され、一部が入れ替わっています。主な変更点は、旧 JACET8000 に無かった数字、Sunday などの曜日名、January などの月の名前が加わったことです。逆に言うとその分、削除された単語もあります。本書では、旧版と同じく、2016 年以前の JACET8000 を採用しています。この新旧の差は、発音習得にはほとんど影響がないと考えたからです。

（2021 年 10 月　松澤喜好）

# はじめに

　前作『改訂版　単語耳　レベル1』（『単語耳』第1巻）は、「もっとも基本的な英単語1000語を"発音から"覚えよう」という作品でした。「英語特有の子音・母音」の発音をマスターすることをねらいとして、1000単語を"子音・母音で"分類したレッスンを組んでいます。

「英語特有の子音・母音」を自分で正しく発音できるようになると、英語のリスニング（聞き取り）力が飛躍的に上がります。それが、「英語耳」（英米人の英会話をストレスなく聞き取れ、字幕無しで洋画を見られる状態）の基礎となります。『単語耳』第1巻は、「英語耳の基礎」づくりに最適かつ最短のレッスンを提供していますので、未読の方はぜひ一度チャレンジしてみてください。

　本書『改訂版　単語耳　レベル2』（『単語耳』第2巻）でも、「発音から英単語を覚えよう」という主旨は変わりません。

　しかし、今度学ぶのは、全部で約500音（56パターン）ある、「英語特有の音節」（一息で発音する子音・母音の組み合わせ）です。この約500音をマスターすると、アクセントのある「音節」を聞き取った時点で、英米人が英会話の際に使用している単語を平均4語程度にしぼり込める上、なんと未知の単語を含めた英単語を何万語でも発音できるようになります。

　たとえば、本書では、[striː] という音節の音を覚えながら、street [striːt]（通り）、 stream [stríːm]（流れ、川）、streak [stríːk]（筋、光線）といった単語を習得できるようになっています。

　これにより、[striː] という音節の音の引き出しを脳の中につくることができます。そしてその引き出しに整理される形で、street, stream, streak といった語彙を記憶できる脳へと、あなたの脳をつくりかえることができます。

　実は [striː] という音節を含む単語は、英語にはこの3語しかないと思っていただいて構いません。そして意味にも、3語に共通したイメージ（細長い流れのような何か）があることにお気づきでしょうか？

　これこそが、ネイティブが脳の中に単語を整理してしまっているやり方だ、と考えられます。つまり、[striː] という音が聞こえただけで、相手の使用単語をほぼ特定できるしまい方、というわけです。

　本書・実践編 Lv.2 で学習する英単語は第 1 巻より難しくなり（高校 2 年生〜大学生レベルです）、学習する数は第 1 巻の 2 倍の 2000 単語となっています。第 1 巻の 1000 単語と合わせると、日常会話に十分な 3000 単語を全「音節」のパターンと同時に記憶できる、というわけです。

　この計 3000 語は、いずれも極めて重要な単語ばかりですが、英語学習の初級・中級の人々の多くは、この 3000 語がなかなか確実に身につかなくて困っています（あなたはこの 3000 語が、英会話の際によどみなく出てきますか？）。発音から覚えた単語は一生忘れません。前作・実践編 Lv.1 と本書・実践編 Lv.2 を多くの方にご活用いただけることを心より願っています。

　このように、本書『単語耳』第 2 巻では、子音・母音の発音から話を一歩進めて、次の段階である「音節の発音のマスター」に的をしぼったレッスンを組んでいます。2000 単語も収録しているので、幸い、本書だけで英語の「音節」のパターンがほとんどすべて出てきます。つまり、本書で、英語の発音に出てくる「口や舌の動かし方」の全パターンについてほぼ完璧にマスターできるのです。もう口や舌の動かし方でとまどうことはなくなるでしょう。本書で、口や舌がスムーズに動くように筋肉が鍛（きた）えられるからです。

　本書は、冒頭の「理論編 Part2」（第 1 巻の「理論編」の補足（ほそく）です）と、その後の本編である「実践編 Lv.2」から成り立っています。「実践編 Lv.2」では 2000 単語を「音節」で分類し、付属ＣＤを使って発音練習しながら、単語の発音と意味が暗記できるという一石二鳥をねらっています。本書・実践編 Lv.2 で、英語の発音の組み合わせパターンがすべて出てきますので、英語の発音の仕組みが実技を通じてしっかり身につくという効果を実感できるでしょう。したがって、一石三鳥の効果があると言えます。

「理論編 Part2」では、『単語耳』の特徴である、「単語を音から覚える」利点を改めて別の角度から説明しています。その利点の主なものは、下記の通りです。
① 英単語を発音できるようになる
② 英単語の発音とスペルが一致するようになる
③ 英会話でネイティブの発音をうまく聞き取れる
④ 全英単語を構成する音の全体像と口の動かし方を把握できる
⑤ 音の記憶は、意味の記憶とは別の脳領域に保持されるので忘れない

⑥ シンプルな方法で練習ができる

　また、「理論編 Part2」では、「付属 CD の使い方・音声認識の活用」にて、本書の練習を 40〜100 回くり返すための具体的な発音練習プログラムを紹介します。「音声認識アプリの具体例とその活用法」では、リモート会議アプリとして有名な Google Meet の字幕機能などを例として、音声認識機能の使い方を紹介します。

　後半の「実践編 Lv.2」は、JACET8000（大学英語教育学会が選んだ使用頻度の多い英単語 8000 語のリスト）の 1001〜3000 番の計 2000 単語を、「黄金の 56 パターン」（Lesson1〜56）で徹底的に分類した、発音練習のための教材です（「黄金の 56 パターン」とは、英単語にくり返し出てくる 56 の音節パターンのことです。英単語をこの 56 パターンの組み合わせとして聞き取れるようになると、5 万語でも 10 万語でも英単語を発音・リスニング可能になる、というわけです。可能なら、第 1 巻の「理論編」もご参照ください）。
　ぜひ付属ＣＤの発音をマネながら、「黄金の 56 パターン」の発音練習をしてください。単語の発音を習得しながら、英語の発音の体系を身につけ、さらには 2000 単語を確実に身につけてしまおうという一石三鳥のレッスンです。私はこれこそが英会話マスターの最短の、もっとも効果的な練習方法であると確信しています。

## では、はじめましょう！

# 目次

# 理論編
## Part2

『単語耳』シリーズ（全4巻）の学習理論については、第
1巻（『改訂版 単語耳 レベル1』）掲載の「理論編」で
詳しく解説いたしましたが、ここではその補足説明を展
開します。また、「付属CDの使い方・音声認識の活用」
「音声認識アプリの具体例とその活用法」も掲載し、
Googleのアプリなどを活用しつつ本書で反復練習を
するための具体的な方法もご提案いたします。

# 第1部　「発音」から単語を覚える
## 発音できる単語は、一生忘れない！

## Ⅰ. 音を使えば英単語暗記がはかどる6つの理由

「はじめに」でも書きましたが、「発音から」単語を覚えることには、以下のような利点があります。

① 英単語を発音できるようになる
② 英単語の発音とスペルが一致するようになる
③ 英会話でネイティブの発音をうまく聞き取れる
④ 全英単語の音の全体像と口の動かし方を把握できる
⑤ 音の記憶は、意味の記憶とは別の脳領域に保持されるので忘れない
⑥ シンプルな方法で練習ができる

　それぞれについて、ここで詳しく解説していきましょう。

### ●① 英単語を発音できるようになる

　単語は、まず「発音から」覚えましょう。十分に発音練習をした単語は、記憶にずっと残ります。単語の発音さえ覚えてしまえば、意味はどんなにあとになってからでも、覚えている発音に関連づけて記憶できます。発音を知っていると、次にその単語に出会った際に、昔から知っていた単語のような感じがします。そして、読書などでその単語に出会うたびに、単語の使用方法が経験として蓄積されていくので、語彙力の幅と深さがどんどん増していきます。

　発音練習をした単語は、それに出会ったときに、昔から知っているような懐かしい感じがして、それに新たな今回の出会いの経験、つまり新しい意味や使用法の経験が積み重なる感じがするものなのです。

　英語の発音を難しいと感じるのは、英語の子音・母音の組み合わせ方が、日本語の子音・母音の組み合わせ方と、まったく違うからです。英語の口の動かし方と、日本語の口の動かし方は、全然違うのです。多くの日本人にとっての最大の問題は、英語の口の動かし方を身につけないで、日本語

のカナの口の動かし方に引き寄せて英語の発音を覚えてしまうことです。

これにより、year [jíɚ]（年）と ear [íɚ]（耳）、heart [hάɚt]（心）と hurt [hə́ːt]（傷）を日本人が発音すると、[ji] と [i]、[άɚ] と [ə́ː] の発音の違いが消えて、それぞれ「イヤー」、「ハート」になってしまうといったことが起こるわけです。これでは英会話は通じませんし、ネイティブの会話を聞き取れないので、単語を覚えたことになりません。本書で「発音できる」ということは、英米人が区別している音を、あなたも区別して発音できることを指しています。

## ●② 英単語の発音とスペルが一致するようになる

「英語の発音とつづりの関係は複雑」と言われますが、実際は案外単純です。英語にはフォニックス（Phonics）といわれる発音とつづりを結びつける便利なルールがあるからです。このルールが案外単純なのです。

フォニックスとは、英語を母国語とする子どもたちが本を読むために習う「つづりと発音を関係づけるルール」のことです。英米では、だいたい5〜6歳で習うものだそうです。単語のスペルを覚え始めるときに、同時にフォニックスを習うのです。つまり、フォニックスとは、英米人の子どもを、「発音は知っていて話せるけれども、読めない」状態から、「話せるものは、読める」状態にするためのものです。

フォニックスは、日本人にも有効です。「読めるけれども話せない」状態から、「読めるものは話せる」状態にするために——つづりに発音を結びつけるためにも使えるからです。

フォニックスに関して実にうまくまとめてある記事としては、学習英和辞典の『ニューヴィクトリーアンカー英和辞典』（学研プラス）に掲載されている、91 のフォニックスの説明を強く推薦します。そこには、Ph1〜Ph91 のフォニックスのルールがすべてコンパクトに掲載されています。今回は、学研プラス様にご快諾をいただけたので、次ページと次々ページに同 2 ページをそのまま転載しておきます。

『ニューヴィクトリーアンカー英和辞典』のこの 2 ページの説明を読めば、30 分足らずでフォニックスの基本ルールを習得できるでしょう。

参考資料 3

# 英語のつづり字と発音

——フォニックス方式によるまとめ——

## ① フォニックスとは

つづり字と発音の間には一定のルールがあり、その関連性を見つけて、つづり字の読み方を指導するのがフォニックス（phonics）です。

たとえば、b という文字は単語の中ではふつう[b]という音です。同じように t は[t]の音です。また oa というつづり字は 1 つになって[ou]

| 子 音 字 | | | |
|---|---|---|---|

**ルール I** 次の子音字は規則的な音を表す

| 番号 | つづり | 音 | 例 |
|---|---|---|---|
| PH 1 | **b** | [b ブ] | big, job |
| PH 2 | **d** | [d ドゥ] | dog, bed |
| PH 3 | **f** | [f フ] | fast, leaf |
| PH 4 | **h** | [h ハ] | hat, hot |
| PH 5 | **j** | [dʒ ヂ] | jet, just |
| PH 6 | **k** | [k ク] | king, milk |
| PH 7 | **l** | [l ル] | leg, hill |
| PH 8 | **m** | [m ム] | map, room |
| PH 9 | **n** | [n ヌ／ン] | noon, run |
| PH 10 | **p** | [p プ] | pen, cap |
| PH 11 | **q(u)** | [kw クゥ] | quickly, queen |
| PH 12 | **r** | [r ル] | red, story |
| PH 13 | **s** | [s ス] | sea, bus |
| PH 14 | | [z ズ] | rose, music |
| PH 15 | **t** | [t トゥ] | ten, pet |
| PH 16 | **v** | [v ヴ] | visit, seven |
| PH 17 | **w** | [w ウ] | way, swim |
| PH 18 | **x** | [ks クス] | box, six |
| PH 19 | | [gz グズ] | example, exam |
| PH 20 | **y** | [j イ] | yes, year |
| PH 21 | **z** | [z ズ] | zoo, jazz |

**ルール II** c, g はあとにくる文字によって 2 通りの音に発音される

| 番号 | つづり | 音 | 例 |
|---|---|---|---|
| PH 22 | **c**+e<br>**c**+i<br>**c**+y | [s ス] | cent, face<br>city, cinema<br>cycle |
| PH 23 | **c**+a<br>**c**+o<br>**c**+u<br>**c**+子音字<br>語末の **c** | [k ク] | cat, cake<br>coin, cook<br>cup, cube<br>class, cross,<br>picture<br>music, topic,<br>logic |

| 番号 | つづり | 音 | 例 |
|---|---|---|---|
| PH 24 | **g**+e<br>**g**+i<br>**g**+y | [dʒ ヂ] | general, page<br>giant, giraffe<br>gym |
| PH 25 | **g**+a<br>**g**+o<br>**g**+u<br>**g**+子音字<br>語末の **g** | [g グ] | gas, game<br>go, golf<br>gun, gum<br>glass, green,<br>ground<br>dog, pig |

**ルール III** 次の二重子字は規則的に発音される（三重子音字を含む）

| 番号 | つづり | 音 | 例 |
|---|---|---|---|
| PH 26 | **ch** | [tʃ チ] | child, lunch |
| PH 27 | **ck** | [k ク] | back, sick |
| PH 28 | **dg** | [dʒ ヂ] | bridge, judge |
| PH 29 | **gh** | [f フ] | enough, laugh |
| PH 30 | **ng** | [ŋ ング] | sing, long |
| PH 31 | **ph** | [f フ] | phone, photo |
| PH 32 | **sh** | [ʃ シ] | shop, fish |
| PH 33 | **tch** | [tʃ チ] | watch, kitchen |
| PH 34 | **th** | [θ ス] | three, think,<br>tenth |
| PH 35 | | [ð ズ] | this, that,<br>mother |

**ルール IV** 次の子音字は発音しない

| 番号 | つづり | 例 |
|---|---|---|
| PH 36 | 語末の gh(t)の **gh** | eight, taught,<br>high |
| PH 37 | 語末の gn の **g** | sign, foreign |
| PH 38 | 語頭の kn の **k** | knife, know,<br>knock |
| PH 39 | 語末の mb の **b** | climb, comb |
| PH 40 | 語末の mn の **n** | autumn |
| PH 41 | 語頭の wr の **w** | write, wrong,<br>wrist |

p.14〜15 は『ニューヴィクトリーアンカー英和辞典』（学研プラス）より転載

と発音します. そこで, boat は [bout] と読めるのです. では, coat はどうでしょう. c は o の前では [k] と発音しますので [kout] となります.

このように, つづり字と発音の規則を覚えれば, 初めて出会う単語でも, 大半は発音記号がなくても楽に読めるようになるでしょう.

この辞書の本文では重要語を中心に, 発音記号のあとに該当<ruby>箇所<rt>かしょ</rt></ruby>の読み方を示しました. ただし, 全ルールのうちから, 次のフォニックス番号にかぎりました.

子音字… PH 11 , PH 26 ～ PH 41
　　　　（ただし, PH 30 を除く）
母音字… PH 46 ～ PH 53 , PH 58 ～ PH 91

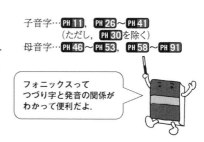

フォニックスってつづり字と発音の関係がわかって便利だよ.

母　音　字（アクセントのある場合にかぎる）

| ルール V | 単語の終わりが「母音字＋子音字」なら, 母音字は短音になる | | | 番号 | つづり | 音 | 例 |
|---|---|---|---|---|---|---|---|
| 番号 | つづり | 音 | 例 | PH 66 | ew | [ju: ユー] | few |
| PH 42 | a | [æ ア] | hat, cat | PH 67 | ie | [i: イー] | field, piece |
| PH 43 | e | [e エ] | pet, ten | PH 68 | oa | [ou オウ] | boat, road |
| PH 44 | i | [i イ] | win, sit | PH 69 | oi, oy | [ɔi オイ] | oil, boy |
| PH 45 | o | [ɑ ア‖ɔ オ] | hop, pot | PH 70 | oo | [u ウ] | book, foot |
| PH 46 | u | [ʌ ア] | cut, sun | PH 71 | | [u: ウー] | food, moon |
| PH 47 | y | [i イ] | gym | PH 72 | ou | [au アウ] | out, house |
| ルール VI | 単語の終わりが「母音字＋1つの子音字＋e」なら, 母音字は長音になる | | | PH 73 | ow | [au アウ] | now, town |
| | | | | PH 74 | | [ou オウ] | snow, low |
| PH 48 | a | [ei エイ] | hate, name | ルール IX | 「母音字＋r」は規則的に発音される | | |
| PH 49 | e | [i: イー] | Pete, eve | | | | |
| PH 50 | i | [ai アイ] | wine, nice | PH 75 | ar | [ɑːr アー] | car, park |
| PH 51 | o | [ou オウ] | hope, home | PH 76 | er | [əːr ア～] | term, certain |
| PH 52 | u | [ju: ユー] | cute, use | PH 77 | ir | [əːr ア～] | bird, shirt |
| PH 53 | y | [ai アイ] | type, style | PH 78 | or | [ɔːr オー(ァ)] | fork, sport |
| ルール VII | 「母音字＋重子音字」なら, 母音字は短音になる | | | PH 79 | ur | [əːr ア～] | turn, surf |
| | | | | ルール X | 「母音字＋r＋e」は規則的に発音される | | |
| PH 54 | a | [æ ア] | happy, rabbit | PH 80 | are | [ɛər エア] | care, share |
| PH 55 | e | [e エ] | letter, lesson | PH 81 | ere | [iər イア] | here, sincerely |
| PH 56 | i | [i イ] | dinner, middle | PH 82 | ire | [áiər アイア] | fire, tired |
| PH 57 | o | [ɑ ア‖ɔ オ] | hobby, cotton | PH 83 | ore | [ɔːr オー(ァ)] | store, more |
| PH 58 | u | [ʌ ア] | summer, supper | PH 84 | ure | [juər ユア] | pure, cure |
| ルール VIII | 次の二重母音字は規則的に発音される | | | ルール XI | 「二重母音字＋r」は規則的に発音される | | |
| PH 59 | ai, ay | [ei エイ] | rain; play | PH 85 | air | [ɛər エア] | hair, chair, pair |
| PH 60 | au | [ɔ: オー] | August, taught | PH 86 | ear | [iər イア] | hear, near |
| PH 61 | aw | [ɔ: オー] | law, saw | PH 87 | | [əːr ア～] | early, learn |
| PH 62 | ea | [e エ] | head, bread | PH 88 | eer | [iər イア] | cheer, engineer |
| PH 63 | | [i: イー] | speak, team | PH 89 | oar | [ɔːr オー(ァ)] | board, oar |
| PH 64 | ee | [i: イー] | week, sleep | PH 90 | our | [áuər アウア] | hour, flour, sour |
| PH 65 | ei, ey | [ei エイ] | eight, veil; obey | PH 91 | | [ɔːr オー(ァ)] | four, pour |

なお、同辞書では、重要な単語の発音記号のあとに、「Ph68 oa は [ou] と発音する。」といった具合にフォニックス・ルールの番号を示して、発音とつづりとを結び付けやすくする配慮がなされています。同辞書は、以前から英語学習者全員に私がお薦めしている辞書です。基本的な語彙(ごい)の説明が非常にわかりやすく、単語の使い方が効果的に習得できるからです。特に、英語の文章を書く必要がある人には役に立つ辞書だと考えています（英語学習の際には手元に置いておきたい辞典です）。

この記事からもわかるように、フォニックスの主なルールは 91 しかありません。これでどんな単語でもほぼ発音できるとすると、一刻も早く身につけたいと思いませんか？　私の感覚では、フォニックスの 91 のルールに従って発音できる単語は、たとえば 8000 語を分母とすると、ほとんど（95％程度）の単語にあてはまると考えています。

ただし、例外も少しありますので、ここで紹介しましょう。たとえば、though [ðóu]（にもかかわらず）の -ough です。このつづりには、以下のように 6 種類の異なる発音があります。また、「外来語」として英語に入ってきた単語の中にも、フォニックスのルールに従わないものがあります。私が「ほとんど（95％）」と言った理由は、以下のような例外については、1 つ 1 つの単語について発音を覚える必要があるからです。

though　[ðóu]　（にもかかわらず）／ through [θrúː]　（を通り抜けて）

enough　[ináf]　（十分な）／ thought　[θɔ́ːt]　（思った）

drought　[dráut]　（干ばつ）／ cough　[kɔ́f]　（せきをする）

従来の学習方法では、単語を記憶する際には「つづりと意味を覚える」作業をしていましたね？　でも、それでは、しばらくは覚えていられても、いつかは忘れてしまいます。

それに対し、単語の「発音」を覚えておくと、人間はその「音の記憶」「口と舌の運動の記憶」をいつまでも忘れません。そして、発音から単語をつづることは、実は慣れると非常に簡単なのです。たとえつづりを間違えたとしても、発音をたよりに書いた単語は、ネイティブには容易に理解できます（ネイティブがよくやる「つづりの間違い」になるからです）。

「つづりは 100％正確でないといけない」と考えてしまうと、緊張して学

習の 妨げになります。「発音さえしっかりしていれば、つづりを多少間違
えても通じるんだ」というくらいに考えて、リラックスしましょう。"ネイ
ティブよりも、むしろ日本人のほうが単語のつづりを正しく書けるので驚か
れる"といった場面を、私は何度も見ていますので自信を持ってください。

### ●③ 英会話でネイティブの発音をうまく聞き取れる

　英語をマスターした究極の状態は、リスニングが 100 ％の状態（「完全な
英語耳」状態）です。リラックスして何時間でも英語を楽しく聞いていら
れる状態です。ネイティブ同士のひそひそ話も、ぜんぶ聞き取れます。そ
のためには絶対に、「単語の発音」をマスターする必要があります。

　英会話では、単語が１つずつ区切って話されることはまずありません。１
つの文章では、すべての単語の音が切れ目なく、つながって聞こえます。リス
ニングとは、「連続した音の中から、単語や慣用句を切り出して理解すること」
とも言えるでしょう。単語を切り出して「聴く」ためには、自分で「アクセント
のある音節を正しく発音できる」ことと、「アクセントの無い音節を適度に弱く
発音する」ことと、「語尾の音を弱く発音する」ことの３つを身につけておく必
要があります。単語の発音につづりを結びつけて覚えておくことも必要です。

　発音できる音は、聞き取れます。「発音できなくても聞き取りはできる。
発音の練習は必要ない」という人もいますが、「いくら発音の練習をしても、
聞き取りには役に立たない」という人はさすがにいなくなりました。拙著
『英語耳』で提唱した「発音できない音は聞き取れない」という英語学習の
前提が広く浸透してきたことはうれしい限りです。
　そして実は、「発音できる」ことの本質とは、「英米人が区別して発音し
ている音は、同じように区別して発音できる」ということだったのです。

　単語は、いくらでもたくさん知っているほうが良いのですが、『単語耳』
の実践編 Lv.1（前作）と実践編 Lv.2（本書）とを合わせた 3000 語こそが、
英会話を理解するために必要な語彙数の第１目標となります。
　この 3000 語には人名や地名、曜日や月、数字の表現を含んでいません。
しかし、曜日や月、数字などの表現は中学校で必ず習いますし、洋書などを

少し読み慣れてくれば、John や Paul などの人名や、Japan や USA といっ
た地名などの固有名詞もすぐに身につきます。

　単語耳 実践編 Lv.1 と Lv.2 の計 3000 語を発音できるようになった方は、
英語の発音の仕掛け（子音・母音の発音、すべての音節の発音）を体得済みで
すので、すでにカタカナ発音で知っていた地名、人名、商品名など外来語 3000
語以上も、発音記号を見るだけで、英語の音で発音できるようになります。

　つまり、本書・実践編 Lv.1 と Lv.2 での練習により、「ダンジョン」や「ツ
イート」などの既知語もうまく発音できるようになるので、たいていの方
は計 6000 単語は身につけた状態になるでしょう。

　したがって、本書・実践編 Lv.1 と Lv.2 の練習を終えた頃には、ネイティ
ブの英会話をほぼ理解できるようになります。

## ●④ 全英単語の音の全体像と口の動かし方を把握できる

　仮名 50 音に慣れた日本人の多くは、「英単語の音の組み合わせはたくさ
んあり、習得が難しすぎる」とあきらめているようです。英語の発音をマ
スターしようとチャレンジを続けている方の中にも、「英単語の音節の種類
は数千ある」と感じている人が少なくないようです。

　ところが実際は、「500 程度の音節」の発音を体得しさえすれば良いので
す。そしてこの約 500 の音節を、56 パターンに集約して学習するのが本書・
実践編 Lv.2 なのです。

　この音節（子音・母音の組み合わせ）の全容を体で感じられるようにな
ると、中型の辞書に載っている 10 万語レベルの英単語のすべてが、すでに
おなじみの「音節」の組み合わせに思えてきます。本書の「56 パターン」
で、英単語全体の 95 ％以上の発音をカバーできるからです。

　つまり、本書・実践編 Lv.2 で発音練習することで、どんな英単語も発音
できるようになるのです。

　疑い深い方のために付け加えますと、英語に「外来語」として入ってきた
単語の中には、英米人でも発音できないものがあります。私は、「これらの
外来語の単語まで発音できるようになる」と言うつもりはありません。し
かし、英単語のつづりと発音を結びつけられていると、英米人が外来語の

発音を間違えて発音するパターンを自分で再現できるようになります。こ
れにより、日常会話は 100 ％通じる、と言って良いのではないでしょうか。

　先に、フォニックスについて紹介しました。実は「黄金の 56 パターン
（約 500 音）」には、フォニックスのルールがすべて含まれています。フォ
ニックスを少しは知っていたほうが、つづりと発音を結びつけやすくなり
ます。しかし、本書・実践編 Lv.2 の 2000 語の発音とつづりを覚えてしま
うなら、フォニックスの知識はまったく無くても、自然とつづりと発音の
関係を完璧に身につけている自分を発見できるでしょう。

　この 56 パターン（約 500 音）を 1 つ 1 つ別の「引き出し」として脳内に
用意できれば、これから出会うすべての英単語を、それぞれの「引き出し」
に振り分けて収納できます。これにより、英会話の際に、単語を「音」か
ら探しやすい脳ができます。

　将来、語彙数が 1 万語になってもこの「引き出し」の数は変わりません。

仮に、語彙数が 5 万語になっても、10 万語になったとしても、「引き出し」の数は同じなのです。

　本書・実践編 Lv.2 では、2000 語を覚えながら、この「引き出し」を脳内に確立していきますが、これにより、英単語の発音の全容を把握したことになるのです。

　このような「英単語の発音の整理の仕方」は、英米人のそれと一致します（脳内語彙空間の一致）。英米人が脳に単語を格納しているのと同じ方法で、あなたの脳に英単語が格納できるようになるのです。すると英米人と思考の波長が合ってきます。このことは、英会話でおおいに盛り上がるために重要です。英単語を脳から出し入れする音のデータ構造が英米人と一致していて初めて、ストレス無く英会話を行なえるからです。

　つまり、本書でネイティブと同じ正確な発音を習得する練習をすれば、そのまま英会話に必須の 2000 単語を暗記できる上、英語の発音の全体の整理の仕方を体得できます。まさに、一石三鳥がねらえるのです。

●⑤ 音の記憶は、意味の記憶とは別の脳領域に保持されるので忘れない

　自分で、何度も発音した単語は忘れません。一度でも会話で使って成功したら、その単語をあなたは一生忘れないでしょう。

　たとえば、Good morning. は一度会話で使えると、忘れなくなります。たとえ、つづりを忘れてしまっても、発音は記憶に残っています。そして、発音からつづりを書こうとすると、なんとか書けるものです。

　私の場合は、中学 1 年生のときに beautiful という単語を最初に、発音から覚えました。テストでは、覚えた「発音」に、つづりを当てはめて書くことをしていました。発音を覚えてからつづりを書くことに慣れてくると、真の英語の力がついてきます。私の中学の英語の成績は、後半になって伸びていきました。記憶した単語の発音と言い回しが、学習が進むにつれて意味と結びついてきて、どんどんわかるようになっていく喜びを、いまでも強烈に覚えています。

　大学生にテストで英単語を書かせると、つづりになれている学生と、で

たらめのつづりを書く学生の2つのグループに分かれます。つづりになれている学生は、発音を知っている学生たちで、たとえ間違えても、判読可能な間違え方をします。

大学生に、文章の発音指導をすると、私を真似できる学生と、全然真似できない学生がいます。発音を真似できない学生は、英語の子音・母音を記憶できないので、カナに置き換えて発音しています。これでは英語の「音節」は記憶できません。発音の指導をすると、生徒が「音節」を記憶できる人か、できない人か、はっきり手に取るようにわかります。発音がどんどん上達する学生は、「音節」を記憶できるタイプの学生です。違いが生徒によってあまりにもはっきりしているので、発音の講座では、ABCD の成績付けが簡単にできます。このような経験から、私の頭の中では、「発音できないと英語にならない」ことは、当然の前提になっています。

Good morning. の発音は、誰でも一生忘れません。発音から書いたつづりは、たとえば Good moning. となっても、ネイティブは判読可能です。他の単語も、Good morning. のように発音で覚えておいて、発音をたよりに、つづりも書くようにしておくと一生忘れないでしょう。このことを私は、「単語を Good morning. 状態にして覚える」と言っています。

## ●⑥ シンプルな方法で練習ができる

発音練習は、スポーツの練習に似ています。頭では理解していても、体がすぐに動くようにはなりません。口の筋肉の動かし方を身につけて、無意識でも動くように、たくさんの回数を練習すれば、英語を発音できるようになります。バットやラケットの素振りに似ていますね。それらの練習を習慣にして、3ヶ月、6ヶ月と続けると、運動に適した筋肉がついてきます。発音練習も、3ヶ月、6ヶ月と続けて、口の筋肉の動かし方の練習をすれば、少しずつ日本語発音のクセをなくし、英語を話すときには英語の口の使い方ができるようになるのです。

発音では、音を出すために、息の使い方が、口の形や舌の動かし方と同じくらいに重要です。英語を発音するときの息の使い方を身につけることも、スポーツの練習に似ています。毎日つづけて、6ヶ月はかかると考えてください。

もちろん、英単語を発音するときの息の使い方も、『単語耳』の付属ＣＤにつ

いてくり返し練習することで、身につけられます。ＣＤと同じ発音ができるのなら、そのために必要な息の使い方もできている、ということだからです。

# Ⅱ.「音節」を制する者が英会話を制する

　英語の「音節」は、[子音＋母音＋子音]というように母音を中心に、子音を組み合わせることでできています。

　日本語のカナ音は、「カキクケコ[ka ki ku ke ko]」のように[子音＋母音]という単純な組み合わせの音のまとまりでできています。日本語では、子音が１つ、母音が１つが基本なのです。

　これに対し、英語では、子音と母音の組み合わせ方が複雑です。たとえば、stop（止める）の発音は[stáp]で、[子音＋子音＋母音＋子音]です。つまり、２つの子音が母音の前にあるわけです。

　さらに、street[stríːt]（街路）のように、子音が母音の前に３つもある（[str]）単語もたくさんあります。[子音＋子音＋子音＋母音＋子音]が、street の音の組み合わせなのです。（[子音＋子音＋子音＋母音＋子音]……と書くと長くなるので、以降は CCCVC というように表記します。「子音」を英語では consonant[kánsnənt]、「母音」を vowel[vául]と言うからです。そこで各々の頭文字をとって「子音」を C、「母音」を V と表記するわけです）。

●１拍・１音感覚で発音するコツ

　日本語の「ストリート」は、下記のような５拍の感覚で発音されます。１つのカナが、１拍に相当するというのが日本語の発音感覚だからです（下の四角い枠１つが１拍を表わします）。

| ス | ト | リ | ー | ト |
|---|---|---|---|---|

　日本語の「ストリート」を CV で表わすと以下のようになります。「ス」は[su]のように CV で表わされます。日本語は、CV または V で１拍です。

| CV | CV | CV | V | CV |
|---|---|---|---|---|

これに対し、英語の street ［stríːt］は 1 拍で発音されます。これが英語のネイティブ・スピーカーが感じている 1 音感覚です。こんなに音がたくさんあっても、1 音・1 拍という感覚なのです。1 音節の単語 street を CVで表わすと、CCCVC となります。

下に日本語のストリートの 5 拍の長さに対応させて 1 拍を書きました。1 拍で street の発音が終わるので、あとの 4 拍は、図のように、空白になります。1 拍の street は音がたくさんあるので、日本語の「ス」よりは発音にかかる時間が少し長くなります。下の図で street の 1 拍を少し長くしてあるのは、このためです。

| street ［stríːt］ | | | | |
|---|---|---|---|---|

たとえば、Wall Street ［wɔ́ːl stríːt］は英語では 2 拍で発音されます。日本人は「ウオール・ストリート」のように 9 拍の感覚を持っています。この感覚を超えて、Wall Street を 9 拍ではなく、2 拍で発音する感覚を身につけましょう。英単語を音から覚えるためには、この 1 拍の感覚は、絶対に身につけなければならない感覚です。

●アクセントのある音節で単語を特定する

アクセントには重要な役割があります。ネイティブは「"アクセントのある音節"をもとにして使用単語を判別している」からです。つまり、単語の中にあるすべての音に均等に注意を振り分けて聞いているわけではないのです。アクセントのある音節を聞き取るだけで、何の単語を使っているか、ほぼわかってしまうからです。

たとえば、in·struc·tion（中黒 "・" は、本書では音節区切り位置を示します）は、struc の音節にアクセントがあります。この struc ［strʌ́k］という音節だけで単語がほぼ特定できてしまう、という驚くべき事実があるのです（おおげさではありません）。この struc ［strʌ́k］という音節を持っている単語は、実は本書の 2000 語の中には下記の 4 つしかないのです。

1235　struc·ture ［strʌ́ktʃɚ］（構造）
1499　in·struc·tion ［instrʌ́kʃən］（教育）

1955　de·struc·tion　[distrʌ́kʃən]　（破壊）
2309　con·struct　[kənstrʌ́kt]　（建設）

※冒頭の数字は JACET 8000 の単語番号です。番号が若いほど使用頻度が多いのです。

　第 1 巻の 1000 語を加えた 3000 語の範囲で探しても、[strʌ́k] という音節を持つ単語は上記の 4 つだけです。

　さらに、この 4 単語の中では、in で始まる単語が 1 つしかないので、アクセントがある [strʌ́k] の部分と最初の in さえ聞き取れれば、即座に相手の使用単語を in·struc·tion だとネイティブは特定できるのです。しかも、最初の in はわずかにそれらしく聞こえれば十分です。これで、アクセントのある音節の重要さがおわかりいただけたのではないでしょうか？　英会話では、すべての音が同じレベルで重要なわけではないのですね。

　なお、struc には「積み重なる・建てる」という意味があります。in·struc·tion の冒頭の in には「中に」の意味があるので、全体で「頭の中に知識を積み重ねさせること＝教えること、指示すること」となります。いっぽう、de·struc·tion の de には「バラバラになった」という意味があります。

| [in] | [strʌ́k] | [ʃən] |
|---|---|---|

## ●アクセントが無い音節について

　単語 in·struc·tion の最後の音節は [ʃən] です。アクセントの無い音節の母音は、たいていあいまい母音 [ə] になります。アクセントの無い音節にある母音は、脳が単語を特定するときに補助的な役目しかしないので、いいかげんな扱いでよいからです。

　日本人は――特に受験生は、正解は 1 つでなければならないという潔癖性（けっぺきしょう）に陥（おちい）りがちです。このため、アクセントが無い音節の母音もきっちりと覚えようとします。ところが辞書によって発音記号が違っていたりするので、複数の辞書を使っている熱心な学生などはそこで悩んでしまいます。

　しかし、アクセントが無い音節の母音は本当にどうでもよいのです。迷ったら、子音だけ発音していればよいほどです。たとえば、in·struc·tion の [ʃən] は [ʃn] と発音してもよいのです。ただ、この音節を、絶対に日本語のカナ式で「ション」と発音しないでください。さらに「ション」を他の

音節と同じくらい強く発音すると、ネイティブはアクセントがある音節と間違え、単語のしぼり込みがうまくできず、かえって混乱してしまいます。

アクセントのある部分をはっきり発音して、アクセントのない部分は弱く発音する。そして、アクセントの無い部分の母音は、あいまい母音 [ə] にする。

その本当の理由は、アクセントのある部分に聞き手の注意を向けさせることで、楽に単語を特定してもらおうということです。ですので、アクセントの無い音節は、邪魔にならないよう弱く発音します。これが、英語の発音に隠された、重要な秘密です。

## Ⅲ. 黄金の 56 パターン（英語特有の約 500 音）を習得しよう！

本書・実践編 Lv.2 では、2000 単語を「アクセントのある音節」で分類したレッスンを組んでいます。分類のために、音節の [頭部＋母音] を利用しました。

英語の「音節」は、3 つの部分に分解できます。「頭部」「母音」「尾部」です。

たとえば、street [stríːt] は、「頭部」が [str]、「母音」が [iː]、「尾部」が [t] です。音として重要なのは、「頭部」と「母音」です。「尾部」は弱く発音される場合が多く、子音が 1 音か 2 音つくのが普通です。この子音は、軽く添える程度で発音します。

私は膨大な英単語のデータベースをもとに「音節」の種類をカウントし、"「頭部」＋「母音」の組み合わせは約 500 種しかない" と特定することに成功しました。

音節の種類を数えるときに「頭部」＋「母音」＋「尾部」の組み合わせを使ってしまうと、その組み合わせは数千から 1 万近くになってしまいます。これでは、2000 単語をアクセントがある音節で分類する意味がなくなります。

『単語耳』シリーズ執筆にあたり、アクセントがある音節の「頭部」＋「母音」の約 500 の組み合わせで 2000 単語を分類してみて、驚きました。2000 単語が、これら 500 音でほぼ均等に分類できたからです。これはすなわち、アクセントがある音節の「頭部」＋「母音」を聞き取れるだけで、2000 単語を 500 分の 1 の平均 4 単語にまでしぼり込める、ということでもあります。

　たとえば、先の例で使った in·struc·tion ［instrΛ́kʃən］の場合、アクセントがある struc ［strΛ́k］という音節の「尾部」の音 [k] があっても無くても、2000 単語の中から structure、instruction、destruction、construct の 4 単語にしぼり込めます。つまり、音節の「頭部」＋「母音」の [strΛ́] が聞き取れるだけで 4 単語にしぼれるのです。

　「頭部」＋「母音」の約 500 の組み合わせ音は非常に便利ですので、本書・実践編 Lv.2 で練習してそのまま体得してしまいましょう。実は、「頭部」＋「母音」の約 500 音を「頭部」の部分でグループ化すると 56 パターンに整理できます。これを私は「黄金の 56 パターン」と呼ぶことにしたわけです。

## ●英語の「音節」の 3 つの特徴

　英語の発音を「アクセントがある音節」に注目して 56 パターンに整理すると、おもしろい英語の音の特徴に気づきます。以下が、その 3 つの特徴です。
① 56 パターンは、大まかに、[子音 1 ＋母音] [子音 1 ＋子音 2 ＋母音] [母音] の 3 つに分類できる。
② [子音 1 ＋子音 2 ＋母音] の場合、2 番目の子音、つまり子音 2 は、たいてい [r] か [l] である（まれに [w] [j] がある）。
③ ただし、子音 1 に [s] 音が来る場合だけは上記①②に当てはまらない例外が 2 つあり、特別である。

　③について、[s] 音だけが持つ例外の第 1 番目は、[子音 1 ＋子音 2 ＋子音 3 ＋母音] の組み合わせが可能なことです。たとえば、street ［stríːt］など、子音が 3 つも続くことがあります。

　[s] 音だけが持つ例外の第 2 番目は、[s] を先頭にした [子音 1 ＋子音 2] の 2 番目に来る子音 2 に、"[r] か [l]、またはまれに [w] か [j] が使われる" という制限が無いことです。たとえば、stop ［stάp］, speak ［spíːk］など、子音 2 にいろいろな子音が使えます。

　[s] 音がもう 1 つ特別なのは、単語に使われる数がとても多いことです。それにもかかわらず、日本人の多くは、きちんと [s] 音を発音できません。「自分は [s] ぐらい発音できる」と思い込んでいるために、身につけるチャンスを逃しているのです。

　拙著『英語耳』でも『単語耳』第 1 巻でも、[s] 音を最初に練習するようになっています。その第 1 の理由は、[s] 音が単語にたくさん使われているために、その習得は実用上、最重要だからです。

　第 2 の理由は、[s] がさまざまな子音や母音と組み合わさって「音節」を作るため、[s] 音を持った音節が英語の音節で一番複雑だ、ということがあります。複雑なものを最初に習得しておくと、あとの単純な音節の発音は苦労しないで習得できるだろう、という私の判断がありました。

### ● [s] が圧倒的に多い

　本書・実践編 Lv.2 では、2000 単語を「アクセントのある音節」で分類して、「黄金の 56 パターン」に沿った 56 のレッスンを組んでいますが、「アクセントのある音節」の冒頭で一番多く使われている音は [s] 音で、単語数は実に 241 語です。[s] 音は、英語圏の人々にもっとも人気が高い音なのでしょう。次に多く出てくる冒頭の音は [p] で、178 単語あります。

　このように人気の高い、登場数の多い音節冒頭の音を調べて TOP5 のランキングをつけると、以下のようになります。

1 位　[s]（241 単語）
2 位　[p]（178 単語）
3 位　[k]（175 単語）
4 位　[t]（139 単語）
5 位　[f]（132 単語）

　つまり、この 5 音——[s][p][k][t][f] を冒頭に含む音節の発音練習を本書・実践編 Lv.2 で行なうだけで、865 語も脳に刷り込まれることになります。実に、2000 単語全体の 43 ％ にあたります。

　英語の発音を非常に短い時間で身につける必要がある方は、この 5 つの音を含む音節の発音練習だけを徹底的にするだけでも、相当の発音の達人になれます。そして 865 単語が一石二鳥で脳に刷り込まれるわけです。

　ただし、[s][p][k][t][f] の発音を「完璧に身につく」まで練習しようとすると、計 3〜6 ヶ月は発音練習を続ける必要があります（練習は断続的に行なうのでも構いませんが）。多くの人が「自分はすでにこれらの発音はできている」と考えていますが、ほとんどの場合が単なる思い込みです。も

う1度、ゼロからやり直す気持ちで、練習を始めましょう。

　付属CDを使った発音練習は、以下の順番で進めます。
① ［母音］を含む音節
② ［子音（［r］［l］［w］）＋母音］を含む音節
③ ［その他の子音（＋子音）＋母音］を含む音節
④ ［s］を冒頭に含む音節

　本書・実践編Lv.2では、まず「①［母音］を含む音節」の練習をします。母音は、日本人にとって発音がやさしい順に並べました。この母音の登場順は、続く ② ～ ④ でもある程度統一的に採用しています。
　次に「②［子音（［r］［l］［w］）＋母音］を含む音節」の練習をします。これを先にこなしておくと、その他の［子音1＋子音2＋母音］の発音が楽にできるようになるからです。

# 第2部　付属CDの使い方・音声認識の活用

## 収録音声の特徴

　本書付属の CD-ROM には、本書での学習順に沿う形で「計 2000 単語の発音」をテンポの良い音声データ（mp3 形式）として収録しています。本書の主役は、その音声です。何度もくり返し聞きながら、そっくりに真似る発音練習をすることで、発音が上達して、身についていきます。反復練習でしか身につけられないところは、野球のバッティング練習やテニスの壁打ちのようなスポーツのトレーニングと同じだと考えてください。

　音声データは、1 つの単語につき、① 「ゆっくりはっきりな発音」（以後【スロー】と表記します）と ② 「ナチュラル・スピードの発音」（以後【ふつう】と表記します）を、この ① → ② の順番で連続して収録しています。
　最初の【スロー】の音声では、発音記号のほぼすべての音が発音されます。教科書的な発音です。いっぽう、次の【ふつう】の音声では、語尾の音が弱く発音されるケースが増えます。日常の英会話では、【ふつう】の速さで省エネで発音されるので、そうした変化が起こるのです。ネイティブ・スピーカーは、「これぐらい音を省略しても、相手はちゃんと聞き取れる」ということを感覚的に知っています。自分が楽な発音と、相手が最低限理解できる発音との 2 つのバランスをとって会話しているのです。

## 発音習得までの反復回数は 40〜100 回

　2000 単語を発音から習得するための学習計画を検討した結果、今回は付属 CD の発音を最低 40 回はくり返すことを提案することにいたしました。CD 内の各単語は、【スロー】→【ふつう】の順で発音されていますので、40 回発音練習すれば、各単語を合計 80 回発音したことになります。旧版では 100 回の反復練習を提唱していましたが、今回、40 回でも良い、とノ

ルマを半分以下にしたのは、音声認識の活用による「発音の自己診断」（後述）の効果をも考慮した結果です。

　もちろん、練習すべき回数は、本当は個人個人の発音の実力次第で大きく変わります。初心者に近いほど、より多くの練習回数が必要です。発音の上級者に近い方は少ない回数でも、しっかりと2000単語の発音が身につくでしょう。以下の練習方法と回数は、やや初心者寄りに書いてあります。しかし、この発音練習法は、TOEIC900点を超えているような方に対しても、「海外ドラマを字幕なしで見たいのに、早口の英会話になるとリスニングがついていけない」といった問題がある場合などには、高い効果を発揮するでしょう。この2000単語は英文の中での出現頻度が高いため、これらの単語を聞き取れるようになることで、高速な英会話のリスニングに絶大な効果が出るからです。付属CDの音声は、どのレベルにいらっしゃる方にもそれぞれ効果があるように収録してあります。

## 可能なら、音声認識アプリを使ってみてください

　40回の発音練習プログラムのうちの15回分には、最近のAI技術による音声認識機能を組み合わせた練習をおすすめします。私は、2020年の初めから、私の発音講座にAI音声認識アプリを取り入れ始めました。Windows10パソコン等で動く音声認識アプリの認識率が飛躍的に上がったため、発音診断に十分使えると判断したからです。音声認識アプリを使って発音練習を行なった生徒さんたちからも「手軽に自分の発音を診断できるようになって良かった！」と好意的な反響をいただいています。これにより多くの方が、かなりの「短期間」で英語の発音を習得可能になったと私は実感しています。

　発音の習得には、自分の発音が正しいかどうか診断してもらう必要があります。かつては、ネイティブ・スピーカーに対面できる英会話スクールに行ったり、ネットで知り合った方との英会話を実践したりしないと、自分の発音が正しいかどうかはわかりませんでした。ところが、音声認識アプリを使うことで、いつでもどこでも、気軽に自分の発音をネイティブ・スピーカー並みの判定力を持ったAI音声認識機能が診断してくれるのです。「スマホやパソコンが苦手なので、操作などがよくわからなそう……」などとおっしゃらないで、場合によっては家族や知人のサポートを受けながら、ぜひ音声認識アプリを使った練習ができる環境を用意してください。

　ただし、もしも「どうしても音声認識アプリを活用できない」という場合は、旧版同様、付属 CD の音声についての発音練習を 100 回くり返してください。そっくり真似しての発音練習を 100 回くり返せば、当然ながら十二分な効果が出ることは、多くの生徒や読者の方々が証明済みですので、そこはご安心ください。

## おすすめの発音練習プログラム

　練習回数に関しては、以下は 1 つの案です。ご自身が感じる発音の習得の度合いから、やりやすい回数ややり方、順番などを考えて、レッスンの仕方を組みなおしていただきたいと思います。

　たとえば、毎日 1〜3 Lesson ずつ、10 回ずつ発音練習し、それを最後までやり通せたらまた最初の Lesson に戻って……という感じのローテーションを 4 〜10 周くり返すのでもいいでしょう。

### ●Round1：最初の 10 回　まず発音を聞く。そして真似を始める

　まず Lesson1 から Lesson56 までの音声を、何も見ないで全体を通して 2 回聞いてみましょう。その目的は、ネイティブ・スピーカーの発音をいきなり聞いて、どのくらいの割合の単語を聞き取って認識できるかを感じとるためです。2 回目では、1 回目よりも聞き取れる単語が少し増えることかと思います。

　次に、音番号 001（p.056）から音番号 507（p.254）までの単語表を見ながら、Lesson1 から Lesson56 までの単語の音声を通して聞いてください。目で見たほうが、より多くの英単語を識別できるはずです。どのくらいの割合で知っている英単語の「音」があるのか、逆に「意外な発音」の英単語がどれぐらいあるのかをここで感じてください。ここまでは、収録 2000 単語の全体像を確認する作業です（ここまでは、実際の発音こそしていませんが、発音練習の一部、3 回分と考えていただいて OK です）。

　そして、ここからは、**各レッスンの音番号ごとの細かい発音練習、声を出してのレッスンにいよいよ移ります。**

　まず、本文テキストを見ないで、Lesson1 の「音番号 001」の音声だけを 1 回聞いてみて、どのくらい聞き取れるかを再度確認してください。

　次に、本文テキストの単語の「つづり」を見ながら「音番号001」の音声を1回聞いてみましょう。

　そして次に、本文テキストの「発音記号」を見ながら、そして同時に「アクセントの位置」を確認しながら、もう1回聞いてみましょう。この段階では、まだ発音はしません。ここまでで、Lesson1の「音番号001」の音声は、最初に全体を通して聞いた3回を加えて、計6回聞いていることになりますね。

　次にLesson1の「音番号001」の音声を聞きながら真似をして、4回発音練習をしましょう。テキストに発音の注意点が書かれていたら、よく読んでから、発音練習を続けてください。ここまでで、Lesson1の「音番号001」は10回くり返し聞いたことになります。収録音声を、すなおに聞いて、日本語の仮名発音に頼らないで、そっくりそのまま真似することを心がけてください。

　その後、Lesson1の音番号002-003のmp3ファイルに進み、同様の練習を行なってください。以後は、同じ要領で、音声ファイルごとに、まずは「聞いて」から「発音練習する」ことを次々と続けてください。

　このやり方で、Lesson56までを各4回ずつ発音練習していくことは、大変だとは思いますが、ご自身のペースで、1日にどのくらい練習できそうか計画を立てて、毎日、進捗を確認しながらぜひ継続してください。

　Lesson56まで進むと、英語の「子音と母音」、そして子音と母音を組み合わせた「音節」の発音の種類全体が感覚的にわかるようになります。ただし、練習量としてはまだまだ不十分です。

## ●Round2：次の5回　音声認識アプリを使って、自分の発音を自己診断する

　まず、Lesson1の「音番号001」の英単語を音声認識アプリに向けて発音してみましょう（代表的な音声認識アプリの使い方は、p.035〜の第3部で解説します）。音声認識を使うときには、1単語ごとではなく、4単語を連続して発音してください（このため、付属CDの収録音声では4単語ごとに少し間をあけてあります）。なぜなら単語1つだけですと、とくに1音節の短い単語では、なかなか音声認識をしてくれない場合があるからです。

　発音したつもりの英単語が、別の英単語としてアプリ上で表示された場合は、その英単語だけを集中して、3〜4回音声認識にかけてみてください。そして、正しく認識されなかった英単語には、ペンなどで印をつけておき

ましょう（そこがあなたの弱点だと明示するわけです）。その後、「音番号001」の英単語をさらに 4 回、音声認識にかけながら発音しましょう。これで累計 5 回の練習ができました。以後は、Lesson1 の音番号 002-003 のmp3 ファイルに進み、同様の練習を行なってください。

　音声認識アプリが表示した英単語は、「ネイティブがそのように聞いた英単語」だと思ってください。英会話学校などでは、文脈から判断して、甘めに発音診断をしてくれるものと思われますが、音声認識アプリではシビアな診断結果が表示されます。特に、日本人が発音する英文中の短い英単語は認識されにくい傾向があります。たとえば音番号 005 の ill、音番号 007 の yell、音番号 008 の ye、音番号 013 の ant、音番号 016 の onto, ah、音番号 019 のowe などの短い英単語は、うまく認識されなくても、ひとまず気にしないで次に進んでください。Round4 まで進んだときに、音声認識率が 95%（つまり 20 単語につき 19 単語）が正しく表示されれば良いと考えましょう。

　こうして Lesson56 まで進むと、ご自身の発音の苦手な音の全体像が把握できます。自分の発音の傾向も良くわかります。この時点で、音声認識アプリが正しく認識できている英単語が、全体の半分以下でしたら、英語の子音・母音の発音にもどって練習することで音声認識に認識されやすくなるでしょう。具体的には、『改訂版　単語耳　レベル 1』あるいは『改訂 3 版　英語耳』を使って、苦手な子音、母音に集中した発音練習を行なってください。

　こうして Round2 を無事終了すると、累計で 15 回の練習をしたことになります。

## ●Round3：次の 10 回　音声をそっくり真似する

　次に、付属 CD の音声に重ねるようにして、そっくりな発音になるように真似した発音練習をします。ここでの 10 回は、Lesson ごとに 5 回ずつくり返し、それから全体を通して 5 回発音練習することをおすすめします。苦手な音は、先の Round2 で見つけてありますので、特にそこを強化する意識を持って発音してみましょう。ご自身の苦手な音を客観的に示されることは、発音改善のための強力な武器になります。

　そして、全体を通して発音練習することで、得意な音が強化されて、苦手な音が改善され、全体のバランスが取れて、発音の質が上がっていきます。Round3 を終了すると、Round1 からの累計で練習回数は 25 回になります。

●Round4：次の５回　認識率95%を目標に、音声認識アプリで自己診断を続ける

　ここで再び Round2 と同様に、ご自身の発音を音声認識アプリで診断しながら発音練習を行ないます。1 音節の短い英単語ほど認識率が落ちるでしょうが、Round4 では、英単語の出だしの子音だけは特に正しく出せるように心がけましょう。たとえば、rat の語頭が [r] 以外の音になっていたら、音声認識アプリで [r] と認識されるように発音を修正してください。認識時にスペルが r で始まる英単語になっていれば、正しく rat となっていなくても OK としましょう。また、たとえば luck は、語頭が [l] 以外の音で認識されていたら、[l] で認識されるように修正してください。

　こうして 2000 単語のうち、認識してもらえない英単語が 10 ％以下になったら、本書での発音練習はほぼ成功しつつある、と考えてください。そしてそこから、できれば認識率 95%を目指しましょう。

　Round4 の終了で、Round1 からの累計の練習回数は 30 回になります。

●Round5：最後の10回　全体を通して５回、音声認識アプリを相手に５回

　どうしても認識してもらえない英単語が 2000 語全体のうちの 100 単語以下になるように、Round3 で行なった発音練習を更に Round5 として続けてください。

　具体的にはまず、全体を通して 5 回の発音練習を行ないます。その後で、音声認識アプリを使った発音練習を 5 回行ないます。Round4 で行なった音声認識アプリの診断で「認識失敗」の英単語が 100 個以下の方でも、毎回安定した発音を可能にするために Round5 を行なうことをおすすめします。Round5 を終了すると、累計で練習回数は 40 回になります。もちろん、「これでも足りない」「まだまだ発音が良くなる可能性を感じる」と思われる方は、更に 10 回、20 回と Round5 の練習回数を増やしてください。

# 第3部　音声認識アプリの具体例とその活用法

　英語の発音練習のネックは「自分の発音が正しいのか」を自己診断するのが困難なことです。そのせいで、いくら練習しても、実際には日本語発音（仮名発音）からなかなか抜け出せておらず、早口で話される英会話が全然聞き取れない——といった事態も起こりえます。どうしたらよいのか見当もつかず、半ばあきらめている方も少なくないのかもしれません。

　そこで、英会話学校に通ってリスニングと発音の実力を何とか伸ばそうとする方や、ネットを使ってネイティブと英会話をすることに挑戦する方が出てきます。その熱心さは素晴らしいですが、しかし週に2〜3時間ほどネイティブに発音指導を受ける程度では、かゆい所に手が届くまでには至らないでしょう。

　この第3部では、「AI（人工知能）音声認識」を利用した発音学習の方法を具体的にご紹介していきます。私がリモート（＝オンライン）で行なう発音講座では、Google Meet の「字幕」機能を使っていますので、もちろんそれもご紹介します。音声認識アプリでは、iPhone の Siri も有名ですね。その他の音声認識アプリで、あなたがすでに使い慣れたものがあるなら、本書の発音練習にそれらを使用しても構いません。

　なお、音声認識のためには、マイクを接続してあるパソコンや、マイク機能を備えたスマホなどが必要です。また、Google のアプリを使用する際に推奨される Web ブラウザは「Google Chrome（グーグル・クローム）」となります。また、以下の説明は 2021 年 8 月時点での Windows10 パソコン上での操作を前提にした解説になります。Mac やスマホをご利用の方は、下記の説明を個々の環境に合わせてうまく読み替えたり、ご自身でネット検索をして情報を集めるなどしてください（著者である私も出版社 KADOKAWA も、それらの個別サポートは一切行ないませんので、ご理解願います）。

## 「Google 翻訳」で、英文テキストを発音してもらう

　最初にご紹介するのは、おそらく一番手っ取り早いであろう「Google 翻訳」の活用法です（これは Mac やスマホのブラウザからも容易に利用できます）。「Google 翻訳」でネット検索をし、トップに出てくる「Google 翻訳」のサイト（https://translate.google.co.jp/?hl=ja）で、音声認識機能の利用が可能となっています。

①「Google 翻訳」の画面で、（「翻訳」と薄く表示されている右側の欄ではなく）向かって左側の入力欄上部で「英語」を選択してください。

② すると、その入力欄下部のマイクのアイコンがオン（グレー→黒）になります。そのマイクのアイコンをクリックして、実際のマイクで英単語や英文を発音してみましょう。

――これだけで、あなたの発音が意図した通りの英語の発音になっているかの診断が可能です。

　ちなみに発音は、ネイティブ・スピーカーが発音している英文を聞きながら、そっくり真似をして自分でも「発音」することで上達します（「聞く」だけでは絶対ダメです）。ただ、その際に、英語の正しいお手本音源が無い英文を使って発音練習をしたい場面もあるかと思います。となると、必要となるのは、お手本となる英語の発音です。そんな場合は、「Google 翻訳」の音声読み上げ機能を利用しましょう。イントネーションなどもある程度、自然な発音に近いので、音源のない英文の発音練習には便利です。やり方は、

① 左側の入力欄に、希望する英文をテキスト入力する。

② その入力欄の下部に出る「スピーカー」アイコンをクリックする

――だけです。

## Google Document（グーグル・ドキュメント）

　次にご紹介する「Google Document」には個人的な思い入れがあります。

　私は長年、音声認識技術にとても強い興味を抱いてきました。2000 年代に音声認識技術は大きく進歩しましたが、実用化にまでは届きませんでした。音声認識技術が実用化されて、英語の発音練習に使えるようになる日が来れば、学習者が自分の発音を自己診断できるようになります。おおげさですが、日本人の英語の発音がまたたく間に良くなり、リスニング力も飛

躍的に伸びるだろうと、ずっと期待してきました。2010年代後半になると、ようやく音声認識技術が実用レベルになったと感じることができました。そこで、最初に知ったのが、「音声認識による英語の文字起こしができる」という「Google Document」の存在でした。さっそく使ってみると、長年待ち望んでいた、英語の発音練習に使える音声認識技術がようやく民間に出回ってきたことを実感しました。とてもうれしかったことを覚えています。

　音声認識技術が実用化・商用化にまで進んだ背景には、音声認識技術の進歩とともに、ビッグ・データと言われる膨大な英文のデータが日々蓄積されていること、そしてネットの超高速化によりどこからでもそのデータにアクセスでき、時間的な遅延に気づかないほど短時間でアクセスできるようになったことなどの総合的な技術の進歩によるものと考えています。

　2021年8月時点での「Google Document」の使い方は以下の通りです（より詳しく知りたい方は、ネットで検索すると、知りたい情報のあるサイトが見つかると思います。ご自身の責任のもとに、それらの情報をぜひ活用してください。Mac利用者は必ずGoogle Chromeブラウザからご利用ください）。
①「Google Document」でGoogle検索するとトップに出てくるサイト（https://www.google.com/intl/ja_jp/docs/about/）で、「Google ドキュメントを使ってみる」をクリックします（Googleアカウントでのログインが必要です）。
②「新しいドキュメントを作成」の「空白」を選んで、新規文書を開きます。
③ メニューから「ツール→音声入力」を選びます。
④ すると、マイクの絵が「クリックして話します」というメッセージとともに出てきます。
⑤ そのマイクの絵の上に「日本語▼」と出ていると思いますので、そこをクリックして現われた多数の言語の中から「English(United States)」を選びます。
──これで準備ができました。マイクのアイコン（絵）をクリックすると、マイクが赤色になります。この間は、音声認識が行なわれています。あなたがマイクに向かって英語を話すと、英文が現われてくるはずです。その後で、マイクをもう一回クリックすると、マイクが黒色になり、音声認識が止まります。

　これで、どのような英文でも音声認識をしてもらいながら、発音練習ができるようになります。音声認識をした結果の英文は、保存も可能です。

# Google Meet（グーグル・ミート）の「字幕」機能

　Google Meet は、Google 社が提供しているリモート会議アプリの名称です。この Google Meet は、音声認識技術を使った「字幕」機能を備えています。この機能は Google Document 以上に英語の発音練習に使えるものです。私は 2020 年の初頭にこの「字幕」を使ったときに、ネイティブ・スピーカーの頭の中を文字で表示してくれている感覚がして、驚きました。とても賢い音声認識機能なのです。それ以来、私のオンライン発音講座では Google Meet の「字幕」機能を補助的に使った講座を行なっています。2020 年の段階では、Google Meet の「字幕」は英語のみでしたが、2021 年になって多言語対応ともなっています。下記は 2021 年 8 月時点での操作法です。こちらも、より詳しく知りたい方は、ネットで検索すると、知りたい情報のあるサイトが見つかると思います。ご自身の責任のもとに、それらの情報をぜひ活用してください。
①「Google Meet」で Google 検索するとトップに出てくるサイト（https://apps.google.com/intl/ja/meet/）で、「会議を始める」を選んで、Google Meet を立ち上げます（Google Chrome ブラウザを利用し、同ブラウザにマイクの使用を許可してください）。
②　画面下部にある「：」アイコン＝「その他のオプション」をクリックし、「字幕」のところをクリックします。
③「字幕」の言語リストから「英語」を選んで「適用」をクリックします。
──これで準備完了です。マイクテストを兼ねて以下の文を発音してみてください。
Hello. Good morning. How are you today?
　画面の下に英文が字幕として現われたでしょうか？
　スマホ用アプリの Google Meet でも同様の字幕機能が利用できると思いますのでお試しください。「新しい会議」→「会議を今すぐ開始」を選んでみましょう。
　終了するには、赤い受話器アイコンをクリック（タップ）です。

## ●リンキングが得意な Google Meet の「字幕」機能

　Google Meet の字幕は、もともとは「会議で話された会話」を文字で表示して、英語（や他の言語）の聞き取りが苦手な側の理解を助けるための

機能です。このため、文字は5〜10秒で自動的に消えます。英文を次々に表示するためです。ネイティブ・スピードの英会話に対応していて、リンキング（単語と単語が音でつながる現象）の正しい認識も得意です。この「字幕」機能は、英語の言い回しをよく知っていて、多少言い間違えても、話している途中に、さかのぼって間違いを訂正してくれたりもします。

　リンキングを上手に認識するので、その練習用にも適しています。たとえば、Take it easy. という英文の語尾と語頭をリンキングさせる発音練習に使えます。

　その際、試しに、[teiki]（テイキ）の後で、1秒の間を開けて、[tiːzi]（ティージー）と発音してみてください。1秒あけても、字幕には Take it easy. または Take it. easy のように表示されるので驚かれると思います。これが日本語とは異なる、英語独特のネイティブの聞き取り方なのです。

●Google Meet の「字幕」の AI 音声認識技術の良いところ

① 認識が正確で、賢いです。人間の評価と違って、ブレないで、常に一定した診断をしてくれます。したがって、自分の上達具合をドライに評価できます。
② 一人で練習できます。さらに、人間の先生と違って、音声認識は、おかしな発音を何度も何度も聞かされても、文句1つ言いません。シャイな日本人に合っていると思います。
③ 認識した英文を5〜10秒ほど表示してから自動的に消してくれます。マウスやキーボードを触る必要がないので、発音の反復練習やシャドウイングに意識を集中して練習できます。「録音して、後から確認する」作業も不要で、より気軽に使えます。ただし、すぐ消える分、素早く英文を読む能力は必要です。読む速度を上げるためには、洋画や海外ドラマを「英語字幕付き」で見ることをおすすめします。慣れると、字幕を速く読めるようになりますし、一般的な英文の速読能力も向上します。したがって、英文書籍の多読をするスピードも上がります。

　先にご紹介した Google Document のほうは、Google Meet の「字幕」機能と違って、5〜10秒で英文が消えることはありません。すべての文字がずっと残ったままになるので、練習の記録を保存したい方には、Google Document がおすすめです。

　私はある中学校の学内スピーチ・コンテストの発音指導とその評価をし

ています。あるとき、生徒たちに Google Meet の「字幕」機能を使って練習してもらうと、なんと中学１年生の発音が、中学２年生と遜色なくなったので驚きました。生徒たちからも「正しく発音しているつもりが、できていなかったことが字幕でよくわかった」などと大好評でした。

## ●Google Meet の「字幕」の使いにくいところ

　この「字幕」機能は、ネイティブ・スピーカーが早口でしゃべっても、とてもよく認識します。しかし、私たち日本人が使おうとすると、少々使いにくいところもあります。

① 短い英単語（１音節の単語）を１つだけ発音しても、うまく認識してくれないことがあります。対策としては、複数の単語を続けて話すことが挙げられます。例えば、red を認識してくれないときには、red and blue、red rose などのように、よく使われそうな言い回しを発音してみると、発音を認識・診断してもらいやすくなります。逆に長い英単語の認識率は高いので、experimentation などの単語なら、とてもよく発音を認識してくれます。さらに family、company などの、あいまい母音を含む英単語の発音練習にも適しています。ネイティブ・スピーカーが発音するように、あいまい母音を省略して発音すると、単語をうまく認識してくれます。

② 文の区切り位置がうまく表示されないことがあります。ピリオドやカンマを、話者が意図するようには、うまくつけてくれないことがあります。対策としては、文の中の区切りを意識して、英語らしいイントネーションで発音することです。逆に言うと、イントネーションの練習にはなりえます。

③ 文中の名詞が大文字で表示されることがよくあります。その名詞が、会話の中で強調されていた、と判定されているようです。これも、自然な英語で発音すると改善されます。

　とても便利なツールではありますが、発音を学び始めたばかりの初心者の方には、最初は使いにくいかもしれません。特に、子音と母音の合計が３音以下の、１音節の短い英単語はかなり発音が良くないと認識されません。このため、音声認識アプリのご紹介は、発音初心者向けの『改訂版 単語耳 レベル１』ではなく、本書『改訂版 単語耳 レベル２』に掲載することにしたのです。『改訂版 単語耳 レベル１』には、子音と母音の合計が３音以下の、１音節の短い英単語が多く出てきます。そのレッスン

時に初心者が音声認識アプリを使うと、あまりにもうまく認識してもらえ
ず、やる気が失せて、逆効果になると考えたのです。

## YouGlish　実際の英文の中での発音を知る

　英単語の発音は、たいていの場合、ネット上にある辞書で聞くことがで
きます。ただし、YouGlish (https://youglish.com/) というサイトへ行くと、
さらに英語学習に役立つ発見ができます。

　YouGlish で英単語を入力すると、英会話の中でその単語が使われている
動画をたくさん見ることができるのです。ネイティブ・スピードの英会話
の中で使われている、その英単語の実際の発音を聞くことは、リスニング
の学習に高い効果を発揮します。しかも、たくさんの活きた実例を見て、
聞くことができるのです。これは日本人にはたいへんありがたい機会です。

　気になる英単語や、（本書のレッスン中に発見した）発音が苦手な英単
語を入力して検索すると、たいていは、数千人のネイティブ・スピーカー
が話している動画を見られます。それらの発音を聞いて、真似して発音す
ることは、たいへんおすすめです。毎日 1 回、発音を知りたい英単語を検
索して、10 例ほどの動画を見るようにしてみてはいかがでしょうか？　慣
れるまでは早口すぎると感じられると思いますが、これが、あなたの発音
＆リスニングの目標となる実際の英語の速度なのです。

　ちなみに、YouGlish で「communicate」と入力して検索すると、3 万も
の動画が引っかかります。「accent」と入力して検索すると 7700 もの動画
が引っかかります（いずれも 2021 年 8 月時点。検索数は、日々変化してい
ますので、あくまでも参考数字です）。

　——以上、Google Meet の「字幕」機能を中心に、音声認識アプリを活用
する方法などを紹介してきました。ご使用は、あくまでも自己責任でお願
いします。また、アプリの起動法や詳しい使い方などは、くれぐれもご自
身で調べてくださいますようお願いいたします。本書の記述は、みなさん
の個別環境での上記アプリの動作を保証するものではありません。音声認
識アプリが残念ながら活用できそうもない方は、本書付属 CD 収録の音声
と本書テキストだけを使って 100 回の反復練習をしてください。それだけ
でも十二分な効果が得られることは、ここで改めてくり返しておきます。

●【編集部より】

　本書には"旧版では音楽 CD 2 枚に収録されていた英単語の音声をすべて mp3 形式に変換し、さらにレッスンしやすいよう細かくファイルを分割した"音声データ群を収録した CD-ROM が付属しています。そして全く同じデータを、弊社サイト（https://promo.kadokawa.co.jp/chukei/voice/）からもダウンロード可能です。ダウンロードされるデータは、zip 形式で圧縮されていますので、ぜひ対応 OS や対応アプリ等でご解凍の上でご利用願います（約 67MB の zip ファイルです。ご使用環境のストレージの空き容量等にご注意ください）。

　なお、ダウンロードに際しては、ID とパスワードの入力が求められますが、本書の書影が掲載されている欄の「DOWNLOAD」ボタンの上に記載されている指示に沿って、ID やパスワードを（本書を参照しながら）ご入力ください。これらの音声は、本書の購入者限定でのご利用に限らせていただきます。

　また、本書編集部では今後、『英語耳』『単語耳』著者・松澤喜好氏による英語耳セミナー（オンラインかオフラインかで開催）に関する情報を発信する無料メルマガを発行予定です（2021 年 10 月現在）。ご興味のある方は https://kdq.jp/mimi/ をご参照ください。

■本書付属 CD-ROM に関しまして

【推奨環境】本書付属の CD は「音楽 CD」ではありません。音楽 CD プレイヤーでは再生不能ですので、Windows10 や macOS v11 等の CD-ROM 対応パソコン等でご利用ください。

※当社では収録されているデータ等について、十分な動作確認、ウイルスチェック等を行っておりますが、正常な動作やウイルスの不存在等を保証することはできません。データ等の利用によるあらゆる障害・損失（直接・間接を問わず、第三者に対する障害についても含みます）等について、当社およびデータ等の権利者は一切の責任を負いません。本書をご購入いただいた方ご自身の責任においてご利用ください。

※この CD-ROM に収録されたプログラム、データの使い方の説明やサポートに関して、株式会社 KADOKAWA および編集部は一切の責任を負いません。皆様の各環境における「zip の解凍方法」や PC・スマホ上での「zip や mp3 ファイルの使用方法」等に関しては個別にご案内できませんのでご了承願います。

※ディスクは両面共、指紋、汚れ、キズ等を付けないように取り扱ってください。／ディスクが汚れた時は、メガネふきのような柔らかい布で内周から外周に向かって

放射状に軽くふき取ってください。レコード用クリーナーや溶剤等は使用しないでください。／ディスクは両面とも、鉛筆、ボールペン、油性ペン等で文字や絵を書いたり、シール等を貼付しないでください。／ひび割れや変形を起こしたディスク、又は接着剤等で補修したディスクは、危険ですから絶対に使用しないでください。※直射日光の当たる場所や、高温・多湿の場所には保管しないでください。／ご使用後のディスクはドライブから取り出し、ＣＤ用ケースに入れて保管してください。／ディスクの上に重いものを置いたり、落としたりすると、ディスクが破損して怪我をすることがありますのでご注意ください。

【著作権並びに図書館での貸し出しについて】

※本 CD-ROM の収録物に関する著作権及びその他の権利は、当該収録物の著作権者及びその他の権利者に帰属しています。この CD-ROM を、権利者の許可なく複製、上演、公衆送信（有線放送、無線放送、自動公衆送信等を含む）、貸与等を行うことは、有償・無償にかかわらず、著作権法上の例外を除き、禁じられています。※この CD-ROM は、図書館などにおける閲覧、貸出、複写の利用をお断りしております。図書館などで本誌の閲覧・貸出を行う場合は、事前にこの CD-ROM を取り外してください。

# 実践編Lv.2

いよいよ付属CDに収録したmp3音声を活用しながらの実践練習です。英会話に出てくる全音節の音を、著者が約500音に集約し（音番号１〜507）、それを「黄金の56パターン」（Lesson１〜56）に分類して、「音をトリガーに英単語を瞬時に特定できる」英語耳を作ります。各単語を40〜100回ずつ音読すれば、英会話に出てくるすべての音が既知のものになります。

# 第1部 「音節」発音の極意
## 次の音の準備をしながら、前の音を発音する

　本書の付属CDを使った発音練習に入る前に、まず、「音節」の発音のコツを詳しく説明しておきましょう。

　一言で言うと、「次の音の準備をしながら、前の音を発音する」のがコツです。

　これができるようになると、英語の1音節を1つのカナ感覚で脳に記憶できるようになります。1音節単語の長いものには、strength [stréŋ(k)θ]（伸ばす）、strict [stríkt]（厳格な）など6つも子音・母音を含むものがあります。これらの音をすべて1音感覚でなめらかに1息で発音できるようになれば、あなたは英語の発音をマスターしたと言えます。

　たとえば、street [stríːt]（街路／『単語耳』第1巻で練習済み）を発音するときにも、全体を1音感覚で発音します。そのためには、① [s]を発音するときに次の[t]の準備をし、② [t]を発音するときには次の[r]の発音の準備をし、③ [r]を発音するときには次の[iː]の発音の準備をし、④ [iː]を発音するときには次の[t]の発音の準備をし——といった口の動きが必要となります。

　しかし、「そんなこと言われても、いっぺんにはできない！」と、みなさんここで苦労していると思われます。しかし、「次の音を準備しながら1音感覚で発音する」ことが体得できないと、発音のマスター（＝リスニングのマスター）はできないのです。

　そこで、この発音メカニズムについて、ここで少し詳しく説明しておきましょう。ここでの理解をベースにして、付属CDの発音をよく聴き、真似して発音練習してください。

　[s]は、前歯に息を強く当てる摩擦音です。続く[t]は舌先で一瞬息の圧力をためて、舌を離すことで、息を破裂させる破裂音です。その後の[r]は、舌を口の奥に引き込んでおいて発音を開始し、次の[iː]の舌の位置まで舌を動かしながら発音する移行音になります。[iː]は、唇を横に強く引

き、口はほぼ閉じて、舌を前に位置させて出す母音ですね。これらの音を一気につなげて発音したのが [striːt] です（実際の音声は、『改訂版　単語耳　レベル 1』の付属 CD や YouGlish などでお聞きください）。

　この street [striːt] の発音の様子を、スローモーションで詳しく見てみましょう。以下は、street を 1 音感覚で、ややゆっくり 1 秒ぐらいで発音した場合を想定しての解説です。

① [s]：発音時間約 0.2 秒

　口をほぼ閉じ気味にし、舌先を上前歯裏の歯ぐきの近くに置きます。肺に息をためて、舌先めがけて強く息を出します。息を出しはじめてから [s] 音が出はじめるまでに 0.05 秒経過するイメージです。[s] 音が大きく鳴るまで息を出しつづけます。

② [t]：発音時間約 0.2 秒

　[t] は、舌先で息をせき止めて出す破裂音です。この発音を次の [r] の舌の形を作りながら行ないます。つまり、[r] の舌の形のまま——舌全体を持ち上げて舌の奥を口の天井に当て——舌先をやや上に向けます。通常、[t] は舌先を上前歯裏の歯ぐきにつけて出しますが、次に [r] など舌が口の奥に行く発音が続く場合には、[t] 発音時の舌先は、上前歯裏の歯ぐきよりも 1〜2cm 奥の口の天井の上方に触れさせてください。舌先でふさいだ空間に空気の圧力をためる動作には 0.1 秒かかります。舌と口の天井に息の圧力がたまったら、パッと舌を下げ、[t] を出しましょう。空気が勢いよく解放されたときに [t] 音が 0.1 秒出ます。これで [t] の発音は終了です。

③ [r]：発音時間約 0.1 秒

　[t] の発音のときに先回りして作った [r] の舌の形を維持したまま、[riː] の発音をはじめます。[r] 音の開始時には口をやや閉じて、舌の奥を持ち上げ上のほうに位置させます。この際、舌先はやや上向きです。[t] の破裂する音が出ている間に、舌を [r] の位置と形にしてください。続けて [r] の発音をしながら、今度は舌を [iː] の位置まで移行させます。スライドさせながら出てくる一連の音が [r] です。舌が [i] の位置に近づくにつれ、[r] の音は [i] と混じりあいます。こうして舌を前にスライドさせて [r] が発音さ

れるまでに約 0.1 秒を娑します。[r] を発音する際、唇《くちびる》は丸めないこと。次の [i:] を発音するために、唇はやや横に引いて [r] を発音してください。

④ [i:]：発音時間約 0.2 秒

[i:] は唇を日本語の「イ」よりもかなり強く横に引いて出しましょう。[i:] の発音時間は 0.2 秒ほどです。アクセントのある母音ですので、強くはっきり出します。

⑤ [t]：発音時間約 0.2 秒

最後に [t] 音をそっと添えておしまいです。[t] 音のために空気の圧力をかけるのに 0.1 秒、[t] 音の破裂（発音）のために 0.1 秒かかります。

| [s] | [t] | [r] | [i:] | [t] |
|---|---|---|---|---|
| 0.2 秒 | 0.2 秒 | 0.1 秒 | 0.2 秒 | 0.2 秒 |

あなたは、street [stríːt] の [stríː] の部分を 1 音感覚で、なめらかに発音する感覚を感じることができましたか？　次の音に備えながら、その前の音を発音するとは、こういうことなのです。そしてこれを 1 音節全体に関して行なえばいいのです。

「ストリート」とカナで発音した 5 拍の発音とはずいぶん感覚が違いますね？　まだ焦る必要はありませんが、この [stríː] などの発音を正しく言えるようになると、あなたは英語の発音練習の折り返し地点に来たと言えます。

[stríː] に -t、-m、-k を添えると、street [stríːt]、stream [stríːm]（流れ、川）、streak [stríːk]（筋、光線）といった単語になります。語尾の音は、軽く添えるかほとんど聞こえないくらいに弱く発音してください。つまり、音節の「頭部」と「母音」をなめらかに続けて、「尾部」を添える感じですね。

本書・実践編 Lv.2 では、2000 単語を音から覚えながら、この 1 音感覚を徹底的に練習していきます。完璧な「音節」の発音と、2000 単語の習得という一石二鳥の効果が期待できます。

この 1 音感覚が身についてくると、英単語を発音することが「楽しくてしょうがない！」状態になります。「どうしたら、もっとなめらかに発音で

きるのだろうか」という探究心も自然とわいてきます。そうなると、発音をどんどん脳に吸収できるようになります。このようにして脳に刷り込まれた発音は、楽しみながら磨きをかけられる上、一生忘れなくなるのです。

　各単語の発音練習は、絶対に計 40〜100 回ずつ行なってください。なぜなら、スポーツの練習と同じで、何回かくり返すごとに、ほんの少しずつ気づきがあるからです。この気づきによって、ほんの少しずつあなたの発音が変わっていきます。この気づきは、30 回を過ぎても続きます。そして 40 回に達する頃には、小さな変化の積み重ねで、大きく変身したあなたができあがります。発音の習得は、自分で気づいて修正して行くことのくり返しです。他人が気づいても、あなたは変身できません。付属 CD を真剣に聴いて、自分の発音と比べながら 40〜100 回発音しましょう。

　本書では、従来バラバラに行なわれてきた「音節の発音」練習を、「音節」の音ごとに徹底分類した 2000 語を使って実践します。「音節の発音」を身につけやすくなる、そしてネイティブの英会話の中の「音節」に気づいて聞き取りやすくなる練習です。1 音感覚や、単語中の音節の発音方法などについては、各 Lesson の中で詳しく説明していますので、ご安心ください。

　それでは、これ以降のページを見ながら、付属 CD を使って実践編 Lv.2 の各単語を 40〜100 回発音する練習（1 単語を 10 回発音する×のべ 4〜10 日間練習する、など）に挑戦してください（なお、**くれぐれもノドを痛めないように！　欲張って無理して練習するのはやめて、ノドをいたわり**ながら少しずつ練習してください）。

# 第2部 〈母音〉編

日本人が発音しやすい母音からはじめよう

　本書・実践編 Lv.2 では、まず、母音の音に集中しながら単語音読をしていくレッスンを行ないます。その流れは、下記の通りです。

Lesson1　［e］［ei］

Lesson2　［i］［iː］

Lesson3　［u］［uː］

Lesson4　［j］［juː］

Lesson5　［ʌ］

Lesson6　［æ］

Lesson7　［ɑ］

Lesson8　［ai］［au］

Lesson9　［ou］［ɔː］［ɔi］

Lesson10　［ɚː］

Lesson11　［母音＋ɚ］：具体的には［eɚ］［iɚ］［ɔɚ］［ɑɚ］［auɚ］

　この並び順は、母音の発音の難易度順です。日本人が発音しやすい［e］音からはじまり、だんだん難しいと思われる音に進めるようにしてあります。

　第3部で学習する、「子音＋母音」の発音にそって行なう単語音読も、子音に続く母音の部分は、（可能な限り）この母音の順番に従って並べてあります（本書・実践編 Lv.2 では学習する単語のレベルが上がっているので、読者の方がめげないよう、こうした順番にしました。『英語耳』や『単語耳』1 巻とは異なり、本書では［s］関連の練習は最終第 5 部で扱います）。

●「日本語の母音」と「英語の母音」の主な違い

「日本語の母音」と「英語の母音」の主な違いは、次の 3 点です。

① **日本語の母音は「あいうえお」の 5 種だけだが、英語は約 20 種もある。**

　多くの日本人は、英語の約 20 種の母音を、たった 5 種の「あいうえお」に置き換えて聞いたり言ったりしがちです。具体的には、hat［hæt］（帽子）

の音も、hut [hʌt]（小屋）の音も、カタカナの「ハット」1 語に割り当てて聞き、発音しがち、というわけです。これでは、スムーズな英会話ができるはずもありません。本書で正しい発音のし分け方を身につけてください。

② **日本語では母音を 2 つ、3 つと同じ強さで重ねられるが、英語ではそうしない。**

　英語の母音が約 20 種もあると聞くと、英語の母音のほうが複雑で難しそうと感じられるかもしれませんが、実は日本語のほうが母音を続けられる分、多彩で複雑と言えます。

　母音の表現力では、日本語のほうが優れていて、英語のほうが負けているのです。

　日本語では、2〜3 つの母音を自由に組み合わせて単語を作れますが、英語ではそうはいかないからです。

　たとえば日本語では、「ああ、あい、あう、あえ、あお、いあ、……おお」といった具合に 5 つの母音を 2 つ続けると、25 通りの母音の組み合わせができます。

　いっぽう、英語では母音の数が約 20 種ありますが、母音同士を組み合わせることはしません（一部の 2 重母音を除く）。その分、英語では、子音をふんだんにつかって、たくさんの単語を作り出しています。

　この大きな違いを、しっかり認識しておきましょう。

③ **英語では、前にある子音を強く発音してから、続く母音を発音する。**

　英語では、母音ではじまる単語は少なめです。母音ではじまる単語が英会話に出てくる確率は、私の感覚では 5 ％程度です。単独では母音ではじまる単語も、その前の単語が子音で終わっている場合は、その子音と次の語の冒頭の母音が結合して発音されるので、なおさらです。その際は、第 3 部の [子音＋母音] の発音ルールにのっとることになります。

　このように、英語では [子音＋母音] の発音をするケースが多いわけですが、その組み合わせを絶対に日本語のカナのように発音しないことです。日本語の「サスセソ」は、厳密には英語の [sa su se so] ではないのです。

　英語の [sa su se so] は、子音である [s] をしっかり強く発音してから [a u e o] を添えるように発音しましょう。

# Lesson 1
# [e] [ei]

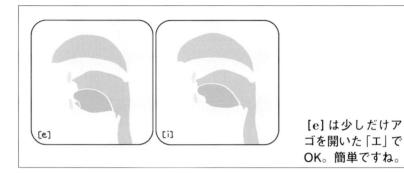

[e] は少しだけアゴを開いた「エ」でOK。簡単ですね。

　最初は発音がやさしい [e] の音に注意しての練習からはじめましょう。

　[e] は日本語の「エ」とほぼ同じ音で OK ですが、[e] のほうが、アゴをほんの少しだけ大きく下げて発音します。つまり、口を「エ」より少し大きくあけることを意識してください。ネイティブ・スピーカーの口を見ていると、単語の中で [e] 音が出てくるところで少し大きく口が開きます。

　本 Lesson で扱うのが、[e] のところにアクセントがある単語です。意識して強めに [e] を発音しましょう。本書では [e] 以外の音はまだ学習していませんので、こまかいことは気にせず、付属 CD の音をただひたすら真似して発音してください。

　本書のレッスンを 1 巡すると、それぞれの音の発音方法がわかります。2 巡め以降に、全部の音に集中する練習をすればいいのです。

　もちろん、『単語耳』第 1 巻を一通り練習済みの方は、最初からすべての音に集中して練習できるので、より早く効果を得られるでしょう。

●evidence [évidns] の発音を詳しく分析すると…

　音番号 001 の表中にある evidence [évidns]（証拠）の発音のからくりを少し詳しく分析してみましょう。発音のコツとなるポイントを理解できる

はずです。

① 日英の拍の違い

　evidence は、ev·i·dence と中黒（・）部分で発音が区切れている、3 音
節の単語です。つまり 3 拍で発音します。日本語で「エビデンス」と発音
すると 5 拍ですが、そうしないことがポイントです。5 拍で発音するのが
カタカナ発音、3 拍で発音するのが英語の発音とも言えます。

　それぞれ [é][vi][dns] が各 1 拍で計 3 拍です。アクセントは最初の音節
の [é] にあるので、ここを強く発音しましょう。

　次の [vi] も 1 拍です。音節の切れ目は v の後ろに来るので、[ev] が 1 拍
のように思われるでしょう。しかし、[v] 音は、次の [i] とつながって [vi]
と発音されます。**単語の中で [i] が 1 つで独立して音節になっている場合
は、たいていその前の子音とつなげて発音する**、と覚えておきましょう。
**[e] や [u] が単語の中で独立した音節になっている場合も同様**です。

② 母音の無い音節がある

　3 拍目の [dns] も 1 拍の長さで発音します。音が 3 つあるので、一気に
つづけて発音して 1 拍にします。

　[dns] は音節なのに、母音がありませんね？　**一般にアクセントの無い
音節にある母音は、あいまい母音の発音 [ə]**（『単語耳』1 巻参照）**になり
ますが、さらにはそのあいまい母音すら省略されるケースが多い**のです。

　つづりの dence のところはアクセントが無いので [dəns] の発音になる
のが一般ルールです。この場合は語尾にあるので、音がさらに弱くなって、
あいまい母音 [ə] が消失して [dns] になります。もちろん、ゆっくり発音す
る時には、[dəns] と発音しても OK です。

③ あいまい母音化 [ə]

　この evidence の発音ですが、辞書によって発音記号の表記が微妙に異
なっています。どれも正解なのですが、本書で一般的なルールを知ってお
いてください。それは、下記の 2 つです。

　・アクセントの無い音節にある母音は、あいまい母音 [ə] になる。
　・アクセントのある母音の発音は、1 種類だけでゆるがない。

　次に、evidence の発音の種類を 6 つ示します。この 6 つが、アクセントが

無い音節の発音方法です。そして6種類のうちのすべてが、英会話で許容されます。なぜなら、アクセントが無い音節は、さして重要ではないからです。

1. evidence [évədəns]：ルールどおりにあいまい母音化
2. evidence [évidəns]：つづりに忠実に [vi] と発音
3. evidence [évədns]：あいまい母音 [ə] が消失
4. evidence [évidns]：上記 2. と 3. の組み合わせで発音
5. evidence [évədèns]：[de] に第2アクセントをつけた例
6. evidence [évidèns]：上記 2. と 5. の組み合わせ

　1. の発音は、一般ルールのとおりに、アクセントの無い音節をあいまい母音にしたものです。つづりの vi につられるなら、2. のように [vi] と発音しても OK となります。そして、[dəns] のあいまい母音は消失しても良いので、3. と 4. の発音でも構いません。ゆっくり話すときは 1. か 2.、普通の速度では 3. または 4. で発音される、と思ってください。

　辞書によっては、evidence に第2アクセントをつける辞書もあります。第2アクセントでは、あいまい母音は使われないので、つづりにある母音がきちんと発音されます。この時の発音記号が、5. と 6. です。

　このように1つの単語につけられる発音記号は、「1つだけが正しくて、他の発音は間違い」ということは絶対にありません。柔軟に考えましょう。

　なお、アクセントが無い el-, en-, ex- ではじまる単語の各冒頭の発音方法は、それぞれ、el-：[il-] [el-] [əl-]、en-：[in-] [en-] [ən-]、ex-：[iks-] [eks-] [əks-] の各3種類が許容されます。たとえば、elect [ilékt] [elékt] [əlékt]（選挙する）、entire [intáiər] [entáiər] [əntáiər]（全体の）、extend [iksténd] [eksténd] [əksténd]（伸ばす）の発音はすべて正解なのです。本書では、原則、付属 CD を吹き込んだナレーターの発音に一番近い発音記号を記載してあります。

　2種類の発音がある音には、wh-：[hw] [w]、du-：[djuː] [duː] などもあります。たとえば、where [hwéər] [wéər]（どこに）、duty [djúːti] [dúːti]（責務）などです。本書では、前者を [(h)wéər] という風に表記しています。後者は、付属 CD の音声（アメリカ式発音）に合わせて [dúːti] のほうを多く採用していますが、もちろん [djúːti] といった発音でも OK です。

●まとめ

単語を発音するときに、よりどころとなるルールは、以下の3つです。

① アクセントのある母音はきちんと発音。第2アクセントにもこのルールを適用。
② アクセントが無い音節の母音は、あいまい母音 [ə] で発音。
③ あいまい母音は、しばしば省略される。とくに単語の最後の音節では、消失する可能性が大。

　このルールを忠実に守っている単語が音番号 001 の表中にある el·e·ment [éləmənt] や、el·e·phant [éləfənt] です。これらでは、el·e·phant [éləfnt] の [fnt] のように、あいまい母音を発音しなくても OK です。
　語尾のつづり y は、あいまい母音ではなくて [i] で発音します。表中の emp·ty [émpti] と en·e·my [énəmi] の語尾の y の音は [i] です。

●同じ子音が2つ続く単語

　単語の中には、同じ子音が2個連続する単語があります。このような単語のつづりは、子音文字が1つ出てくるのか2つ出てくるのか、正確には覚えにくいですね？
　しかし、こうしたつづりは、音節を意識して発音する習慣がつくと、簡単に覚えられるようになります。子音が2つ続くところでは、その真ん中に音節の区切りが来るからです。たとえば表中の単語では、er·ror [érɚ]、es·say [ései]、es·sence [ésns] です。

　子音が2つ続く単語を発音するときの考え方は、(『単語耳』1巻で解説したように) Take care. [tei(k)keɚ]、get to [ge(t)tu] などのように、前の単語の語尾と、次の単語の最初の音が同じ場合と一緒です。
　Take care. [tei(k)keɚ] では、take の語尾の [k] を発音しません (短い間だけ、残ります)。そして続く care [keɚ] の [k] はしっかり発音します。
　error [érɚ] でも、1つめの r は発音しません (こちらも、ごく短い間が残りますが)。続く、2つ目の r はしっかり発音します。
　essay [ései] も、1つめの s は発音はしませんが、存在を感じる間だけ残

ります。それから2つ目のsを発音します。

## ●音番号 001 【e】

　これで前提となる母音の発音のルールについて理解できたと思いますので、さっそく次の表で、[e]にアクセントがある24個の単語の発音練習をしてください。アクセントのある音節に注目し、何度も付属CDの音声をマネて自分で声を出して、音を覚えてください。1巡目の人は[e]以外の音はまだ学習していないわけですが、気にせず、[e]音に集中して練習しましょう。本書を1巡、5巡、10巡とくり返すたびに、すべての子音・母音の発音に神経がいきわたるようになり、発音の正確さが向上します。

　なお、本書の表の単語内にある中黒（・）は、音節の区切り位置を示しています。また実践編Lv.2の表ではすべて、① JACET番号、② 単語のつづり、③ その発音記号、④ 日本語訳の順で単語を紹介しています。

### ⊃☺ 音番号 001 【e】

| JACET | 単語 | 発音 | 意味 |
|---|---|---|---|
| 2007 | er·ror | [érɚ] | 【名】誤り、エラー |
| 1237 | el·e·ment | [éləmənt] | 【名】要素、元素 |
| 1943 | el·e·phant | [éləfənt] | 【名】ぞう（象） |
| 1618 | el·der·ly | [éldɚli] | 【形】年配の、初老の |
| 1993 | ed·i·tor | [édətɚ] | 【名】編集者 |
| 1096 | edge | [éʤ] | 【名】ふち、刃 |
| 2520 | ed·u·cate | [éʤəkèit] | 【他動】教育する |
| 2307 | ech·o | [ékou] | 【名】こだま、反響 |
| 1049 | egg | [ég] | 【名】卵 |
| 1008 | ev·i·dence | [évidns] | 【名】証拠 |
| 1507 | when·ev·er | [(h)wenévɚ] | 【接】…するときはいつでも |
| 2300 | wher·ev·er | [(h)weɚ(r)évɚ] | 【接】どこでも |
| 1782 | for·ev·er | [fɚ(r)évɚ] | 【副】永遠に、永久に |
| 2079 | eve·ry·day | [évridèi] | 【形】毎日の、日々の |
| 1430 | eve·ry·where | [évri(h)wèɚ] | 【副】どこにでも |
| 1497 | an·y·where | [éni(h)wèɚ] | 【副】どこにでも（疑問・否定文で） |
| 1323 | an·y·bod·y | [énibàdi] | 【代】だれか、だれでも |
| 2510 | end·less | [éndləs] | 【形】終わりのない、果てしのない |
| 1166 | en·e·my | [énəmi] | 【名】敵 |

| 1030 | emp·ty | [émpti] | 【形】からの、【他動】空にする |
|---|---|---|---|
| 2012 | eth·nic | [éθnik] | 【形】民族の |
| 2168 | es·say | [ései] | 【名】小論文、エッセー、随筆 |
| 2872 | es·sence | [ésns] | 【名】本質、エッセンス |
| 1738 | es·ti·mate | [éstəmèit] | 【他動】見積もる |

## ●音番号 002 【eks】

先にご説明したように、本書・実践編 Lv.2 の単語分類では "音節の「頭部」+「母音」" を利用しており、「母音」の後の子音は分類の上では無視しています。ですが、ex-[éks]は、「母音」+「子音」+「子音」の組み合わせながら、例外的に[e]から独立して表を作りました。理由は、ex-が接頭辞として多用されるからです。ex-は、①「…の外に」、②「完全に」、③「以前の」という意味を単語に追加します。[eks]という音を、ここで理屈ぬきに記憶してしまいましょう。

| ⋛😃 音番号 002 【eks】 | | | |
|---|---|---|---|
| 1118 | ex·pert | [ékspɚ:t] | 【名】熟練者、プロ |
| 1760 | ex·port | [ékspɔɚt] | 【他動】輸出する |
| 1136 | ex·tra | [ékstrə] | 【形】余分な、必要以上の |
| 1544 | ex·cel·lent | [éks(ə)lənt] | 【形】非常にすぐれた |

## ●音番号 003 【en】【em】

接頭辞の en-[én] も、やはり「母音」+「子音」の組み合わせながら、特別に[e]から独立して表を作りました。理由は、en-が「中に」「内に」という意味を持つ接頭辞としてよく登場するからです。

| ⋛😃 音番号 003 【en】【em】 | | | |
|---|---|---|---|
| 1338 | en·gine | [éndʒən] | 【名】エンジン、原動機 |
| 1906 | en·trance | [éntrəns] | 【名】入口 |
| 2044 | en·try | [éntri] | 【名】入場、参加 |
| 2347 | en·ve·lope | [énvəlòup] | 【名】封筒 |

en-は、[p]音や[f]音の前では em-に変化します。理由は、そのほうが発音しやすいからです。[p]は発音するときに 唇 を閉じるので、唇を閉じる [m]音を使うほうが快適なのです。

たとえば、次の表の emphasis [émfəsis]（強調）の場合も、[f]音を [m]

音から続けるほうが、[n] 音から続けるより、唇の動きが少なくて楽です。慣れてくると、[e] を発音した後、[f] の唇の形をつくって [mf] を発音できるでしょう。

| ⏵😊 音番号 003 ［en］［em］ | | | |
|---|---|---|---|
| 2087 | em·pire | [émpaiɚ] | 【名】帝国 |
| 2853 | em·per·or | [émpɚrɚ] | 【名】皇帝、天皇 |
| 2067 | em·pha·sis | [émfəsis] | 【名】強調 |
| 2606 | em·pha·size | [émfəsàiz] | 【他動】強調する |

## ●音番号 004 ［ei］

[ei] は2重母音です。以下の特徴があります。

① 日本語の「エイ」という2拍の発音ではなく1拍で発音します。

② 【e】を普通の強さで発音し、【i】をやや弱く発音します。

③ 【e】は日本語の「エ」よりは、口を大きく開けます。

④ 【i】は、日本語の「イ」よりも唇を横にしっかり引きます。

下は、すべて [ei] のところにアクセントがある単語です。

| ⏵😊 音番号 004 ［ei］ | | | |
|---|---|---|---|
| 1099 | an·cient | [éinʃənt] | 【形】古代の、古臭い |
| 1233 | aim | [éim] | 【動】ねらう、【名】ねらい |
| 2190 | a·gent | [éiʤənt] | 【名】代理人、代理店、エージェント |
| 2514 | a·cre | [éikɚ] | 【名】エーカー (4047$m^2$) |
| 2781 | an·gel | [éinʤəl] | 【名】天使 |
| 1226 | as·so·ci·a·tion | [əsòusiéiʃən] | 【名】協会、組合、団体 |
| 2650 | ra·di·a·tion | [rèidiéiʃən] | 【名】放射，放射能 |
| 2061 | cre·a·tion | [kriéiʃən] | 【名】創造、創造物 |
| 1982 | cre·a·tive | [kriéitiv] | 【形】創造力のある |
| 1766 | a·gen·cy | [éiʤənsi] | 【名】代理店、機関 |
| 1295 | un·a·ble | [ʌnéibl] | 【形】…できない |
| 2001 | dis·a·bled | [diséibld] | 【形】機能しない、動作しない |

# Lesson 2
# [i] [iː]

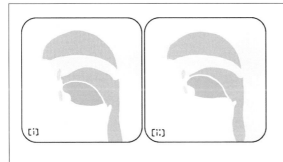

[iː] は、日本語の
「イ」より口を少し
だけ閉じて唇を横
にひっぱって出し
ます。[i] はリラッ
クスした「イ」です。

　[i] は、日本語の「イ」よりも少し「エ」に近い音です。つまり、「イ」よ
りもほんの少しだけアゴを下げて発音します。[i] は、やわらかくリラック
スした音です。[iː] は [i] よりももっと唇を横に引いて、鋭く緊張した発音
で出しましょう。

## ●音番号 005 [i]

　実践編 Lv.2 で扱う 2000 語の中で、母音 [i] にアクセントがある単語は、次
の表の通りです。すべて、単語のはじめに [i] 音が来るので覚えやすいですね。
　また、[in] の組み合わせが非常に多いことも特徴です。ただし、[p] 音
の前では in-は im-になります。

| 音番号 005 [i] | | | |
|---|---|---|---|
| 1412 | ill | [íl] | 【形】病気の、【名】病気 |
| 1689 | ill·ness | [ílnəs] | 【名】病気 |
| 2472 | il·lus·trate | [íləstrèit] | 【他動】（挿絵で）説明する |
| 1788 | im·pact | [ímpækt] | 【名】衝撃、インパクト |
| 2881 | im·mi·grant | [ímigrənt] | 【名】移民（外国から）、入植者 |
| 1072 | in·ter·view | [íntəˌvjùː] | 【名】インタビュー、【他動】面接する |
| 1666 | in·di·cate | [índikèit] | 【他動】…であると示す、表示する |
| 1746 | inch | [íntʃ] | 【名】インチ（長さ、2.54cm） |

| 1747 | in·ner | [ínɚ] | 【形】内側の、内部の |
| 1865 | in·ju·ry | [índʒəri] | 【名】負傷、傷害 |
| 1972 | in·come | [ínkʌm] | 【名】収入、所得 |
| 2084 | in·ci·dent | [ínsədənt] | 【名】出来事 |
| 2097 | in·jure | [índʒɚ] | 【他動】傷つける |
| 2341 | in·dex | [índeks] | 【名】索引、見出し |
| 2391 | in·fant | [ínfənt] | 【名】幼児 |
| 2609 | in·no·cent | [ínəsənt] | 【形】無罪の、無邪気な |
| 2448 | in·stant | [ínstənt] | 【形】即座の、インスタントの |
| 2822 | in·stant·ly | [ínstəntli] | 【副】すぐに、即座に |
| 1458 | in·stru·ment | [ínstrəmənt] | 【名】器具、楽器 |
| 2738 | in·stinct | [ínstiŋkt] | 【名】本能、勘 |
| 1755 | in·sect | [ínsekt] | 【名】虫、昆虫 |

## ●音番号 006 〔iː〕

　〔iː〕と〔i〕の違いは、音の「長さ」よりも音の「鋭さ」の違いです。〔iː〕は緊張した鋭い音、〔i〕はややリラックスした音です。〔iː〕では、唇を強く横に引き、舌の前の部分をできるだけ持ち上げて緊張させます。

　発音の長さに関しては、日本語の「イー」は「イ」の2倍ほどの長さがあります。つまり、「イ」を1拍とすると、「イー」は2拍です。しかし、英語の場合は、〔i〕と〔iː〕の音の長さの比は1対2ではなく、1対1.5ぐらいの感じです。eat〔iːt〕（食べる）と it〔it〕（それは）とは、ゆっくり発音すると、ほぼ同じ長さになる場合すらあります。

　音の長さではなく、唇を横に引いて、その結果舌の上の空間を狭くすることで、〔iː〕音の特徴が作られます。

### ◌😊 音番号 006 〔iː〕

| 1122 | east | [íːst] | 【名】東、東方 |
| 1821 | east·ern | [íːstɚn] | 【形】東の |
| 1165 | e·qual | [íːkwəl] | 【形】等しい |
| 1570 | e·qual·ly | [íːkwəli] | 【副】等しく |
| 1582 | e·vil | [íːvl] | 【名】悪、【形】悪質な |
| 1946 | ease | [íːz] | 【名】容易さ、気楽さ |
| 2311 | er·a | [íːrə] | 【名】時代、年代 |
| 2480 | ea·gle | [íːgl] | 【名】ワシ |

| 2667 | ea·ger | [íːgɚ] | 【形】熱望している |
|---|---|---|---|

※ er·a [íːrə] は [éːrə] と発音しても OK です。

# Lesson 3
# [u] [uː]

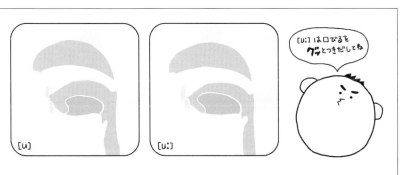

**[u] は、日本語の「ウ」で OK です。唇はまるめます。[uː] は、[u] よりももっと唇をまるめ、前につき出して鋭く発音します。**

　[u][uː] からはじまる音節がアクセントを持つことはありません。アクセントがある場合はかならず、[子音 + u][子音 + uː] の組み合わせになります。つまり、[u][uː] は、控えめなサポート役の音なのです。

　よって Lesson3 では、音読すべき単語はありません。

　[u][uː] の [u] の部分は日本語の「ウ」よりも唇をまるくして、つき出して発音します。唇をまるめる理由は、舌が口の奥に入るからです。

　[uː] は [u] よりもさらに唇をまるめてつき出します。その結果、舌をより奥に入れて、口の中の前部空間を狭くします。[u] と [uː] の音の違いは、発音する「長さ」よりも、口の形の違いによるものです。日本語の「ウ」と「ウー」の区別方法とは違うのです。[u] と [uː] の発音の長さの違いも、1 対 1.5 ぐらいの感じです。

# Lesson 4
# [j] [juː]

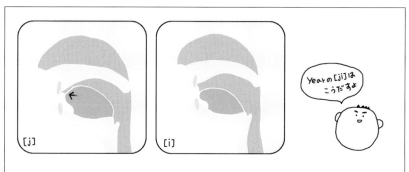

「ヤユヨ」の子音部分をより強くした音です。「イ」よりも唇を左右に引いて唇を閉じ気味にし、舌は天井に触るぐらい近づけて「イ」と言います。

[j] は子音に分類される音ですが、あえて [u] [uː] について学んだあとで練習することにします。その理由は、

① 子音の後ろに続くことがあり、母音感覚で発音しがち。
② [juː] の発音が多いので、[u] の次に練習すべき。
③ duty [d(j)úːti] が [djúːti]、[dúːti] のどちらで発音してもいいことからもわかるように、[uː] と [juː] の発音は近い関係にある。

——の3つです。

[j] は、「ヤ ユ ヨ [ya yu yo]」の [y] の部分に相当する音ですが、より強く発音します。「イ [i]」よりもアゴを上げ、唇を左右に引いて、息をこすって出す摩擦音一歩手前という感じで出します。
[j] の次に母音が来る場合、通常は「ヤ ユ ヨ [ya yu yo]」の [y] の部分の音でほぼ良いのですが、次に母音 [i] が続く [ji] だけは要注意です。なぜなら、year [jiɚ] と ear [iɚ] とは発音が明確に異なるからです。year [jiɚ] の [j] は、「イ [i]」よりも唇を左右に引いて、舌を少し上げて発音を

はじめてから、舌を下ろしながら、なめらかに [i] に発音を続けます。

　実は [i] 以外の母音が続く場合も、[j] の発音は上と同じ要領で行ないますが、日本語の「ヤ　ユ　ヨ」の子音の音と記憶しておいて OK です。

## ●音番号 007 [je]

　[j] を"「ヤユヨ」の子音部分"とだけ覚えていると、[je] は「ヤユヨ」に無い音なので困ってしまいますね。[j] は [e] よりも、"唇を横に引き、舌の中央を持ち上げる"とイメージすると応用がきくでしょう。

　[je] は「イエ」に近い音ですが、上記のイメージで発音するとより正しい発音に近づきます。なお、"舌の中央"とは、舌の中央から前にかけての部分のことです。

| ⋛☺ 音番号 007 [je] | | | |
|---|---|---|---|
| 1300 | yel·low | [jélou] | 【形】黄色の、【名】黄色 |
| 2762 | yell | [jél] | 【自動】大声をあげる |

## ●音番号 008 [ji:]

　[i:] は強く唇を横に引いて発音します。[j] は、さらに舌を持ち上げて出す音です。[j] と [i:] が違う音で発音できれば、ほぼ OK です。

| ⋛☺ 音番号 008 [ji:] | | | |
|---|---|---|---|
| 2890 | ye | [jí:] | 【代】なんじらは (you の古・口語) |

　ちなみに、[ji:] 音にアクセントがある単語は珍しいです。JACET8000 の 8000 語の中にいくつあるのか調べてみると、以下の 5 語だけです（冒頭の数字は JACET 番号）。珍しい発音を持つ単語は、その「音節」の音を聴き取るだけで容易に使用単語を特定できます。そういう特定がすぐできる脳を、『単語耳』シリーズの付属 CD を使った練習で作り上げましょう。

68　　year [jíɚ]（年）
2890　ye [jí:]
3227　yield [jí:ld]（収穫、産出する）
7309　yearly [jíɚli]（年 1 度の）
7639　yeast [jí:st]（酵母、大騒ぎ）

このような JACET の全 8000 語を範囲とした単語の列挙は、本書・実践編 Lv.2 では、すべての音番号に関して行なうわけではありませんが、実践編 Lv.2 の段階で知っておいてもよいと私が判断したものに限っては、このように途中で記載していきたいと思います。

実践編 Lv.3、Lv.4 へと進む前に、少しずつこうした知識を頭に入れていくことが、英会話の際の相手の使用単語候補を「音節」を聞き取った時点でしぼり込むのに役に立つはず、と思うからです。

## ●音番号 009 ［juː］

つづりの u にアクセントがあると ［juː］の発音になりやすいです。「ユー」と覚えておいても OK ですが、舌の中央を持ち上げてください。

| 音番号 009 ［juː］ | | | |
|---|---|---|---|
| 1022 | use·ful | [júːsfl] | 【形】役に立つ |
| 2992 | use·less | [júːsləs] | 【形】役に立たない |
| 1244 | youth | [júːθ] | 【名】若さ、青春時代 |
| 2162 | us·er | [júːzɚ] | 【名】使用者、ユーザー |
| 1210 | u·su·al | [júːʒuəl] | 【形】いつもの、普通の |
| 1483 | un·u·su·al | [ʌnjúːʒuəl] | 【形】異常な、まれな |
| 1232 | un·ion | [júːnjən] | 【名】組合、結合 |
| 1421 | u·nit | [júːnit] | 【名】単位、1 個 |
| 1734 | u·ni·form | [júːnəfɔ̀ɚm] | 【名】制服、ユニフォーム、【形】均一な |
| 1808 | u·ni·verse | [júːnəvə̀ːs] | 【名】宇宙 |

## ●音番号 010 ［jɑɚ］

［jɑ］は「ヤ」と覚えて OK です。ただし、［j］で舌を持ち上げて、［ɑ］では「ア」よりももっと口を開けてください。［ɚ］の発音は母音の最後のほうで練習します。唇をややまるめて、舌を上の奥のほうに持っていって発音する音です。

| 音番号 010 ［jɑɚ］ | | | |
|---|---|---|---|
| 1316 | yard | [jɑ́ɚd] | 【名】中庭、ヤード (3 feet, 約91cm) |

JACET の 8000 語の中には、この音にアクセントがある単語は 2 単語しかありません。

1316   yard　[jáɚd]
4793   yarn　[jáɚn]（毛糸、冒険談）

## ●音番号 011 ［juɚ］

　［juɚ］を発音するには、[u]のところで唇をつき出します。すると舌は奥に入るので、そのまま唇を戻して、ほんの少しだけ舌を持ち上げると［ɚ］の発音ができます。

| 🙂 音番号 011 ［juɚ］ | | |
| --- | --- | --- |
| 1649　yours | ［júɚz］ | 【代】あなた（たち）のもの |

　JACET8000内には4語あります。この「音節」が聞こえたら単語の候補はこれだけと判断できる脳を本書で作ってください。

60　　 your　[júɚ]
1649   yours　[júɚz]
5721   urine　[júɚrin]（尿、小便）
7320   euro　[júɚrou]（ユーロ《貨幣の単位》）

# Lesson 5
## [ʌ]

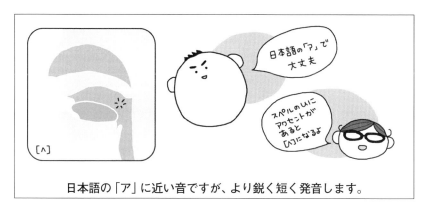

[ʌ]

日本語の「ア」で大丈夫

スペルのいにアクセントがあると［ʌ］になるよ

**日本語の「ア」に近い音ですが、より鋭く短く発音します。**

　[ʌ]は、日本語の「ア」でほぼ代用できます。「ア」と、舌の位置やアゴ

の下げ方がほとんど同じだからです。ただし、日本語の「ア」よりも鋭く短めに発音してください。舌は口の中でほぼ中央の位置に置きます。

日本語では「ア」が一番アゴを開く音です。そのアゴの開き具合と [ʌ] のアゴの開き具合は近いです。

ところが英語には、日本語の「ア」よりもっとアゴを開く発音があります。それが、[ɑ][a][ɔ] という 3 つの母音です。これらの [ɑ][a][ɔ] は、日本語の「ア」よりも、もっとアゴを下げる（口を大きく開く）というイメージをしっかり心に根付かせましょう。

つづりで言うと、u にアクセントがあると、多くが [ʌ] 音になります。また o も [ʌ] 音になることがあります。

## ●音番号 012 ［ʌ］

| | | | | |
|---|---|---|---|---|
| | 音番号 012 ［ʌ］ | | | |
| 1471 | un·cle | [ʌ́ŋkl] | 【名】 | おじ（父母の兄弟） |
| 1609 | oth·er·wise | [ʌ́ðɚwàiz] | 【副】 | そうでなければ、…以外では |
| 2372 | up·per | [ʌ́pɚ] | 【形】 | 上の、上流の |
| 2548 | ug·ly | [ʌ́gli] | 【形】 | みにくい、不格好な |
| 2867 | ov·en | [ʌ́vn] | 【名】 | オーブン、かまど |
| 2923 | on·ion | [ʌ́njən] | 【名】 | 玉ねぎ |

# Lesson 6
# ［æ］

アゴの開き方を、日本語の「エ」と「ア」の中間にして、舌を前に置いて「ア」と言います。

日本語の「キャッ」の発音が [kæ] に近い発音なので、日本人は cat [kǽt]（ネコ）の発音が上手です。その要領で、他の単語の [æ] も発音すれば良いのです。

アメリカ人の多くは、舌を前に移動しながら [æ] を発音するので、cat は「キャット」よりもむしろ「キェァt」と口を動かす感覚です。また、bad [bǽd]（悪い）もあえてカタカナで書くと「bェァd」が近いです。

つづりで言うと、a にアクセントが来ると、[æ] 音になります。

「エ」と「ア」の中間の舌の位置で「ア」と言えばこの音が出ます。

## ●音番号013［æ］

基本的に、アルファベットのaの部分にアクセントがあると、この発音になります。

### 音番号013［æ］

| 1101 | ac·tive | [ǽktiv] | 【形】活動的な、活発な |
|------|---------|---------|---------------------|
| 1613 | ac·tor | [ǽktɚ] | 【名】俳優、男優 |
| 1989 | ac·tu·al | [ǽktʃuəl] | 【形】実際の、現実にある |
| 2076 | re·act | [riǽkt] | 【自動】反応する、影響しあう |
| 1448 | re·ac·tion | [riǽkʃən] | 【名】反応 |
| 1181 | re·al·i·ty | [riǽləti] | 【名】現実性、真実なもの |
| 1068 | an·gry | [ǽŋgri] | 【形】怒っている |
| 1525 | an·ger | [ǽŋgɚ] | 【名】怒り |
| 2793 | an·gri·ly | [ǽŋgrəli] | 【副】怒って |
| 2096 | an·gle | [ǽŋgl] | 【名】角度 |
| 1842 | ag·ri·cul·ture | [ǽgrikλltʃɚ] | 【名】農業 |
| 2292 | anx·ious | [ǽŋkʃəs] | 【形】不安な |
| 2690 | ant | [ǽnt] | 【名】アリ（蟻） |
| 1735 | aunt | [ǽnt] | 【名】おば、父母の姉妹 |
| 1593 | an·nu·al | [ǽnjuəl] | 【形】年1回の、毎年の |
| 2366 | an·a·lyze | [ǽnəlàiz] | 【他動】分析する、精神分析する |
| 2412 | an·ces·tor | [ǽnsestɚ] | 【名】祖先、先行者 |
| 1117 | as·pect | [ǽspekt] | 【名】外観、表情、相 |
| 1530 | ac·id | [ǽsid] | 【形】酸の、【名】酸 |
| 2885 | ash | [ǽʃ] | 【名】灰 |
| 1661 | ap·ple | [ǽpl] | 【名】りんご |

| 1222 | at·mos·phere | [ǽtməsfìɚ] | 【名】大気、雰囲気 |
| 2795 | at·om | [ǽtəm] | 【名】原子 |
| 2032 | pi·an·o | [piǽnou] | 【名】ピアノ |
| 2215 | af·ter·ward | [ǽftɚwɚd] | 【副】その後 |
| 2873 | ar·row | [ǽrou] | 【名】矢 |
| 2921 | ath·lete | [ǽθliːt] | 【名】運動選手 |
| 2457 | where·as | [(h)weɚ(r)ǽz] | 【接】…であるのに |

## ●音番号 014 ［æb］

接頭辞 ab-も、「母音」＋「尾部」の組み合わせながら、例外的に独立した音番号にしています。この部分にアクセントがくると、母音部分は [æ] の発音になります。ab-は接頭辞で、単語に付加する意味は、「離れて」「遠くへ」です。たとえば、absence は、ab（離れた）＋ sence（存在、あるべきところ）──つまり、存在すべきところから離れていて、いまはいないこと（＝欠席、不在）です。abstract は、ab(s)（離れた）＋ tract（ひっぱる）──つまり、余計なものを引き離して残ったもの。それで、「抽象的な～」「要約」といった意味になります。参考にしてください。

|  | 音番号 014 ［æb］ | | |
|---|---|---|---|
| 1480 | ab·so·lute·ly | [ǽbsəlùːtli]<br>[ǽbsəlúːtli] | 【副】完全に、まったく |
| 2207 | ab·sence | [ǽbsəns] | 【名】欠席、不在 |
| 2724 | ab·stract | [ǽbstrækt] | 【形】抽象的な、【名】要約 |

## ●音番号 015 ［æd］［æk］

接頭辞 ad-も、「母音」＋「尾部」の組み合わせながら、例外的に独立した音番号にしています。この部分にアクセントがきても、母音部分は [æ] の発音になります。接頭辞の ad-の意味は、「接近、方向」「…に（向かって）」です。

|  | 音番号 015 ［æd］［æk］ | | |
|---|---|---|---|
| 2763 | ad | [ǽd] | 【名】広告 |
| 2823 | ad·ver·tise | [ǽdvɚtàiz] | 【他動】宣伝する、広告する |
| 2106 | ad·ver·tis·ing | [ǽdvɚtàiziŋ] | 【名】広告、【形】広告の |

接頭辞 ad-は、つづり c の前では、ac-に変化します。子音が２つ並ぶと

きには、その真ん中で音節が区切れることにも注目してください。

| 🎵😀 音番号 015 ［æd］［æk］ | | | |
|---|---|---|---|
| 1748 | ac·cess | ［ǽkses］ | 【名】接近方法、アクセス |
| 2466 | ac·cent | ［ǽksent］ | 【名】アクセント、強勢 |
| 2489 | ac·cu·rate | ［ǽkjərət］ | 【形】精密な、正確な |

# Lesson 7
# [ɑ]

「ア」より あごを下げよう

口の形は タテ長に大きく あけよ〜

アゴを日本語の「ア」よりも 1cm 以上下げながら「ア」と言います。口の奥を広げて結果としては「オ」に近い音が出ます。

　すべての英語の発音の中で、一番アゴを下げて（＝口を開いて）出す音が、[ɑ]です（[a]も同じぐらい下げますが）。日本語の「ア」より、さらに 1cm はアゴを下げて発音しましょう。

　[ɑ]では、唇をたてに思い切り長くします。そして、舌を少し奥に入れて、口の奥の空間を広くします。

　つづりとの関連で言うと、o にアクセントが来ると、ほとんどが[ɑ]の発音になります。

　[ɑ]音は、単語によっては「ア」に近い音に聞こえたり、「オ」に近い音に聞こえたりします。舌先を前寄りにして発音すると前者になり、舌先が

奥よりに来ると後者になります。その辺は、手前にくる子音の影響を受けるわけですが、付属CDを聴きながら、前後の子音となめらかにつながる[ɑ]を目指して練習していれば、自然と前後の音になめらかにつながる[ɑ]になります。ですので、「ア」「オ」のどちらに近く発音すべきかどうかは、気にしなくていいでしょう。

　この[ɑ]は、アメリカ式の発音です。英国ではこの音の代わりに[ɔ]を使います。[ɔ]は、唇をさらにたてにまるめて舌を口の奥に入れて、口の空間を大きくして響かせる音です。

## ●音番号016 【ɑ】

| | ☺ 音番号016 【ɑ】 | | | |
|---|---|---|---|---|
| 1396 | op·po·site | [ápəzit] | 【形】 | 正反対の、反対側の |
| 1514 | op·er·ate | [ápərèit] | 【自動】 | 作動する、手術する |
| 2497 | op·er·a·tor | [ápərèitər] | 【名】 | 操作者、オペレータ |
| 1621 | ob·vi·ous | [ábviəs] | 【形】 | あきらかな、明白な |
| 1324 | ob·vi·ous·ly | [ábviəsli] | 【副】 | 明らかに |
| 1130 | on·to | [ántə] | 【前】 | …の上に |
| 1546 | ah | [á:] | 【間】 | ああ、なるほど |
| 1891 | odd | [ád] | 【形】 | 奇妙な、かわった |
| 1413 | hon·or | [ánər] | 【名】 | 名誉 |
| 1896 | hon·est | [ánəst] | 【形】 | 正直な |
| 2846 | hon·est·ly | [ánəstli] | 【副】 | 正直に |
| 2091 | oc·cu·py | [ákjəpài] | 【他動】 | 占有する |
| 2219 | ox·y·gen | [áksiʤən] | 【名】 | 酸素 |
| 2355 | di·ox·ide | [daiáksaid] | 【名】 | 二酸化物 |
| 2868 | ge·og·ra·phy | [ʤiágrəfi] | 【名】 | 地理学、地勢 |

# Lesson 8
# [ai] [au]

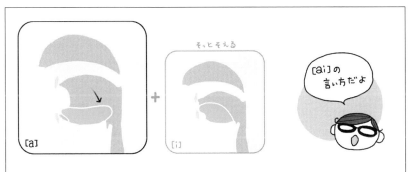

[a] を普通の強さで発音し、2つ目の [i] [u] はその半分ぐらいの強さで発音します。

　[ai][au]は、2重母音です。日本語の「アイ」「アウ」とは、以下のような点で性質が異なります。

① 1拍で発音する（日本語の「アイ」「アウ」は2拍）。[ai][au]は、1つの音のように（1音感覚で）すばやく続けて発音する。

② [a]の部分を普通の強さで発音し、[i][u]の部分を少し弱く発音する。

③ [a]音では、日本語の「ア」よりも少したて長に唇を開く。

④ [i]音では、唇を横に引く。

⑤ [u]は、唇をまるめてつき出す。唇をまるめる動作を省略しないこと。

## ●音番号 017 [ai]

| | 🙂 音番号 017 [ai] | | | |
|---|---|---|---|---|
| 1262 | i·tem | [áitəm] | 【名】 | 項目 |
| 1549 | i·ron | [áiən] | 【名】 | 鉄 |
| 2917 | eye·brow | [áibràu] | 【名】 | まゆ毛 |

## ●音番号 018 ［au］

| | 音番号 018 ［au］ | | | |
|---|---|---|---|---|
| 2163 | out·line | ［áutlàin］ | 【名】 | 概略、りんかく |
| 2367 | out·er | ［áutɚ］ | 【形】 | 外側の |
| 2932 | out·door | ［áutdɔ̀ɚ］ | 【形】 | 屋外の、戸外の |

# Lesson 9
# ［ou］［ɔː］［ɔi］

［ɔː］は、日本語の「オ」よりもアゴを下げ、唇をたて長にまるめて「オー」と発音します。

［ou］の発音の特徴は、下記の通りです。

① 1拍で発音する。日本語の「オウ」のように2拍で発音してはいけない。

② ［o］音は、日本語の「オ」でよい。

③ ［u］音は弱く添える。唇をまるくしてつき出す。唇をつき出して発音することで、［ɔː］と区別する。

## ●音番号 019 ［ou］

| | 音番号 019 ［ou］ | | | |
|---|---|---|---|---|
| 1048 | own·er | ［óunɚ］ | 【名】 | 持ち主、オーナー |
| 1135 | o·kay, OK | ［óukéi］ | 【副】 | オーケー、はい |

| 1562 | o·cean | [óuʃən] | 【名】大洋、大海 |
| 1999 | owe | [óu] | 【他動】（金・物を）借りている |
| 2290 | oak | [óuk] | 【名】オーク（の木）、オーク材 |
| 2454 | o·ver·seas | [òuvɚsíːz] | 【副】海外に、【名】外国、【形】海外の |
| 2706 | o·zone | [óuzoun] | 【名】オゾン |
| 2371 | more·o·ver | [mɔːˈ(r)óuvɚ] | 【副】その上 |

　日本人が混乱しやすいのは、[ou] と [ɔ:] の区別でしょう。

　たとえば、call [kɔːl]（呼ぶ）と coal [koul]（石炭）です。「石炭」のつもりで“コール”と発音したのに、call とネイティブに勘違いされる。同様に、loan [loun]（借金）のつもりで“ローン”と発音したのに、lawn [lɔːn]（芝生）と勘違いされる……日本人は、こうなりがちです。

　これを避けるには、[ou] の [u] のところでしっかりと唇をまるめて、つき出すことです。すると確実に [ou] の発音に聞こえるでしょう。

　英語の音の中では [ou] 音がメジャー（多数派）で、[ɔ:] 音はマイナー（少数派）です。したがって、[ɔ:] を含む単語を意識的に覚えておき、それ以外はすべて [ou] で発音しましょう（それでさして問題は出ません）。迷ったら、[ou] の発音を使いましょう。

## ●音番号 020 【ɔ:】

　[ɔ:] は、日本語の「オ」よりも口の奥を広くあけて「オー」と発音します。日本語の「オ」よりも唇をたて長にまるくすると、舌が奥のほうに入り、口の中に大きな空間ができます。その状態で声をその空間内によく響かせてみましょう。

　[ɔ:] は [ɔ] を長くした発音です。

### 音番号 020 [ɔ:]

| 1147 | au·thor | [ɔ́:θɚ] | 【名】著者 |
| 1381 | ought | [ɔ́:t] | 【助】すべきである |
| 1667 | au·tumn | [ɔ́:təm] | 【名】秋 |
| 1941 | aw·ful | [ɔ́:fl] | 【形】恐ろしい、非常に悪い |
| 2948 | awk·ward | [ɔ́:kwɚd] | 【形】ぎこちない、やりにくい |

　最後に、[ɔi] 音について。この音が単独でアクセントを持つ音節を形成

することはまずありません。アクセントを持っている単語は、実践編 Lv.1 で出てきた oil [ɔ́il]（油）が、JACET8000 の中のたった 1 つの例です（よって、本書では練習すべき単語はありません）。

　とはいえ、アクセントが無い音節では、[子音＋ɔi] の発音はたくさん出てきます。発音時の注意は下記の通りです。

① 【ɔi】は 1 拍の長さで発音する。

② 【ɔ】は唇をたて長にして開ける。口の奥を開く。普通の強さで発音する。

③ 【i】は唇を横に引いて、やや弱く発音する。つまり唇はたて長から横に引くため、口の動きが大きい。手抜きをしてはいけません。

# Lesson 10
## [ɚː]

舌の根元を持ち上げ、舌先を斜め上にそらせて「エ」程度の口の開きで「アー」と発音しましょう。

　日本語に無い英語の母音の典型例が [ɚː] です。

　まず、口は日本語の「エ」程度に開き、唇は少しまるめて、舌の根元をうしろ斜め上に、天井付近まで持ち上げます。そのまま「アー」とうなるのですが、その際、舌先を自然に斜め上に向けてください。舌先を、上前歯裏の歯ぐきから 1〜2cm 奥の、天井すれすれまで持ち上げるのです。舌先をそり返らせると舌の根を持ち上げやすくなりますが、これはそうしなくても構いません。

　要するに、舌を蛇のコブラが鎌首を持ち上げたような形にするのです。

舌の上の空間を狭くすることがポイントです。

### ●音番号 021 ［ɚː］

| 🙂 音番号 021 ［ɚː］ | | | |
|---|---|---|---|
| 1432 | earn | ［ɚ́ːn］ | 【他動】（金・名声）かせぐ、得る |
| 2913 | herb | ［ɚ́ːb］ | 【名】ハーブ、香りの草 |
| 2153 | ur·ban | ［ɚ́ːbn］ | 【形】都会の |
| 1950 | urge | ［ɚ́ːʤ］ | 【他動】せき立てる、催促する |
| 2935 | ur·gent | ［ɚ́ːʤənt］ | 【形】緊急の、差し迫った |
| 2513 | earth·quake | ［ɚ́ːθkwèik］ | 【名】地震 |

　［子音＋ɚː］の発音は英単語にたくさん出てきます。その準備の意味でも、上の6単語はしっかり発音練習しておきましょう。

# Lesson 11
# ［母音＋ɚ］／［r］＝［ɚ］

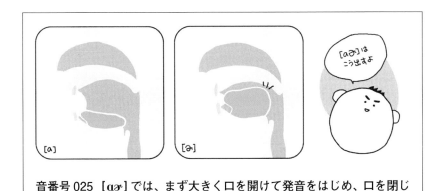

　音番号 025 ［ɑɚ］では、まず大きく口を開けて発音をはじめ、口を閉じながら（アゴを上げながら）［ɚ］までなめらかに発音を続けましょう。

　この［母音＋ɚ］音は、つづりが「母音＋r」となっているところに現われます。アメリカ英語の特徴的な発音です。以下の音番号 022～026 までの5音は、すべてその「母音＋r」の発音です。簡単に覚えるために、r のスペルの部分が［ɚ］音になると考えておいてもいいでしょう。

　[母音＋ɚ] は、単語の中にも非常にたくさん出てきます。ここでしっかり練習しておきましょう。

## ●音番号 022 ［eɚ］

| 音番号 022 ［eɚ］ | | | | |
|---|---|---|---|---|
| 1940 | air·port | ［éɚpɔ̀ɚt］ | 【名】 | 空港、飛行場 |
| 2964 | air·plane | ［éɚplèin］ | 【名】 | 飛行機 |
| 2840 | air·line | ［éɚlàin］ | 【名】 | 航空会社、定期航空路 |

## ●音番号 023 ［iɚ］

| 音番号 023 ［iɚ］ | | | |
|---|---|---|---|
| 1120 | ear | ［íɚ］ | 【名】 耳 |

　JACET の 8000 語では、音節 [iɚ] にアクセントが付く語は珍しく以下の2つだけです。ただし、子音に [iɚ] がつづく単語はたくさんあります。たとえば、実践編 Lv.1 で学習した、here [híɚ]（ここに）、near [níɚ]（近くに）、fear [fíɚ]（恐怖感）などです。

1120　ear［íɚ］

7524　earring［íɚrìŋ］（イヤリング）

## ●音番号 024 ［ɔɚ］

　or というつづりにアクセントがあると、[ɔɚ] 音になります。単純に、r の部分が [ɚ] 音になると考えればいいでしょう。ちなみに、アクセントが無い場合の or は [ɚ] 音になります。たとえば、既出の honor [ánɚ]（名誉）です。

| 音番号 024 ［ɔɚ］ | | | | |
|---|---|---|---|---|
| 1066 | or·di·nar·y | ［ɔ́ɚdnèri］ | 【形】 | 普通の |
| 2247 | ex·traor·di·nar·y | ［ekstrɔ́ɚdənèri］ | 【形】 | 並はずれた |
| 2602 | or·gan | ［ɔ́ɚgən］ | 【名】 | オルガン、臓器 |
| 1793 | or·gan·ize | ［ɔ́ɚgnàiz］ | 【他動】 | 組織する |
| 2844 | or·gan·ism | ［ɔ́ɚgnìzm］ | 【名】 | 生物、有機体 |
| 2189 | or·ches·tra | ［ɔ́ɚkəstrə］ | 【名】 | オーケストラ |
| 2397 | dis·or·der | ［disɔ́ɚdɚ］ | 【名】 | 騒乱、無秩序 |

2247　extraordinary は、extra（超えた）＋ ordinary（普通の）という成り立ちの語ですので、この音番号の分類になります。

また、以下の３つの単語では、［ɔɚ］のうしろに［r］がきます。

従来の辞書では［ɔːr］となっていますが、実際のアメリカ発音では、ほとんどの人が［r］音へと口を動かしながら［ɔː］を発音します。この音の動きを忠実に表わすと、［ɔː］ではなく、［ɔɚ］になります。このためか、ジーニアス大英和辞典では［ɔɚr］として忠実に口の動きを表わそうとしています。本書も発音と発音記号のギャップが少ない、［ɔɚr］を採用しました。

| ♪😊 音番号 024 ［ɔɚ］ | | | |
|---|---|---|---|
| 1342 | or·i·gin | ［ɔ́ɚrəʤin］ | 【名】起源、始まり |
| 1799 | or·ange | ［ɔ́ɚrinʤ］ | 【名】オレンジ（ミカン科） |
| 2359 | pri·or·i·ty | ［praiɔ́ɚrəti］ | 【名】優先、優先すべきこと |

## ●音番号 025 ［ɑɚ］

ar というつづりにアクセントがあると［ɑ́ɚ］と発音します。アクセントが無いと［ɚ］です。たとえば、dollar［dɑ́lɚ］（ドル）などですね。

| ♪😊 音番号 025 ［ɑɚ］ | | | |
|---|---|---|---|
| 1002 | ar·ti·cle | ［ɑ́ɚtikl］ | 【名】品物、記事 |
| 1259 | ar·gu·ment | ［ɑ́ɚgjəmənt］ | 【名】議論、論争、口げんか |
| 2444 | ar·chi·tec·ture | ［ɑ́ɚkətèktʃɚ］ | 【名】建築、建築学、設計仕様 |

## ●音番号 026 ［auɚ］

| ♪😊 音番号 026 ［auɚ］ | | | |
|---|---|---|---|
| 2467 | ours | ［áuɚz］ | 【代】私達のもの |

JACET8000 内には、この［auɚ］音にアクセントがある単語があと３つしかありません。この「音節」が聞こえたら単語の候補はこれだけと考えて OK です。

77　　our［áuɚ］（私たちの）

262　　hour［áuɚ］（１時間）

2467　ours［áuɚz］（私たちのもの）

# 第3部 〈つなぎの3音〉編

〈子音〉編の前に ［r］［l］［w］を練習すべし

　ここでは、［r］［l］［w］の音を練習します。

　この３つを「つなぎの音」と表現した理由は、その前に子音がついて、［子音＋ r＋母音］［子音＋l＋母音］［子音＋w＋母音］のように組み合わさるからです。

　次の部での〈子音〉編の練習よりも先に、ここで［r］［l］［w］の練習をしましょう。すると、〈子音〉編のLesson16 ［pl］, Lesson17 ［pr］, Lesson22 ［tw］……などの発音が容易になります。

　「つなぎの３音」を十分に練習して、次の部の〈子音〉編にそなえましょう。

# Lesson 12
# ［r＋母音］

　［r］は、日本人には発音が難しい音とされています。それは、right［ráit］（右）と light［láit］（光）の区別ができないことに象徴されています。しかし、right と light を発音し分けられたからといって、［r］の発音をマスターできたとは言えません。

　以下の４通りのパターンで出てくる［r］音をすべてマスターできてはじめて、［r］の発音ができていると認められるのです。right の発音ができるようになるということは、以下の「① 音節のあたま」の［r］の発音ができることに過ぎないわけです。

●［r］音が出てくる４パターン
① 音節のあたま　（いわゆる［r］）
② ［子音＋r＋母音］
③ ［母音＋r］（アクセントあり）
④ ［母音＋r］（アクセントなし）

① **音節のあたま**

　red [réd]（赤）、right [ráit]（右）、read [ríːd]（読む）など語頭に [r] 音がある場合だけでなく、di·rect [dərékt]（直接の）のように単語内の音節のあたまに [r] 音がある場合も含みます。

② **[子音＋ r＋母音]**

　英単語には、[r] の前に子音がつくものがたくさんあります。具体的には prince [príns]（王子）、bridge [bríʤ]（橋）、trend [trénd]（傾向）、drift [dríft]（漂流）、credit [krédit]（信用）、gray [gréi]（灰色）、fresh [fréʃ]（新鮮な）などのような [子音＋ r＋母音] の組み合わせです。

　「① 音節のあたま」に [r] がある単語よりも、② [子音＋ r＋母音] の単語のほうが多いのです。② の発音練習はあとの部で行ないますので、お楽しみに。

　ここでは ① の練習を先に行ないます。あとで、② の発音に挑戦するための準備です。

③ **[母音＋ r]（アクセントあり）**

　この発音練習は、すでに Lesson11 の音番号 022～026 で済んでいます。

④ **[母音＋ r]（アクセントなし）**

　英単語には、アクセントがつかない「母音＋ r」のつづりがたくさん出てきます。語尾に多く出てきますが、語中にも多く存在します。この [母音＋ r] は 2 つの音と考えず、[ɚ] で発音します（たとえば、dollar [dálɚ]）。

## ［r］の発音方法

　[r] の発音は次の 2 つの方法で可能です。
① **巻き舌にする方法**
② **[ɚ] の口の動きを使う方法**

　そして本書では、② の方法を使います。たとえば red なら、[ɚed] と発音すると、[red] に聞こえます（実際には、[ɚ] よりも 唇 をまるめ、舌をもう少し奥に入れると完璧です）。

　[r] は、次に続く母音の方向に舌を動かしながら発音する「移行音」です。red の場合は、[r] で舌を固定してはいけません。[r] から [e] の方向

に舌を移動させるときに出る一連の音を [r] 音だと考えましょう。

　[r] 音は、舌を持ち上げてせまくした舌の上側の空間を広げるときに、その空間にどっと音が流れ込んで出る音です。たとえば、舌の上の狭い空間に水をためておき、空間をすばやく広げて、そこに大量の水を流し込む様子をイメージしてみてください。

　なお、① の「巻き舌にして [r] を発音する」方法では、舌を巻いて [r] の発音をはじめてから次の母音に向けて巻いた舌が戻るときに出る音全体が [r] 音です。こちらの方法でも同じ「移行音」が出せるのです。

　習得する方法は、どちらでもやりやすいほうで OK です。ただ、私は ② のほうが口の動きと舌の動きが少なくて、会話のスピードに対応しやすいと思っています。

　[r + 母音] を発音するコツは、舌を [r] の位置に持っていって声を出しはじめたら、次の母音の位置まで舌を等速にすばやく移動させながら発音することです。

## ●音番号 027 【re】

　[re] 音は、非常に多くの単語でアクセントのある音節に使われています。発音のコツは、唇を少しすぼめて、舌を口の奥に入れ、やや上の位置に舌をおいてから、[r] か [ɚ] の発音をはじめ、[e] の音になるまで舌を等速で前に押し出すようにすることです。[r] から [e] までの舌の移動時間は、0.1〜0.2 秒でしょう。舌を押し出している間は常に音が変化しています。

　次の表に出てくる direct [dərékt] では、[rekt] にアクセントがあります。[re] をゆっくり強く発音し、同じ息で [kt] 音を軽く添えるようにしましょう。

　補足ですが、direct のつづりの di の部分にはアクセントがありません。そこで、あいまい母音を使った [də] 音になるわけですが、この単語ではその次が [r] ですので、[ə] がさらに [ɚ] 音になるのです。

　あいまい母音 [ə] は、通常は [e] の口の開きで舌を口の中央あたりに置いて発音します。ただし、口の形の許容範囲が広い音なので、次が [r] 音の場合は、舌を [r] の位置にかなり近づけて発音して、音を [r] になめらかにつなげることになります。すると、結果的に [ɚ] 音に近づくのです。[ɚ] と

[r] の舌の位置はほぼ同じですので、最初の [ə] を [ɚ] で発音しておけば、舌を動かさないで [r] を発音できます。

direct [dɚrékt] の第 1 音節（di）の音は、多くの辞書が [də] と表記しており、[dɚ] と表記している辞書はまだ少数派に思えます。しかし、後者のほうが実際の発音を反映していますので、本書では [dɚ] の表記を使っています。つまり、[r] の前のあいまい母音 [ə] の代わりに [ɚ] 音を使うのです。この表記を採用している辞典に、ジーニアス大英和辞典があります。この辞典はほとんどのメーカーの電子辞書に搭載されているので、持っている方も多いでしょう。

また、次の表の中には、rr のつづりを含む単語がいくつかありますが、「子音が 2 つ続くときは、その真ん中で音節が切れる」というルールを思い出して練習しましょう。

### 😀 音番号 027 ［re］

| 1010 | rec·og·nize | [rékəgnàiz] | 【他動】認める |
|------|-------------|-------------|----------------|
| 1153 | rel·a·tive | [rélətiv] | 【形】相対的な、関連した |
| 1875 | rel·a·tive·ly | [rélətivli] | 【副】比較的に |
| 1325 | reg·u·lar | [régjələɚ] | 【形】通常の、一定の、規則正しい |
| 2088 | reg·u·lar·ly | [régjələɚli] | 【副】規則正しく |
| 1004 | di·rect | [dɚrékt] | 【形】まっすぐな、直接の |
| 1084 | di·rect·ly | [dɚréktli] | 【副】直接に、じかに、まっすぐに |
| 1090 | cor·rect | [kɚrékt] | 【形】正しい、【他動】訂正する |
| 2755 | cor·rect·ly | [kɚréktli] | 【副】正しく、正確に |
| 1378 | ar·rest | [ərést] | 【他動】逮捕する |
| 1466 | ar·range | [əréinʤ] | 【他動】取り決める、整理する |
| 1709 | ar·range·ment | [əréinʤmənt] | 【名】取り決め、配置 |
| 1589 | cig·a·rette | [sìgɚrét] | 【名】タバコ、紙巻タバコ |
| 2136 | reg·is·ter | [réʤistɚ] | 【他動】登録する、【名】登録簿 |
| 2727 | read·i·ly | [rédili] | 【副】あっさりと、快く |
| 1043 | res·tau·rant | [réstɚrənt] | 【名】レストラン、料理店 |
| 1954 | res·cue | [réskjuː] | 【他動】救う、【名】救出 |
| 2787 | rec·i·pe | [résəpi] | 【名】レシピ、調理法 |

## ●音番号 028 ［rei］

　［rei］は［r］と２重母音［ei］で構成されますが、（１つの「レ」音のような）１音感覚で発音できるようになるまで練習しましょう。［i］で唇を横に引くことを必ず実践してください。また、［i］は、［e］よりも少し弱く発音することにも注意しましょう。

　次表の単語の半分以上は語尾が tion で、音は［ʃən］です。アクセントの無いところの母音はあいまい母音［ə］になりますが、それが語尾にくると、消音気味に発音されるので［ʃn］でも OK です。

| 🙂 音番号 028 ［rei］ | | | | |
|---|---|---|---|---|
| 2915 | ray | ［réi］ | 【名】 | 光線、放射線 |
| 2314 | rail | ［réil］ | 【名】 | レール、線路 |
| 1813 | rail·way | ［réilwèi］ | 【名】 | 鉄道 |
| 2766 | ra·cial | ［réiʃl］ | 【形】 | 人種の、民族の |
| 1408 | range | ［réinʤ］ | 【他動】 | 連なる、【名】列、区域 |
| 1057 | gen·er·a·tion | ［ʤènəréiʃən］ | 【名】 | 世代、同世代の人々 |
| 1725 | con·cen·tra·tion | ［kànsəntréiʃən］ | 【名】 | 集中 |
| 2418 | prep·a·ra·tion | ［prèpəréiʃən］ | 【名】 | 準備、用意 |
| 2758 | dec·la·ra·tion | ［dèkləréiʃən］ | 【名】 | 宣言、宣言書 |
| 2879 | ex·plo·ra·tion | ［èkspləréiʃən］ | 【名】 | 探検、実地調査 |
| 2902 | lib·er·a·tion | ［libəréiʃən］ | 【名】 | 解放、釈放 |

　1725 concentration は、語源的には、con + center(centre) + tion ですので、–tion の直前にアクセントがきます。アクセントがつくのは、ra［rei］の部分です。［trei］という音のまとまりは作りません。ration の前で切れますので、この音番号の分類となります。

## ●音番号 029 ［ri］

　［ri］は唇をまるめないで、［r］を発音しながら、［i］に向けて唇を横に引き、舌を前のほうに押すように移動させて出します。

| 🙂 音番号 029 ［ri］ | | | | |
|---|---|---|---|---|
| 1213 | risk | ［rísk］ | 【名】 | 危険、賭け、【他動】危険をおかす |
| 1277 | writ·ten | ［rítn］ | 【形】 | 書かれた、write の過去分詞形 |
| 2072 | rhythm | ［ríðm］ | 【名】 | リズム、調子 |
| 2094 | rid | ［ríd］ | 【他動】 | 取り除く |
| 2887 | rit·u·al | ［rítʃuəl］ | 【名】 | 儀式 |

| 2983 | wrist | [ríst] | 【名】手首 |
| 1070 | o·rig·i·nal | [ərídʒənl] | 【形】最初の、独創的な、【名】原本 |
| 1640 | o·rig·i·nal·ly | [ərídʒənəli] | 【副】もとは、元来 |
| 1406 | char·ac·ter·is·tic | [kæ̀rəktərístik] | 【形】特有な、【名】特徴 |

## ●音番号 030 【riː】

[iː]では[i]よりも唇を強く横に引きます。[r]はこの準備のため、唇を少し横に引いて発音します。

### ⑤ 音番号 030 【riː】

| 1196 | re·gion | [ríːdʒ(ə)n] | 【名】地域、地方 |
| 1205 | read·er | [ríːdər] | 【名】読者 |
| 2925 | ma·rine | [məríːn] | 【形】海の |

## ●音番号 031 【ruː】

唇を少しまるめて[r]の発音をはじめてから、唇をぐっとつき出して[uː]を発音します。

### ⑤ 音番号 031 【ruː】

| 1209 | root | [rúːt] | 【名】根、根元 |
| 1254 | route | [rúːt] | 【名】道筋、ルート |
| 1592 | roof | [rúːf] | 【名】屋根 |
| 2050 | ru·in | [rúːin] | 【名】荒廃、【他動】破滅させる |
| 2680 | rul·er | [rúːlər] | 【名】支配者 |
| 2813 | ru·mor | [rúːmər] | 【名】うわさ |

## ●音番号 032 【rʌ】

[ʌ]は日本語の「ア」に近い音です。その音をめがけて[r]から口と舌を移動します。[r]で口の奥のほうに引いた舌を、口を開けながらゆるめると[ʌ]の発音になります。

### ⑤ 音番号 032 【rʌ】

| 1143 | rush | [rʌ́ʃ] | 【自動】急いで行く |
| 1723 | rough | [rʌ́f] | 【形】乱暴な、(表面) ざらざらした |
| 2184 | rub | [rʌ́b] | 【他動】こする |

| 2439 | rub·bish | [rʌ́biʃ] | 【名】がらくた、ごみ、ナンセンス |
| 2289 | run·ner | [rʌ́nɚ] | 【名】走者、ランナー |
| 2398 | in·ter·rupt | [intərʌ́pt] | 【他動】じゃまをする、中断する |
| 2605 | rug·by | [rʌ́gbi] | 【名】ラグビー |

## ●音番号 033 [ræ]

[æ] では、舌を上記 [ʌ] よりも意識して前に移動させます。

### 音番号 033 [ræ]

| 2049 | wrap | [rǽp] | 【他動】包む、くるむ |
| 1914 | rap·id | [rǽpid] | 【形】すばやい、敏速な |
| 1567 | rap·id·ly | [rǽpidli] | 【副】速く、迅速に |
| 1615 | rab·bit | [rǽbət] | 【名】うさぎ |
| 2195 | rat | [rǽt] | 【名】ネズミ |
| 2302 | rank | [rǽŋk] | 【名】階級、列 |

## ●音番号 034 [rɑ:]

[ɑ] に向けて、[rʌ] よりも唇をたてにまるくして、アゴを大きく下げて発音します。

### 音番号 034 [rɑ:]

| 2350 | ga·rage | [gərɑ́:ʤ] | 【名】ガレージ、車庫 |

　この [rɑ́:] 音を持つ単語は、JACET8000 の中には garage たったの 1 単語しかありません。加えて、以下のように、[d][b] に [rɑ́:] 音がついた単語が 1 つづつ存在します。[ɑ:] とのばす発音が珍しいので、たった 1 つずつなのです。この「音節」が聞こえた時点で、単語の候補は各 1 つしかないわけです。

1951　drama　[drɑ́:mə]　（劇）
7493　bra　[brɑ́:]　（ブラジャー）

　珍しい音のついでに、[子音 + rɑ] では、[brɑ́] のように [ɑ] をのばさない単語は、4397 bronze [brɑ́nz]（青銅）が 1 単語のみ、[drɑ́] のように [ɑ] をのばさない単語も、606 drop [drɑ́p]（…を落とす）1 つだけとここでお伝えしておきましょう。

ただし、音番号 107 の [prá] は珍しい音ではありません。

## ●音番号 035 ［rai］

[i] の部分で、唇を横に引いて発音しましょう。

| 音番号 035 ［rai］ | | | |
|---|---|---|---|
| 1917 | rice | [ráis] | 【名】米 |
| 1945 | a·rise | [əráiz] | 【自動】（事が）生じる、発生する |
| 2009 | ar·riv·al | [əráivl] | 【名】到着 |
| 2285 | ri·val | [ráivl] | 【名】競争相手、ライバル |
| 2306 | rid·er | [ráidɚ] | 【名】乗り手 |
| 2971 | ho·ri·zon | [hɚráizn] | 【名】地平線、水平線 |

## ●音番号 036 ［rau］

[u] の部分で、唇をつき出して発音しましょう。

| 音番号 036 ［rau］ | | | |
|---|---|---|---|
| 1463 | sur·round | [sɚráund] | 【他動】囲む、包囲する |
| 2344 | sur·round·ing | [sɚráundiŋ] | 【名】環境、周囲の状況 |

JACET8000 では、[rau] にアクセントがある単語は、上の 2 つと以下の
3 語だけです。むしろ、[子音＋ráu] のほうがたくさん使われています。
たとえば、ground [gráund]（地面）、crowd [kráud]（群集）、proud
[práud]（誇りをもっている）などです。

153　around [əráund]（囲んで）

511　round [ráund]（丸い）

4255　arouse [əráuz]（目覚める）

## ●音番号 037 ［rou］

最後の [u] では、唇をかならずつき出してください。

| 音番号 037 ［rou］ | | | |
|---|---|---|---|
| 1124 | roll | [róul] | 【自動】転がる、【他動】転がす |
| 1361 | rose | [róuz] | 【名】バラ |
| 1411 | row | [róu] | 【名】（横）列、【他動】（舟）こぐ |
| 2279 | rope | [róup] | 【名】ロープ、綱（つな）、縄（なわ） |

| 2907 | ro·bot | [róubɑt] | 【名】ロボット |

## ●音番号 038 ［rɔː］

[rou] はたくさん使われていますが、[rɔ́ː] は登場数が少ない音です。
[rou]にならないように、[ɔ́ː]で唇をたて長にたもったまま発音しましょう。

### ⋛😄 音番号 038 ［rɔː］

| 2188 | raw | [rɔ́ː] | 【形】生の、加工していない |

JACET8000 の中では、上の raw と下記の２単語だけです。この「音」が
聞こえたら単語の候補はこれだけと瞬時に判断できる脳を作りましょう。

451　wrong [rɔ́ːŋ]（間違っている）

6302　wrongly [rɔ́ːŋli]（間違って）

## ●音番号 039 ［rɔi］

### ⋛😄 音番号 039 ［rɔi］

| 1298 | roy·al | [rɔ́i(ə)l] | 【形】国王の |

JACET8000 の中では、上の royal と下記の単語だけです。

5460　royalty [rɔ́i(ə)lti]（印税、上演料）

## ●音番号 040 ［reɚ］

### ⋛😄 音番号 040 ［reɚ］

| 1797 | rare | [réɚ] | 【形】まれな、珍しい |
| 1834 | rare·ly | [réɚli] | 【副】めったに…ない |

[reɚ]にアクセントがある単語は、JACET8000 の中にたった３単語しか
ありません。他の１つは下記です。

4301　temporarily [tèmpɚréɚrəli]（一時的に）

# Lesson 13
## [l＋母音]

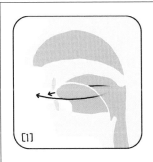

[l]

舌の先を上の前歯裏の歯ぐきにつけて出す有声音（ノドがふるえる音）です。息は舌の両側を通過します。

　[l] は、舌先を上の前歯裏の歯ぐきにつけたまま（前歯の中央裏に舌先をあて、左右に数 cm 程度くっつける感覚）、日本語のラ行ではなくて「ウー」に近い音を出します。上の歯ぐきにつける舌の場所は、舌先の裏側（この場合舌先を上に立てる）でも、舌先の表側（舌先はほぼ平ら）でも、どちらでもやりやすいほうで OK です。

　[l] の次に母音が来る場合は、舌先を歯ぐきにつけたまま次の母音も発音してください。

　たとえば、[i:] [i] [e] [u:] [u] などの母音では口を大きくあけません。それらの母音が [l] に続く場合は、舌先を歯ぐきにつけたまま、なるべく舌先を離さないで発音しましょう。

　逆に、口を大きく開ける「ア」系の母音が続く場合は、舌を立ててなるべくぎりぎりまで舌先を前歯の中央裏から離さないで次の母音に続けましょう。

## ●音番号 041 ［le］

音番号 041 ［le］

| 1061 | les·son | [lésn] | 【名】講義、授業、課 |
| 1266 | length | [léŋ(k)θ] | 【形】長さ |
| 1908 | lec·ture | [léktʃɚ] | 【名】講義 |
| 2336 | lend | [lénd] | 【他動】（金・物を）貸す |
| 2958 | lens | [lénz] | 【名】レンズ |
| 2395 | leg·end | [léʤənd] | 【名】伝説 |
| 2435 | leath·er | [léðɚ] | 【名】（なめし）皮、レザー |
| 1009 | un·less | [ənlés] | 【接】でない限り、…でないなら |
| 1056 | col·lect | [kəlékt] | 【他動】集める |
| 1555 | col·lec·tion | [kəlékʃən] | 【名】収集（物）、コレクション |
| 1494 | se·lect | [səlékt] | 【他動】選び出す |
| 2295 | se·lec·tion | [səlékʃən] | 【名】選択 |
| 1923 | e·lect | [ilékt] | 【他動】（投票で）選ぶ |
| 1605 | e·lec·tion | [ilékʃən] | 【名】選挙 |
| 1977 | e·lec·tric | [iléktrik] | 【形】電気の、電動の |
| 2894 | e·lec·tri·cal | [iléktrikl] | 【形】電気の |
| 1703 | nev·er·the·less | [nèvɚðəlés] | 【副】それにもかかわらず |
| 2586 | in·tel·lec·tu·al | [ìntəléktʃuəl] | 【形】知能に関する、知性的な |

※ e·lect ［ilékt］は ［əlékt］と発音しても OK です。

## ●音番号 042 ［lei］

音番号 042 ［lei］

| 1065 | la·bor | [léibɚ] | 【名】（つらい）労働、【自動】労働する |
| 1177 | lake | [léik] | 【名】湖 |
| 1644 | lay·er | [léiɚ] | 【名】層、重なり |
| 2542 | lane | [léin] | 【名】車線、細道、レーン |
| 2999 | lat·er | [léitɚ] | 【副】あとで、【形】もっと遅く |
| 1239 | re·late | [riléit] | 【動】関係付ける、親戚関係にある |
| 1150 | re·la·tion | [riléiʃən] | 【名】関係 |
| 2509 | trans·la·tion | [trænsléiʃən] | 【名】翻訳 |
| 2086 | trans·late | [trænsléit] | 【他動】翻訳する |
| 2227 | de·lay | [diléi] | 【他動】遅らせる、延期する、【名】遅れ |
| 2651 | bal·let | [bæléi] | 【名】バレエ |

## ●音番号 043 ［li］

🎵😊 音番号 043 ［li］

| 1174 | lip | [líp] | 【名】くちびる |
| 1227 | link | [líŋk] | 【名】輪、連結、リンク |
| 2297 | liq·uid | [líkwid] | 【名】液体、【形】液体の |
| 2676 | lib·er·ty | [líbɚti] | 【名】自由 |
| 2959 | lis·ten·er | [lísnɚ] | 【名】聴取者、リスナー |
| 2954 | lit·ter | [lítɚ] | 【名】ごみくず、【他動】散らかす |
| 1532 | lit·er·a·ture | [lítɚrətʃɚ] | 【名】文学 |
| 2652 | lit·er·ar·y | [lítɚrèri] | 【形】文学の |
| 2771 | lit·er·al·ly | [lítɚrəli] | 【副】文字通りに |
| 1457 | re·li·gion | [rilíʤ(ə)n] | 【名】宗教 |
| 1468 | re·li·gious | [rilíʤəs] | 【形】宗教の |
| 1632 | de·live·r | [dilívɚ] | 【他動】配達する |
| 2595 | de·lib·er·ate·ly | [dilíbɚrətli] | 【副】わざと、故意に |
| 2718 | de·li·cious | [dilíʃəs] | 【形】（とても）おいしい |
| 2597 | e·lim·i·nate | [ilímənèit] | 【他動】削除する、消去する |
| 2976 | vi·o·lin | [vàiəlín] | 【名】バイオリン |

## ●音番号 044 ［li:］

🎵😊 音番号 044 ［li:］

| 1429 | lean | [lí:n] | 【自動】寄りかかる、傾く |
| 1743 | leaf | [lí:f] | 【名】（木・草）葉 |
| 2384 | leap | [lí:p] | 【自動】はねる、跳ぶ |
| 1363 | league | [lí:g] | 【名】同盟、競技連盟 |
| 1874 | le·gal | [lí:gl] | 【形】法律の |
| 2452 | lead·er·ship | [lí:dɚʃìp] | 【名】指導力、リーダーシップ |
| 2705 | lei·sure | [lí:ʒɚ] | 【名】余暇、自由時間、レジャー |
| 1053 | re·lease | [rilí:s] | 【他動】自由にする、開放する、【名】開放 |
| 1732 | re·lief | [rilí:f] | 【名】（心配の）軽減、除去、救助 |
| 2413 | re·lieve | [rilí:v] | 【他動】（不安・苦痛を）取り除く |
| 1246 | be·lief | [bilí:f] | 【名】信じること、信用、信仰 |
| 1816 | po·lice·man | [pəlí:smən] | 【名】警官、巡査 |

## ●音番号 045 ［lu］

アクセントがある［lú］は、JACET8000 の中では次の 2 単語だけに含まれます。

65　　look［lúk］（…に見える）

3610　overlook［òuvəˈlúk］（見落とす）

つまり、look の音に限られます。数では圧倒的に次項の ［lu:］（音番号046）のほうが多いです。

## ●音番号 046 ［lu:］

［lu］には look 以外にアクセントがつく単語がないのですが、［lu:］にはアクセントがよくつきます。

| 🙂 音番号 046 ［lu:］ | | | |
|---|---|---|---|
| 2866 | loose | ［lú:s］ | 【形】ゆるい、たるんだ、ルーズな |
| 1186 | so·lu·tion | ［səlú:ʃən］ | 【名】解決、解決策 |
| 1417 | pol·lu·tion | ［pəlú:ʃən］ | 【名】汚染、公害 |
| 2774 | ev·o·lu·tion | ［èvəlú:ʃən］ | 【名】発展、進化 |
| 2507 | il·lu·sion | ［ilú:ʒən］ | 【名】錯覚、幻想 |
| 2704 | bal·loon | ［bəlú:n］ | 【名】風船、気球 |

JACET8000 で ［lu］にアクセントがつくのは look と overlook の 2 語だけですが、［lu:］にアクセントがある単語は 46 単語もあります。

## ●音番号 047 ［l(j)u:］

［l(j)u:］の音は、2 通りの発音が許されています。「lju:」または「lu:」です。［ju:］は音番号 009 の音で、唇を「イ」よりも横に引いて舌を上げ、「ユー」のように発音します。

| 🙂 音番号 047 ［l(j)u:］ | |
|---|---|
| 1612 | rev·o·lu·tion　［rèvəl(j)ú:ʃən］【名】革命 |

JACET8000 の中には、［l(j)u:］にアクセントがくる単語は上のほか、下記の 2 語があります。

3531　revolutionary ［rèvəl(j)ú:ʃənèri］（革命家）

6439　lure ［l(j)úɚ］（ルアー）

## ●音番号 048 [lʌ]

[l] の後に口を開いて発音する母音がつくときは、舌を立てて [l] を発音してから次の母音を発音しましょう。音番号 048～056 は、そのように発音します。

### ☺ 音番号 048 [lʌ]

| 1106 | lunch | [lʌntʃ] | 【名】 | 昼食 |
|------|-------|---------|-------|------|
| 1206 | love·ly | [lʌvli] | 【形】 | かわいい、美しい |
| 1912 | lov·er | [lʌvɚ] | 【名】 | 恋人 |
| 1574 | luck | [lʌk] | 【名】 | 運 |
| 1366 | luck·y | [lʌki] | 【形】 | 運が良い |
| 2804 | lux·u·ry | [lʌkʃɚri] | 【名】 | ぜいたく、贅沢品 |
| 2803 | lung | [lʌŋ] | 【名】 | 肺 |
| 2969 | lump | [lʌmp] | 【名】 | かたまり、こぶ |

## ●音番号 049 [læ]

### ☺ 音番号 049 [læ]

| 1753 | laugh·ter | [læftɚ] | 【名】 | 笑い（大きな声） |
|------|-----------|---------|-------|-----------------|
| 1961 | lab·o·ra·to·ry | [læbrətɔ̀ːri] | 【名】 | 実験室、試験所 |
| 1967 | lat·ter | [lætɚ] | 【形】 | 後者の、あとの、【名】後者 |
| 2140 | land·scape | [læn(d)skèip] | 【名】 | 風景、景色 |
| 2522 | land·ing | [lændiŋ] | 【名】 | 着陸 |
| 2568 | lamp | [læmp] | 【名】 | 照明、ランプ |
| 2725 | lap | [læp] | 【名】 | ひざ |
| 2752 | lad·der | [lædɚ] | 【名】 | はしご |
| 1477 | re·lax | [rilæks] | 【他動】 | くつろぐ、リラックスする |
| 2931 | sim·i·lar·i·ty | [sìmlǽrəti] | 【名】 | 類似点 |

## ●音番号 050 [lɑ]

### ☺ 音番号 050 [lɑ]

| 1442 | lock | [lák] | 【名】 | 錠（key が lock を開ける） |
|------|------|-------|-------|---------------------------|
| 1899 | phi·los·o·phy | [filásəfi] | 【名】 | 哲学 |
| 2042 | ki·lom·e·ter | [kilámətɚ] | 【名】 | キロメートル |
| 2437 | phi·los·o·pher | [filásəfɚ] | 【名】 | 哲学者 |
| 2789 | psy·cho·log·i·cal | [sàikəládʒikl] | 【形】 | 心理学的な |

| 2895 | bi·o·log·i·cal | [bàiəláʤikl] | 【形】生物学上の |

## ●音番号 051 ［lai］

### 音番号 051 ［lai］

| 1198 | li·brar·y | [láibrèri] | 【名】図書館、蔵書 |
| 2071 | li·on | [láiən] | 【名】ライオン |
| 2519 | life·time | [láiftàim] | 【名】一生、寿命 |
| 2691 | live·ly | [láivli] | 【形】活発な、元気な |
| 2886 | light·ly | [láitli] | 【副】軽く、そっと |
| 2772 | al·ly | [əlái] | 【他動】同盟する、連合する |
| 1126 | a·live | [əláiv] | 【形】生きている |
| 2987 | a·like | [əláik] | 【形】似ている、【副】同様に |
| 1750 | re·ly | [rilái] | 【自動】頼る、当てにする |
| 2849 | re·li·a·ble | [riláiəbl] | 【形】信頼できる、頼りになる |
| 1520 | un·like | [ʌnláik] | 【形】似ていない、ありそうにない |
| 2952 | dis·like | [disláik] | 【他動】嫌う |
| 2383 | de·light | [diláit] | 【自動】大喜びする、【名】歓喜 |
| 2423 | de·light·ed | [diláitid] | 【形】喜んで |
| 2422 | po·lite | [pəláit] | 【形】ていねいな |

## ●音番号 052 ［lau］

### 音番号 052 ［lau］

| 1534 | loud | [láud] | 【形】(声・音) 大きい、うるさい |
| 2800 | loud·ly | [láudli] | 【副】大声で |

　JACET8000 の中には、上の2語以外に以下の4語があります。　[láu]
は、単独で出てくるよりも、むしろ cloud のように [子音 + láu] の組み合
わせでよく出てきます。

388　allow [əláu] (…を許す)

3358　allowance [əláuəns] (容認)

4276　lounge [láunʤ] (休憩室)

4925　aloud [əláud] (声に出して)

## ●音番号 053 ［lou］

### 🎧😄 音番号 053 ［lou］

| 1845 | lone·ly | [lóunli] | 【形】（孤独で）さびしい |
|------|---------|----------|---------|
| 1893 | lo·cate | [lóukeit] | 【他動】場所を見つける、置く |
| 2180 | load | [lóud] | 【名】積荷、重荷、【他動】（荷を）積む |
| 2400 | low·er | [lóuəˑ] | 【形】より低い、【他動】下げる |
| 1340 | hel·lo | [helóu] | 【間】こんにちは、もしもし |

## ●音番号 054 ［lɔ(ː)］

一般に［子音 + ou］のほうが［子音 + ɔː］よりも数が多いのですが、［lɔː］の場合は数がたくさんあります。

### 🎧😄 音番号 054 ［lɔ(ː)］

| 1414 | lost | [lɔ́(ː)st] | 【形】失われた、迷った |
|------|------|-----------|---------|
| 1669 | law·yer | [lɔ́:jəˑ] | 【名】弁護士、法律家 |
| 2501 | log | [lɔ́(ː)g] | 【名】丸太、記録、ログ |
| 2975 | lawn | [lɔ́:n] | 【名】芝生 |
| 1102 | be·long | [bilɔ́:ŋ] | 【自動】所属する |

## ●音番号 055 ［lɑɚ］

### 🎧😄 音番号 055 ［lɑɚ］

| 2273 | large·ly | [lɑ́ɚʤli] | 【副】おもに |
|------|----------|-----------|---------|
| 2018 | a·larm | [əlɑ́ɚm] | 【名】警報機、アラーム |

JACET8000 の中で、［lɑɚ］を持つ単語はあと3つあります。『単語耳』の付属 CD で、この「音節」が聞こえたら単語の候補はこの5つだけと瞬時に判断できる脳を作りましょう。

190　　large ［lɑ́ɚʤ］（大きい）

5473　enlarge ［enlɑ́ɚʤ］（大きくなる）

6271　larva ［lɑ́ɚvə］（幼虫）

●音番号 056 ［lɔ˞］

😃 音番号 056 ［lɔ˞］

| 1713 | lord | ［lɔ˞d］ | 【名】君主、領主、主（キリスト） |

　JACET8000 の中には上の lord と下記の計 2 つだけ [lɔ˞] を含む単語があります。

4292　lordship　［lɔ˞dʃip］　（君主の地位）

# Lesson 14
# ［w＋母音］

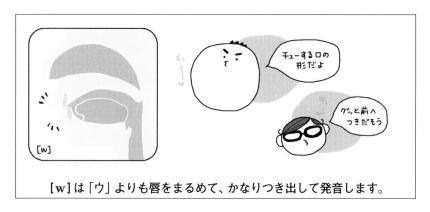

**［w］は「ウ」よりも唇をまるめて、かなりつき出して発音します。**

　［w］は、日本語の「ウ」や英語の [u] よりも唇をすぼめてオーバー気味に前につき出して発音します。唇を戻す際に出る音も、［w］音の一部です（こうして出す音を「移行音」と言います）。

　［wʌ］は、日本語の「ワ [wa]」でほぼ大丈夫です。ただし [wu] を「ウ [u]」と発音してはいけません。［w］と [u] とを別の音だと意識し、［w］では唇をつき出しましょう。

　この [wu] の発音を含む単語は、実践編 Lv.1 では、woman [wúmən]（女）、wood [wúd]（木）、would（強形）[wúd]（…だろう）の 3 語だけでした。実践編 Lv.2 では、以下の音番号 061 の 3 語（wolf, wooden, wool）、音番号 062 の 1 語（wound）の計 4 語が出てきます。wolf [wulf]（オオカミ）は、

[w][l][f] が組み合わさるので、実は発音がとても難しい単語のひとつです。

## ●音番号 057 ［we］

[w] でしっかり唇をつき出しましょう。日本語の「ウェ」の「ウ」でもっと唇をつき出し、なおかつ一息（1音）で発音すれば [we] になります。

### 音番号 057 ［we］

| 1016 | weath·er | [wéðɚ] | 【名】天気、気候 |
|------|----------|--------|----------------|
| 1359 | wet | [wét] | 【形】ぬれた、湿った |
| 1410 | weap·on | [wépn] | 【名】武器 |
| 1776 | wed·ding | [wédiŋ] | 【名】結婚式 |
| 1823 | wealth | [wélθ] | 【名】富、富裕 |
| 2561 | wealth·y | [wélθi] | 【形】裕福な、富裕な |
| 2492 | wel·fare | [wélfèɚ] | 【名】福祉、幸福 |
| 2773 | web | [wéb] | 【名】くもの巣、ウエッブ |

## ●音番号 058 ［wei］

### 音番号 058 ［wei］

| 2069 | weigh | [wéi] | 【他動】重さを量る |
|------|-------|-------|------------------|
| 1037 | weight | [wéit] | 【名】重さ、重量 |
| 2801 | wait·er | [wéitɚ] | 【名】ウエイター、接客係 |
| 1749 | wage | [wéiʤ] | 【名】賃金、給料 |
| 1275 | wake | [wéik] | 【動】目を覚ます、目を覚まさせる |
| 2345 | a·wake | [əwéik] | 【自動】目が覚める、【他動】起こす |

## ●音番号 059 ［wi］

[w] で唇をつきだし、[i] で唇を横に引きます。唇の動きのはげしい発音です。

### 音番号 059 ［wi］

| 1404 | wing | [wíŋ] | 【名】翼 |
|------|------|-------|--------|
| 1624 | will·ing | [wíliŋ] | 【形】快く…する、やる気がある |
| 1837 | win·ner | [wínɚ] | 【名】勝利者 |
| 1859 | wit·ness | [wítnəs] | 【名】目撃者 |
| 2579 | wis·dom | [wízdəm] | 【名】知恵、賢明さ |

## ●音番号 060 ［wi:］

［w］で唇をつきだし、［i:］で唇を横に非常に強く引きます。唇の動きの非常にはげしい発音です。

| | 音番号 060 ［wi:］ | | | |
|---|---|---|---|---|
| 1247 | week·end | ［wíːkènd］ | 【名】 | 週末 |
| 1290 | weak | ［wíːk］ | 【形】 | 弱い、弱々しい |
| 2594 | weak·ness | ［wíːknəs］ | 【名】 | 弱さ、弱点 |
| 2889 | week·ly | ［wíːkli］ | 【形】 | 毎週の、週１回の |
| 2972 | weave | ［wíːv］ | 【他動】 | 織る、編む |

## ●音番号 061 ［wu］

［wu］は、前述の通り、［w］と［u］の発音を区別して発音できるかどうかが鍵です。そのためには［w］で唇を強くつき出しましょう。ひょっとこの、つき出した口のイメージです。

| | 音番号 061 ［wu］ | | | |
|---|---|---|---|---|
| 1707 | wolf | ［wúlf］ | 【名】 | オオカミ |
| 1905 | wood·en | ［wúdn］ | 【形】 | 木でできた、木製の |
| 2941 | wool | ［wúl］ | 【名】 | ウール、羊毛 |

## ●音番号 062 ［wu:］

［wu:］も［w］と［u:］の発音の区別が大事です。［w］は［u:］よりも唇をつき出して発音します。

| | 音番号 062 ［wu:］ | | | |
|---|---|---|---|---|
| 1939 | wound | ［wúːnd］ | 【名】 | 傷（体の） |

JACET8000 の中に、［wu:］にアクセントが来る語はあと２語あります。
7748　womb ［wúːm］（子宮）
7927　woo ［wúː］（求婚する）

## ●音番号 063 ［wɑ］

### 音番号 063 ［wɑ］

| 2282 | wander | ［wɑ́ndɚ］ | 【自動】歩き回る、さまよう |
|---|---|---|---|

［wɑ́］にアクセントが来る語は、JACET8000 の中には計 9 単語あります。

76　want ［wɑ́nt］（欲する）
267　watch ［wɑ́tʃ］（…をじっと見る）
992　wash ［wɑ́ʃ］（…を洗う）
2282　wan·der ［wɑ́ndɚ］
4887　washing ［wɑ́ʃiŋ］（洗濯）
5653　unwanted ［ʌnwɑ́ntid］（不要な）
6076　wallet ［wɑ́lət］（財布）
6834　wasp ［wɑ́sp］（スズメバチ／すぐ怒る人）
7745　watchdog ［wɑ́tʃdɔ̀ːg］（番犬）

## ●音番号 064 ［wai］

### 音番号 064 ［wai］

| 1088 | wine | ［wáin］ | 【名】ブドウ酒、ワイン |
|---|---|---|---|
| 1566 | wide·ly | ［wáidli］ | 【副】広く |
| 2524 | wide·spread | ［wáidspréd］ | 【形】広げた、広く行き渡った |
| 1894 | wise | ［wáiz］ | 【形】賢い |
| 2392 | wipe | ［wáip］ | 【他動】ふき取る、ぬぐい去る |
| 2477 | wild·life | ［wáildlàif］ | 【名】野生動物 |

## ●音番号 065 ［wɚː］

### 音番号 065 ［wɚː］

| 1481 | wor·ried | ［wɚ́ːrid］ | 【形】心配そうな |
|---|---|---|---|
| 2590 | world·wide | ［wɚ́ːldwáid］ | 【形】世界的な、世界的に広がった |
| 2591 | worse | ［wɚ́ːs］ | 【形】もっと悪い |
| 2943 | worth·while | ［wɚ́ːθwáil］ | 【形】やりがいがある、価値ある |

## ●音番号 066 ［weɚ］

| | ⏱😄 音番号 066 ［weɚ］ | | |
|---|---|---|---|
| 2441 | a·ware·ness | ［əwéɚnəs］ | 【名】自覚していること、認識 |

## ●音番号 067 ［wɔɚ］

| | ⏱😄 音番号 067 ［wɔɚ］ | | |
|---|---|---|---|
| 1543 | warn | ［wɔ́ɚn］ | 【他動】警告する |
| 1688 | warn·ing | ［wɔ́ɚniŋ］ | 【名】警告 |
| 2360 | warmth | ［wɔ́ɚmθ］ | 【名】暖かさ、温情 |
| 1469 | a·ward | ［əwɔ́ɚd］ | 【名】賞、【他動】賞を与える |
| 1895 | re·ward | ［riwɔ́ɚd］ | 【名】ほうび、報酬 |

## ●音番号 068 ［waiɚ］

| | ⏱😄 音番号 068 ［waiɚ］ | | |
|---|---|---|---|
| 2407 | wire | ［wáiɚ］ | 【名】針金、ワイヤー |

　JACET8000 ではもう 1 単語出てきますが、これも wire の派生語です。
6733　wireless ［wáiələs］（無線の）

## ●音番号 069 ［(h)wei］

　wh では、① ［hw］= ［h］+ ［w］で発音する人と、② ［w］だけで発音する人の 2 タイプがいます。そのため辞書の発音記号は ［(h)w］としてあります。たとえば、what の発音が ［hwʌ́t］なのか ［wʌ́t］なのかは話者に任されているのです。同じ話者ならば、どの単語に関しても ［h］を付けるのか付けないのかは統一されています。一人の話者が両者を混在させて発音することは、まずありません。

| | ⏱😄 音番号 069 ［(h)wei］ | | |
|---|---|---|---|
| 2060 | whale | ［(h)wéil］ | 【名】くじら |

　JACET8000 では、上記 whale だけがこの音を持っています。

## ●音番号 070 ［(h)wi］

### 音番号 070 ［(h)wi］

| | | | |
|---|---|---|---|
| 1399 | whis·per | ［(h)wíspɚ］ | 【自動】ささやく、小声で話す |
| 2684 | whis·tle | ［(h)wísl］ | 【名】口笛、【自動】口笛を吹く |

## ●音番号 071 ［(h)wiː］

### 音番号 071 ［(h)wiː］

| | | | |
|---|---|---|---|
| 1719 | wheel | ［(h)wíːl］ | 【名】車輪 |

JACET8000 内には上記の他 2 単語、計 3 単語があります。

4902　wheat ［(h)wíːt］（小麦）

5710　wheelchair ［(h)wíːltʃèɚ］（車いす）

# 第4部　〈子音〉編

## 次の音の発音準備をしながら発音する音

　本書では、アクセントがある「音節」を整理して、「黄金の56パターン」（Lesson1〜56）に分類していますが、アクセントがある部分は、[子音＋母音]、[子音＋子音＋母音]の組み合わせが中心です。

　[子音＋母音]とは、sea [siː]（海）などの音のことですが、重要なのは、[子音＋母音]をネイティブ・スピーカーが聞いたときに、はっきり「その組み合わせだ」とわかるように発音することです。同時に、なめらかに、余計な力を入れないで、楽に発音できる必要があります。

　[siː]の場合、[s]をはっきり発音してから、別途[iː]を発音すると、はっきりとした発音にはなりますが、これではなめらかでも楽でもありません。

　なめらかに、楽に発音するコツは、[siː]の[s]を発音するときに、先回りして次の[iː]の発音の準備をしておくことです。

　具体的には、[siː]の[s]の時点で唇（くちびる）を横に引いてしまい、舌は平らに上に持ち上げてしまいます。つまり、先回りして口の形を[iː]に近づけておいて、[s]を発音するといいのです。

　これがなめらかに2つの音をつなげるテクニックの肝（きも）です。

　大切なポイントですので、もう一例挙げましょう。soon [suːn]（まもなく）の場合です。[uː]は唇をまるめて、舌を口の奥に引っ込めて出す音ですね。ですので、[suː]の[s]を発音する際は、あらかじめ唇をまるくしておいて、そのまま[s]を発音すればいいでしょう。

## ［i］の手前の子音では唇を横に引き、［u］の前では唇をまるくする

　[s]以外の「子音」でも、要領は同じです。

　[iː]の手前に来る「子音」を発音する際は、できるだけ唇を横に引いて、舌を平らにして持ち上げた状態で発音しましょう。[uː]の手前の「子音」では、唇をまるめて、その子音が発音できる限界まで、できるだけ舌を口

の中に引き込んで発音してください。

　たとえば、tea[tiː]（お茶）では、唇を横に引いて、舌を平らにして、舌の前部の平らな部分の上側を上の前歯裏の歯ぐきのところに付けて[t]を発音します。

　いっぽう、同じく[t]音ではじまる単語 two[tuː]（2つの）では、唇をまるめて、舌は先端を持ち上げて舌先の裏側を上前歯裏の歯ぐきより少し上に付けて[t]を発音します。つまり次の[uː]の発音に備えるわけです。

　本書では、付属CDを聴きながらの40〜100回の音読練習を提唱していますので、今後も「子音」と「母音」の音を何回も練習するはずですね。何回も通して練習するにつれて、だんだん次の音の準備ができるようになって、「子音＋母音」「子音＋子音＋母音」がなめらかに、1音感覚で発音できるようになります。

　ぜひ、こうしたつながりをたくさん発見して、たくさん体得してください。

　それでは、「子音」の練習を[p]音からはじめましょう。

# Lesson 15
# [p＋母音]

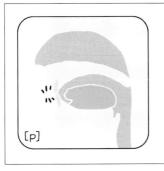

閉じた唇に息を強くためて圧力をかけてから、パッと開放した時に出る破裂音です。ノドをふるわせない[p]が無声音、ふるわせる[b]が有声音です。

　[p]は、唇を使って出す音です。唇を閉じて息をため、水泳の息つぎのときのようにパッと息を出す音なので破裂音と言います（破裂音とは、風船をふくらませてパンと破裂させるイメージでつけられた名前です）。すばやく

唇に空気の圧力をため、スイカの種をプッとふき出す感じで発音しましょう。

この [p] は、日本語の「パ [pa]」の [p] より、2倍ぐらい強く破裂させると心得ましょう。特に、語頭の [p] はさらに強く息を出します。最初は、つばが飛びそうなぐらいに強く息を破裂させて練習してください。

なお、[p] の発音の際に、あえてノドをふるわせると [b] 音になります。

## ●音番号 072 ［pe］

まず、[e] を発音して、唇の形と舌の位置を覚えておきましょう。次に、[p] の発音で唇を離す動作と、唇を [e] の位置まで開く動作を一気に行ないます。[e] めがけて [p] を発音するイメージです。

実は日本語の「ペ」でも同様の動作をしていますが、日本語の場合は息が弱く、口の動作も小さいのです。英語の [p] は、息を非常に「強く」破裂させます。そして [e] は日本語よりも口をやや大きめに開きます。

次の表の [pe] にアクセントがある 11 単語のうち、[pen] という音節を持つ 7 単語を前半に集めました。つまり、[pen] の発音が約 64 ％の単語にあるわけです。

発音のコツですが、まず、息を [p] で勢いよく吐き出します。その息の勢いを続けながら次の母音の [e] を発音します。そして、舌をすばやく上前歯裏の歯ぐきにつけて、さらに息の圧力をかけ続けながら、鼻に「ン」という音を送り込みます。

[p + 母音] の発音は、すべてこの要領で発音します。可能な限り次の母音の口の形を作っておいてから、[p] の発音を開始しましょう。

| | 音番号 072 ［pe］ | | |
|---|---|---|---|
| 1879 | pen | [pén] | 【名】ペン（ボールペン、万年筆） |
| 2556 | pen·ny | [péni] | 【名】1 セント貨、ペニー |
| 2640 | pen·cil | [pénsl] | 【名】鉛筆 |
| 1182 | ex·pen·sive | [ekspénsiv] | 【形】高価な |
| 2891 | sus·pend | [səspénd] | 【他動】一時停止する、つるす |
| 1276 | in·de·pend·ent | [ìndipéndənt] | 【形】独立した、自立した |
| 1416 | in·de·pend·ence | [ìndipéndəns] | 【名】独立 |
| 2257 | com·pet·i·tive | [kəmpétətiv] | 【形】競争の、競争力のある |
| 2318 | pet | [pét] | 【名】ペット、愛玩動物 |
| 2527 | pep·per | [pépɚ] | 【名】コショウ |

| 2961 | pet·rol | ［pétrəl］ | 【名】（英）ガソリン |

## ●音番号 073 ［pei］

　［pei］は1音感覚で発音します。［i］では日本語の「イ」よりも唇を横に引きます。そして、たとえば pale［péil］なら、［pei］で吐いた息の勢いを続けながら［l］を添えます。［i］の唇の形のまま、舌を上前歯裏の歯ぐきにつけて「ウ」といいましょう。すると、1音感覚で［péil］をなめらかに発音できます。

　［péis］も同じようにして［pei］に［s］を添えてください。［i］の唇をあまり動かさなくても［s］は発音できます。

　以下の単語のアクセントのある音節は、［pei］に次の子音を添える感じで発音します。唇は［i］のまま、または自然に少し動くままに任せます。

### 音番号 073 ［pei］

| 1843 | pale | ［péil］ | 【形】（顔が）青白い |
| 2020 | pace | ［péis］ | 【名】歩調、ペース |
| 2246 | paint·er | ［péintər］ | 【名】画家、ペンキ屋 |
| 2465 | pain·ful | ［péinfl］ | 【形】痛い、つらい |
| 2349 | paid | ［péid］ | 【形】有給の、支払い済みの |
| 1039 | cam·paign | ［kæmpéin］ | 【名】キャンペーン、（政治的な）運動 |
| 2543 | oc·cu·pa·tion | ［àkjəpéiʃən］ | 【名】占有、占領 |
| 2816 | pave·ment | ［péivmənt］ | 【名】舗装、舗装道路 |

## ●音番号 074 ［pi］

　［p］を発音するときに、唇は［i］の形に横に引いておきます。すると、自然に［p］［i］がつながって発音できます。

### 音番号 074 ［pi］

| 1975 | pink | ［píŋk］ | 【名】ピンク、桃色、【形】ピンクの |
| 2181 | pig | ［píg］ | 【名】ブタ |
| 2200 | pin | ［pín］ | 【名】ピン、留め針 |
| 2222 | pitch | ［pítʃ］ | 【他動】投げる、【名】音の高さ |

# ●音番号 075 ［piː］

［iː］は［i］よりもさらに唇を横に引きます。

😃 音番号 075 ［piː］

| | | | |
|---|---|---|---|
| 2149 | peak | ［píːk］ | 【名】頂点、ピーク |
| 2235 | peace·ful | ［píːsfl］ | 【形】平和な |
| 1129 | ap·peal | ［əpíːl］ | 【自動】懇願する、求める、訴える |
| 1142 | re·peat | ［ripíːt］ | 【他動】くり返す、くり返して言う |
| 1987 | com·pete | ［kəmpíːt］ | 【自動】競争する、匹敵する |

# ●音番号 076 ［puː］

［u］は唇をまるめてつき出して発音します。［púː］の［p］のところで、すでに唇をまるめておきます。すると、［púː］が1音感覚でつながります。

😃 音番号 076 ［puː］

| | | | |
|---|---|---|---|
| 1511 | pool | ［púːl］ | 【名】プール、小さな池 |

JACET8000の中にはこの1単語しかありません。ちなみに spoon ［spúːn］（スプーン）は、音番号 464 の［spúː］のところに出てきます。

# ●音番号 077 ［pjuː］

😃 音番号 077 ［pjuː］

| | | | |
|---|---|---|---|
| 1604 | pu·pil | ［pjúːpl］ | 【名】生徒、教え子 |

JACET8000 内には、このほか以下の5単語があります。

416　computer ［kəmpjúːtɚ］（コンピュータ）

3119　dispute ［dispjúːt］（論争）

5241　computing ［kəmpjúːtiŋ］（コンピュータの使用）

5420　compute ［kəmpjúːt］（コンピュータで計算する）

6187　therapeutic ［θèrəpjúːtik］（癒やし系の）

# ●音番号 078 ［pjuɚ］

😃 音番号 078 ［pjuɚ］

| | | | |
|---|---|---|---|
| 1642 | pure | ［pjúɚ］ | 【形】純粋な |

　JACET8000 の中には、pure 関連の 3 語のみが含まれます。英会話で [pjúɚ] と聞こえたときの単語の特定は容易ですね？

3444　purely　[pjúɚli]　（純粋に）

5968　purity　[pjúɚrəti]　（純粋性）

## ●音番号 079　[pʌ]

　[ʌ] は口を開く発音なので、その開いた状態をめがけて [p] の唇を離す動作をしてください。[ʌ] を〈母音〉編でよく練習しておいて、その口の開き加減をイメージできるようにしてください。

### 音番号 079　[pʌ]

| 2629 | punch | [pʌ́ntʃ] | 【他動】げんこつでなぐる |
|---|---|---|---|
| 2683 | pump | [pʌ́mp] | 【名】ポンプ、吸水器 |
| 2850 | pun·ish | [pʌ́niʃ] | 【他動】罰する、こらしめる |
| 2487 | re·pub·lic | [ripʌ́blik] | 【名】共和国 |

## ●音番号 080　[pæ]

　[æ] も舌を前に置いて口を開く発音なので、その開いた状態をめがけて [p] の唇を離す動作を行ないます。[pæ] は人気がある音らしく、以下のように 21 単語もあります。

### 音番号 080　[pæ]

| 1228 | pack | [pǽk] | 【名】包み、荷物、【他動】荷造りする |
|---|---|---|---|
| 1629 | pack·age | [pǽkiʤ] | 【名】小包、パッケージ |
| 2796 | pack·et | [pǽkət] | 【名】小包、手紙の包み、小箱 |
| 1953 | pas·sage | [pǽsiʤ] | 【名】通路、（文章）1 節 |
| 1313 | pas·sen·ger | [pǽsnʤɚ] | 【名】乗客 |
| 2665 | pas·sion | [pǽʃən] | 【名】情熱 |
| 2991 | pas·sive | [pǽsiv] | 【形】受身の、消極的な |
| 1146 | path | [pǽθ] | 【名】道、小道 |
| 2903 | patch | [pǽtʃ] | 【名】継ぎ（当て）、パッチ |
| 2037 | pal·ace | [pǽləs] | 【名】宮殿 |
| 1647 | pan·el | [pǽnl] | 【名】はめ板、パネル |
| 2760 | pan | [pǽn] | 【名】フライパン、平なべ |
| 2759 | pan·ic | [pǽnik] | 【名】大混乱、パニック、恐慌 |

| 1733 | ex·pand | [ekspǽnd] | 【他動】広げる、拡張する |
| 2016 | com·pan·ion | [kəmpǽnjən] | 【名】仲間、話し相手 |
| 2322 | com·par·i·son | [kəmpǽrəsn] | 【名】比較 |
| 2410 | par·a·graph | [pǽrəgræf] | 【名】(文章の) 段落、パラグラフ |
| 2627 | par·al·lel | [pǽrəlèl] | 【形】並行な |
| 2139 | ap·par·ent | [əpǽrənt] | 【形】明白な |
| 1585 | ap·par·ent·ly | [əpǽrəntli] | 【副】見たところ…らしい |
| 2262 | ca·pac·i·ty | [kəpǽsəti] | 【名】(潜在) 能力、収容能力 |

## ●音番号 081 ［pɑ］

[ɑ] は唇をたてに大きく開く発音です。その開いた状態をめがけて [p] の唇を離す動作をします。

### 音番号 081 ［pɑ］

| 1459 | pop | [pɑ́p] | 【自動】ポンと鳴る、はじける |
| 1881 | pot | [pɑ́t] | 【名】深いなべ、ポット |
| 2151 | pond | [pɑ́nd] | 【名】池 |
| 1249 | pock·et | [pɑ́kət] | 【名】ポケット |
| 1081 | pol·i·cy | [pɑ́ləsi] | 【名】方針、政策 |
| 1401 | pos·si·bly | [pɑ́səbli] | 【副】ひょっとしたら |
| 1035 | im·pos·si·ble | [impɑ́səbl] | 【形】不可能な |
| 1435 | pos·i·tive | [pɑ́zətiv] | 【形】肯定的な、自信のある |
| 1851 | pov·er·ty | [pɑ́vɚti] | 【名】貧困、びんぼう |
| 2786 | a·pol·o·gize | [əpɑ́ləʤàiz] | 【自動】わびる、謝る |
| 2737 | palm | [pɑ́:m] | 【名】手のひら、(植物) ヤシ |

## ●音番号 082 ［pai］

2重母音 [ai] では、[i] 音を少し弱く発音しますが、唇はしっかり横に引きましょう。[i] の唇の形をあまり変えずに、次の子音を添えて発音します。

### 音番号 082 ［pai］

| 1529 | pi·lot | [pɑ́ilət] | 【名】パイロット、操縦士 |
| 1980 | pile | [pɑ́il] | 【名】積み重ね |
| 1984 | pipe | [pɑ́ip] | 【名】パイプ、導管 |
| 2912 | pine | [pɑ́in] | 【名】松、松材 |

これに関連して、次の単語も記憶しましょう。[páiɚ] を持つ単語は JACET8000 内にはこの 1 語だけで、本書では扱わない単語ですので、独立した音番号は作りませんでした。

5779　pirate　[páiɚrət]　(海賊（かいぞく）)

## ●音番号 083　[pau]

2 重母音 [au] の [u] の部分は、やや弱く発音しますが、唇はしっかりまるめてつき出しましょう。

> 音番号 083　[pau]

| 2922 | pow･der | [páudɚ] | 【名】粉、おしろい |
|------|---------|---------|------------------|

JACET8000 の中に、この音にアクセントがある単語は他に 2 つあります。

883　　pound　[páund]　(ポンド)
5669　spouse　[spáus]　(生涯（しょうがい）の伴侶（はんりょ）)

spouse は [spáu] という音番号を独立で立てて音番号 467 番の後に掲載することも考えましたが、たったの 1 つですし、本書の範囲外の単語なので、ここで紹介しておきます。

## ●音番号 084　[pauɚ]

つづりの r の部分を [ɚ] と発音します。

> 音番号 084　[pauɚ]

| 1091 | pow･er･ful | [páuɚfl] | 【形】強力な |
|------|-----------|----------|-------------|

JACET8000 の中には、他に以下の 3 語があります。すべて power の派生語です。つまり、音節 [páuɚ] さえ聞き取れれば、相手の使用単語を power の派生語 4 語にしぼり込めるのです。

292　　power　[páuɚ]　(力)
7200　powerless　[páuɚləs]　(無能な)
7337　powerfully　[páuɚfəli]　(強烈に)

## ●音番号 085　[pou]

2 重母音 [ou] の [u] の部分は、やや弱く発音しますが、唇はしっかりまるめてつき出しましょう。

## 😀 音番号 085 ［pou］

| 1179 | post | ［póust］ | 【名】郵便、柱、ポスト |
| 2936 | post·er | ［póustɚ］ | 【名】ポスター、びら |
| 1357 | po·em | ［póuəm］ | 【名】詩、韻文 |
| 1628 | po·et | ［póuət］ | 【名】詩人 |
| 1858 | po·et·ry | ［póuətri］ | 【名】詩 |
| 1947 | pole | ［póul］ | 【名】棒、ポール、極 |
| 2237 | ex·pose | ［ekspóuz］ | 【他動】さらす、暴露する |
| 2343 | op·pose | ［əpóuz］ | 【他動】反対する |
| 2377 | com·pose | ［kəmpóuz］ | 【他動】組み立てる、（歌・詩を）作る |
| 2856 | com·pos·er | ［kəmpóuzɚ］ | 【名】作曲家、作者 |
| 2730 | pro·pose | ［prəpóuz］ | 【動】提案する、プロポーズする |
| 1461 | sup·posed | ［səpóuzd］ | 【形】推定されていた |
| 2301 | op·po·nent | ［əpóunənt］ | 【名】（競争）相手 |

## ●音番号 086 ［pɚː］

　［ɚː］は唇を少しまるめて、舌を上に持ち上げます。［p］を発音するとき
に舌を持ち上げて［ɚː］の口の形を作っておいてから、［pɚː］と発音しましょ
う。［ɚː］の発音方法は、Lesson10 を参照してください。

## 😀 音番号 086 ［pɚː］

| 1114 | per | ［pɚː］ | 【前】…につき |
| 1115 | per·fect | ［pɚːfikt］ | 【形】完全な、全部そろっている |
| 1602 | per·fect·ly | ［pɚːfiktli］ | 【副】完璧に、申し分なく |
| 1992 | pur·chase | ［pɚːtʃəs］ | 【他動】購入する |
| 2035 | per·ma·nent | ［pɚːm(ə)nənt］ | 【形】永久的な、【名】パーマ |
| 2540 | per·son·al·ly | ［pɚːsnəli］ | 【副】自分自身で、個人的に |

## ●音番号 087 ［pɑɚ］

　［ɑɚ］の発音は、Lesson11 の音番号 025 参照。

## 😀 音番号 087 ［pɑɚ］

| 1348 | part·ner | ［pɑɚtnɚ］ | 【名】相棒、仲間、パートナー |
| 1771 | part·ly | ［pɑɚtli］ | 【副】部分的に |
| 2291 | par·lia·ment | ［pɑɚləmənt］ | 【名】議会、国会 |
| 2977 | par·don | ［pɑɚdn］ | 【名】許し、恩赦、【他動】許す |

| 1344 | a·part | [əpáət] | 【副】離れて |
|------|--------|---------|-------------|
| 2081 | a·part·ment | [əpáətmənt] | 【名】アパート、マンション |
| 1024 | de·part·ment | [dipáətmənt] | 【名】部門、デパートの売り場 |

## ●音番号 088 ［pɔː］

🙂 音番号 088 ［pɔː］

| 1367 | pause | [pɔ́ːz] | 【名】中断、小休止 |
|------|-------|---------|-------------------|

JACET8000 の中には、このほか、以下の３語が登場します。

4893 appalling ［əpɔ́ːliŋ］（恐ろしい）

7073 paw ［pɔ́ː］（《動物のつめのある》足）

7995 pawn ［pɔ́ːn］（…を質に入れる）

## ●音番号 089 ［pɔi］

🙂 音番号 089 ［pɔi］

| 2313 | poi·son | [pɔ́izn] | 【名】毒 |
|------|---------|----------|----------|
| 1656 | ap·point·ment | [əpɔ́intmənt] | 【名】(面会) 約束、(役職) 任命 |
| 2604 | dis·ap·point·ment | [dìsəpɔ́intmənt] | 【名】失望、期待はずれ |

## ●音番号 090 ［peə］

🙂 音番号 090 ［peə］

| 1069 | pair | [péə] | 【名】一組、ペア、夫婦 |
|------|------|--------|------------------------|
| 1811 | re·pair | [ripéə] | 【他動】修理する、【名】修理、修繕 |
| 1015 | ex·per·i·ment | [ekspéərəmənt] | 【名】実験、【自動】実験する |

## ●音番号 091 ［piə］

🙂 音番号 091 ［piə］

| 1019 | dis·ap·pear | [dìsəpíə] | 【自動】見えなくなる、消える |
|------|-------------|-----------|------------------------------|
| 1364 | ap·pear·ance | [əpíərəns] | 【名】出現、現われること |
| 2622 | su·pe·ri·or | [supíəriə] | 【形】よりすぐれている |

●音番号 092 〔pɔ˞〕

| 😄 音番号 092 〔pɔ˞〕 | | | |
|---|---|---|---|
| 1522 | pour | 〔pɔ́˞〕 | 【他動】（液体を）注ぐ |
| 2698 | por·trait | 〔pɔ́˞trət〕 | 【名】肖像画 |
| 1886 | port | 〔pɔ́˞t〕 | 【名】港 |
| 2214 | im·port | 〔impɔ́˞t〕 | 【他動】輸入する、【名】輸入 |
| 1140 | im·por·tance | 〔impɔ́˞t(ə)ns〕 | 【名】重要性 |
| 1807 | re·por·ter | 〔ripɔ́˞tɚ〕 | 【名】報告者、レポーター |
| 2538 | sup·port·er | 〔səpɔ́˞tɚ〕 | 【名】支持者、サポーター |
| 1872 | trans·port | 〔trænspɔ́˞t〕 | 【他動】輸送する、運ぶ |

# Lesson 16
# 〔pl＋母音〕

　ここからは、〔子音＋子音＋母音〕の音節を練習します。

　〔p〕の次に続きうる子音は、〔l〕と〔r〕の２つだけですので、Lesson16〔pl＋母音〕、Lesson17〔pr＋母音〕の２つのレッスンで、〔p〕にまつわる〔子音＋子音＋母音〕の発音を極めます。

　発音練習をくり返して〔r〕と〔l〕の発音が安定してくるまでは、Lesson16内の〔pl＋母音〕の発音が、次の Lesson で練習する〔pr＋母音〕の発音になっている懸念があります。その逆もまたしかりです。ご自分では気づきにくい点ですので、第３部「音声認識アプリの具体例とその活用法」を参考に、できればご自分の発音を音声認識で確認してください。

　〔pl〕は、〔p〕と〔l〕の口の動きを同じにして、一気に発音します。手品のような話ですが、〔p〕は唇、〔l〕は舌を使って出す音です。唇と舌は別々に動かせるので、一気に発音できるのです。〔l〕は舌先を上の前歯裏につけて発音します。先に〔l〕の舌の形を作っておいて、唇を閉じて〔p〕を発音すると〔pl〕の発音になります。

　〔p〕を発音するために、唇を閉じる動作とともに、舌を上の前歯裏につけます。そうしておいて肺から息を強く出し、〔p〕を発音します。肺からの息の圧力をかけたまま、〔l〕を発音してください。〔p〕を発音したときに、

いったん [l] の舌が上前歯裏から離れても、かまわずにすばやく舌を上前歯裏につけましょう。

## ●音番号 093 ［ple］

前述のようにして発音した [pl] に [e] をつけます。[ple] の後には子音が続きますので、それも添えるように発音しましょう。次の表の complex の第 2 音節は [ple] に [ks] を添えた音です。[pleks] 全体を 1 拍で、1 音感覚で発音してください。冒頭の pleasure [pléʒɚ] では、[ple] が 1 拍、[ʒɚ] が次の 1 拍という感じです。カタカナの「プレジャー」では 4 拍ですので、そうならないこと。

| | 音番号 093 ［ple］ | | | |
|---|---|---|---|---|
| 1214 | pleas·ure | [pléʒɚ] | 【名】 | 喜び、楽しみ |
| 1633 | plen·ty | [plénti] | 【名】 | たくさん、多量 |
| 1942 | pleas·ant | [pléznt] | 【形】 | 愉快な |
| 2666 | un·pleas·ant | [ʌnpléznt] | 【形】 | 不愉快な |
| 1110 | com·plex | [kəmpléks] | 【形】 | 複雑な、複合の |

## ●音番号 094 ［plei］

今度は [pl] に [ei] をつけます。次表の plate では、[t] を添えて [pléit] を 1 拍で発音します。2 重母音 [ei] の [i] の部分では、唇を必ず横に引いてください。

| | 音番号 094 ［plei］ | | | |
|---|---|---|---|---|
| 1123 | plate | [pléit] | 【名】 | (平) 皿 |
| 1219 | plane | [pléin] | 【形】 | 平らな、【名】飛行機 |
| 1513 | plain | [pléin] | 【形】 | 明白な、簡素な |
| 1558 | com·plain | [kəmpléin] | 【自動】 | 不満を言う |
| 1204 | re·place | [ripléis] | 【他動】 | 取り替える、取って代わる |
| 1375 | dis·play | [displéi] | 【他動】 | 陳列する、【名】展示 |

## ●音番号 095 ［pli(ː)］

| | 音番号 095 ［pli(ː)］ | | | |
|---|---|---|---|---|
| 1674 | pleased | [plíːzd] | 【形】 | うれしい |

| 2949 | plead | [plíːd] | 【自動】嘆願する、弁護する |
|---|---|---|---|

　JACET8000 の中にある [plíː] および [plí] を持つ単語は次の通りです。やや多いですが、ここに接頭辞や語源の知識を組み合わせると、使用単語の意味を特定しやすくなります（『単語耳』実践編 Lv.3、Lv.4 参照）。

423　please [plíːz]（喜ばせる）

708　complete [kəmplíːt]（完全な）

828　completely [kəmplíːtli]（完全に）

1674　pleased [plíːzd]

2949　plead [plíːd]

3556　completion [kəmplíːʃən]（完成）

3720　explicit [iksplísit]（明確な）

4050　plea [plíː]（嘆願）

4325　explicitly [iksplísitli]（はっきりと）

4641　implicit [implísit]（暗黙の）

5092　simplicity [simplísty]（単純さ）

6022　incomplete [ìmkəmplíːt]（不完全な）

6811　implicitly [implísitli]（暗に）

7809　depletion [diplíːʃən]（枯渇）

## ●音番号 096 ［plæ］

| ╡😊 音番号 096 ［plæ］ | | | |
|---|---|---|---|
| 1306 | plas·tic | [plǽstik] | 【名】プラスチック |
| 1397 | plan·et | [plǽnit] | 【名】惑星 |
| 1962 | plat·form | [plǽtfɔ˞m] | 【名】(駅) プラットフォーム、演壇 |

## ●音番号 097 ［plai］

| ╡😊 音番号 097 ［plai］ | | | |
|---|---|---|---|
| 1216 | ap·ply | [əplái] | 【他動】適用する、申し込む |

●音番号 098 ［ploʊ］

シ😀音番号 098 ［ploʊ］

| 2170 | ex·plo·sion | ［eksplóʊʒən］ | 【名】爆発 |
| 2637 | ex·plode | ［eksplóʊd］ | 【自動】爆発する |

●音番号 099 ［plɔi］

シ😀音番号 099 ［plɔi］

| 1705 | em·ploy·ee | ［implɔ́ii:］ | 【名】従業員 |

●音番号 100 ［plɔɚ］

シ😀音番号 100 ［plɔɚ］

| 1761 | ex·plore | ［eksplɔ́ɚ］ | 【他動】探検する、探査する |

　JACET8000 内では 2 単語しかありません。もう 1 つは下記です。

7444　explorer ［iksplɔ́ɚrɚ］（探険者）

# Lesson 17
# ［pr＋母音］

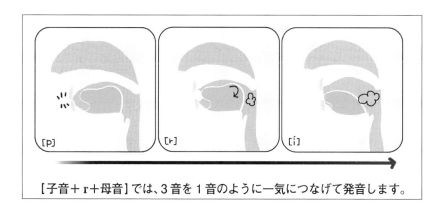

[p]　[r]　[i]

［子音＋r＋母音］では、3 音を 1 音のように一気につなげて発音します。

　[r]は、単独で発音されるケースよりも、[子音＋r＋母音]の組み合わせで発音されるケースのほうが多いので、その発音練習は非常に重要です。コツは、[子音＋r＋母音]を1つの連続した音とイメージして練習することです。

　[r]は続く母音の方向に舌を動かし、音の響く空間を広げながら発音します。「子音＋r＋母音」の発音は、[r]の手前に子音を加え、3つの音を1音感覚で発音します。そのためには、最初の[子音＋r]で息を使い果たさないことです。

　[子音＋r＋母音]の冒頭には、主に破裂音が来ます。破裂音と[r＋母音]を組み合わせた音は発音の相性がよいのでしょうか……欧米人に好まれる組み合わせのようです。

　本書・実践編Lv.2 〈子音〉編（本編）の[p][b][t][d][k][g]のところで[子音＋r＋母音]の発音練習をします。最初に出てくるのは[p＋r＋母音]です。1巡目の発音練習の際には、うまくできなくても構いません。本書で練習を5巡、10巡とくり返すうちにできるようになるでしょう。40～100回くり返せば、口がなれて、自由自在に発音できるようになります。

　そして、[子音＋r＋母音]に代表される英語の発音の奥の深さを感じることが、発音マスターのその後の大きな前進につながるでしょう。

　さて、このレッスンで学ぶ[pr＋母音]に関してですが、まず[p]は、唇で息をせき止め、それを一気に解放して出す破裂音です。この際、舌の位置は自由になります。続く[r]では、舌を口の上のやや奥のほうに置いてから発音をはじめるので、[p]の発音時には、あらかじめ舌をほぼその位置に移動しておきましょう。同時に、唇も[r]の発音にそなえて少しまるくしておいて[p]の発音をはじめれば、続く[r＋母音]になめらかに続けられるでしょう。慣れると、発音するのが楽しい音です。

## ●音番号101 ［pre］

　舌を[r]の位置に置いておいて[p]を発音します。[p]を発音した息の勢いを落とさないで、[re]の発音を続けます。

> 😃 音番号101 ［pre］

| 1773 | pres·ence | ［prézns］ | 【名】出席、いること |

| 2119 | pre·cious | [préʃəs] | 【形】高価な、大切な |
|------|-----------|----------|----------------------|
| 2552 | pref·er·ence | [préfərəns] | 【名】好み、…より好むこと |
| 2577 | prej·u·dice | [prédʒədəs] | 【名】偏見、先入観 |
| 1935 | im·press | [imprés] | 【他動】感銘を与える |
| 1500 | im·pres·sion | [impréʃən] | 【名】印象 |
| 2608 | im·pres·sive | [imprésiv] | 【形】強い印象を与える、印象的な |

## ●音番号 102 ［prei］

### 音番号 102 ［prei］

| 1920 | pray | [préi] | 【動】祈る |
|------|------|--------|-----------|
| 2025 | praise | [préiz] | 【名】ほめること、【他動】ほめる |

## ●音番号 103 ［pri］

### 音番号 103 ［pri］

| 1152 | print | [print] | 【他動】印刷する |
|------|-------|---------|------------------|
| 1287 | prin·ci·pal | [prínsəpl] | 【形】おもな、【名】校長 |
| 1336 | pris·on | [prízn] | 【名】刑務所 |
| 1698 | pris·on·er | [príznər] | 【名】(刑務所の) 囚人、捕虜 |
| 1455 | prin·ci·ple | [prínsəpl] | 【名】原理、主義 |
| 1526 | prince | [príns] | 【名】王子 |
| 1762 | prin·cess | [prínsəs] | 【名】王女 |
| 2982 | prim·i·tive | [prímətiv] | 【形】原始的な、粗野な |

## ●音番号 104 ［pri:］

### 音番号 104 ［pri:］

| 1814 | pre·vi·ous | [prí:viəs] | 【形】以前の |
|------|------------|------------|--------------|
| 2373 | pre·vi·ous·ly | [prí:viəsli] | 【副】以前に |
| 1853 | priest | [prí:st] | 【名】牧師、聖職者 |
| 1665 | ap·pre·ci·ate | [əprí:ʃièit] | 【他動】ありがたく思う、正しく理解する |
| 2500 | su·preme | [s(j)uprí:m] | 【形】最高位の |

## ●音番号 105 ［pru:］

### 😊 音番号 105 ［pru:］

| 2169 | ap·prove | ［əprúːv］ | 【他動】承認する、賛成する |
| 2327 | im·prove·ment | ［imprúːvmənt］ | 【名】改良、改善 |

## ●音番号 106 ［præ］

### 😊 音番号 106 ［præ］

| 1438 | prac·ti·cal | ［prǽktikl］ | 【形】実用的な、現実的な |

　［præ］を持つ単語は JACET8000 内には計 4 単語ありますが、すべて practice とその派生語です。要するに、［præ］の音節を聞き取れれば、ほぼ単語が特定できてしまいます。

608　practice ［prǽktis］（練習）

4115　practically ［prǽktikəli］（実際には）

6713　practicable ［prǽktikəbl］（実際的な）

## ●音番号 107 ［prɑ］

### 😊 音番号 107 ［prɑ］

| 1445 | prop·er | ［prápɚ］ | 【形】ふさわしい、適した |
| 1502 | prop·er·ly | ［prápɚli］ | 【副】きちんと、適切に |
| 1785 | prop·er·ty | ［prápɚti］ | 【名】不動産、財産、特性 |
| 1540 | prof·it | ［práfət］ | 【名】利益 |

## ●音番号 108 ［prai］

### 😊 音番号 108 ［prai］

| 1653 | prime | ［práim］ | 【形】第 1 の、最も重要な |
| 1949 | pride | ［práid］ | 【名】誇り、自尊心、プライド |
| 1383 | prize | ［práiz］ | 【名】賞、賞品 |
| 1116 | sur·prised | ［sɚpráizd］ | 【形】驚いた |
| 1643 | sur·pris·ing | ［sɚpráiziŋ］ | 【形】驚くべき |
| 2695 | sur·pris·ing·ly | ［sɚpráiziŋli］ | 【副】驚くほど |

## ●音番号 109 ［prau］

音番号 109 ［prau］

| 1365 | proud | ［práud］ | 【形】誇りをもっている |

JACET8000 内には、上記のほかは 1 単語があるのみです。

6229　proudly ［práudli］（誇りをもって）

## ●音番号 110 ［prou］

音番号 110 ［prou］

| 1456 | pro·test | ［próutest］ | 【名】抗議、【他動】抗議する |
| 1504 | ap·pro·pri·ate | ［əpróupriət］ | 【形】適切な、ふさわしい |
| 1958 | pro·tein | ［próuti:n］ | 【名】たんぱく質 |

## ●音番号 111 ［preiɚ］

音番号 111 ［preiɚ］

| 2031 | pray·er | ［préiɚ］ | 【名】祈る人、祈り ［préɚ］ |

JACET8000 の中では ［preiɚ］ を含むのはこの 1 語のみです。

# Lesson 18
# ［b＋母音］

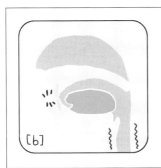

［b］

閉じた唇に息を強くためて圧力をかけてから、パッと開放した時に出る破裂音です。ノドをふるわせると ［b］ が出ます。

　[p] の有声音が [b] です。唇を閉じて息をためてから唇を開いて音を破裂させる発音方法は同じですが、[b] ではノドをふるわせて声を出します。

　[b＋母音] は、1音感覚で発音します。そのため、口の形や舌の位置を、次の母音のそれに近づけて、舌を前または後ろに置いてから [b] を発音しましょう。[b] は唇だけを使って出す音ですので、たいていの場合は舌の位置は自由なはずですね。なめらかに次の母音に発音をつなげてください。

## ●音番号 112 ［be］

### 音番号 112 ［be］

| 1054 | ben·e·fit | [bénəfit] | 【名】利益、【他動】利益を与える |
|------|-----------|-----------|------------------------------|
| 1623 | bur·y | [béri] | 【他動】埋める |
| 1696 | bed·room | [bédrùːm] | 【名】寝室、ベッドルーム |
| 1745 | bell | [bél] | 【名】ベル、鈴 |
| 1818 | bend | [bénd] | 【他動】曲げる |
| 2026 | bench | [béntʃ] | 【名】長いす、ベンチ |
| 2175 | belt | [bélt] | 【名】ベルト、帯 |
| 2199 | bet | [bét] | 【他動】賭ける、【名】賭け |
| 2245 | beg | [bég] | 【他動】恵みを頼む、請う |

## ●音番号 113 ［bei］

### 音番号 113 ［bei］

| 1498 | ba·sis | [béisis] | 【名】基礎、基準 |
|------|--------|----------|----------------|
| 1742 | de·bate | [dibéit] | 【他動】討論する |
| 2048 | bay | [béi] | 【名】湾、入り江 |
| 2051 | base·ball | [béisbɔ̀ːl] | 【名】野球、ベースボール |
| 2281 | ba·si·cal·ly | [béisikli] | 【副】基本的に |
| 2508 | o·bey | [oubéi] | 【他動】従う、服従する |

## ●音番号 114 ［bi］

### 音番号 114 ［bi］

| 1089 | bill | [bíl] | 【名】請求書、紙幣 |
|------|------|-------|------------------|
| 1452 | bit | [bít] | 【名】わずか、小片、ビット |
| 2187 | bit·ter | [bítɚ] | 【形】にがい |

| 1132 | bus·y | [bízi] | 【形】いそがしい |
|------|-------|--------|----------------|
| 2342 | busi·ness·man | [bíznəsmæn] | 【名】ビジネスマン、実務家 |
| 1627 | ex·hi·bi·tion | [èksəbíʃən] | 【名】展示会、エキシビション |
| 1261 | re·spon·si·bil·i·ty | [rispὰnsəbíləti] | 【名】責任 |
| 1201 | pos·si·bil·i·ty | [pὰsəbíləti] | 【名】可能性、ありうること |
| 2735 | prob·a·bil·i·ty | [prὰbəbíləti] | 【名】確率、ありそうなこと |
| 2798 | dis·a·bil·i·ty | [dìsəbíləti] | 【名】身体障害、障害 |
| 2402 | am·bi·tion | [æmbíʃən] | 【名】大志、野心 |

## ●音番号 115 ［biː］

### ⁝😃 音番号 115 ［biː］

| 1187 | beach | [bíːtʃ] | 【名】砂浜、浜辺 |
|------|-------|---------|------------------|
| 2185 | bee | [bíː] | 【名】ミツバチ |
| 2381 | beef | [bíːf] | 【名】牛肉 |
| 2536 | bean | [bíːn] | 【名】豆 |
| 2581 | beast | [bíːst] | 【名】獣、けだもの、動物 |

## ●音番号 116 ［bu］

### ⁝😃 音番号 116 ［bu］

| 2376 | bush | [búʃ] | 【名】やぶ、低木 |
|------|------|--------|------------------|
| 2617 | bull | [búl] | 【名】雄牛 |
| 2960 | bul·let | [búlit] | 【名】弾丸 |

## ●音番号 117 ［buː］

### ⁝😃 音番号 117 ［buː］

| 1880 | boot | [búːt] | 【名】長靴、ブーツ |
|------|------|--------|--------------------|

　JACET8000 内にあるのは、そのほか、下記 4 単語のみです。

3398　boost ［búːst］（後押し）

4000　boom ［búːm］（急上昇）

6680　booth ［búːθ］（売店）

7062　taboo ［təbúː］（禁止された）

## ●音番号 118 ［bʌ］

### 😊 音番号 118 ［bʌ］

| 2251 | but·ton | [bʌ́tn] | 【名】ボタン |
|---|---|---|---|
| 2204 | but·ter | [bʌ́tɚ] | 【名】バター |
| 2736 | but·ter·fly | [bʌ́tɚflài] | 【名】チョウ（蝶） |

## ●音番号 119 ［bæ］

### 😊 音番号 119 ［bæ］

| 2699 | bat | [bǽt] | 【名】(野球) バット、こうもり（動物） |
|---|---|---|---|
| 1097 | bat·tle | [bǽtl] | 【名】戦争、戦闘、競争 |
| 2818 | bat·ter·y | [bǽtɚri] | 【名】電池、バッテリー |
| 1382 | bad·ly | [bǽdli] | 【副】とてもひどく、悪く |
| 1686 | bath | [bǽθ] | 【名】風呂、入浴 |
| 2117 | bath·room | [bǽθrùːm] | 【名】浴室、トイレ |
| 1877 | ban | [bǽn] | 【名】禁止（令）、【他動】禁止する |
| 1223 | band | [bǽnd] | 【名】バンド、帯、(演奏) バンド |
| 1285 | back·ground | [bǽkgràund] | 【名】背景 |
| 2986 | back·ward | [bǽkwɚd] | 【形】後ろに、後方に |
| 1028 | bal·ance | [bǽləns] | 【名】バランス、天秤 |
| 2074 | bar·ri·er | [bǽriɚ] | 【名】障害、さく |
| 2446 | bang | [bǽŋ] | 【他動】バタンとたたく |
| 2503 | bas·ket | [bǽskət] | 【名】かご、バスケット |
| 2753 | am·bas·sa·dor | [æmbǽsədɚ] | 【名】大使、使節 |
| 2985 | em·bar·rassed | [embǽrəst] | 【形】気まずい思いで、恥ずかしい |
| 2100 | a·ban·don | [əbǽndən] | 【他動】断念する、置き去る |
| 2837 | to·bac·co | [təbǽkou] | 【名】タバコ |

## ●音番号 120 ［bɑ］

### 😊 音番号 120 ［bɑ］

| 1027 | bot·tle | [bɑ́tl] | 【名】びん、ボトル |
|---|---|---|---|
| 1078 | bot·tom | [bɑ́təm] | 【名】底、最低部 |
| 1616 | both·er | [bɑ́ðɚ] | 【他動】面倒をかける、悩ます |
| 1390 | bomb | [bɑ́m] | 【名】爆弾 |
| 2502 | bond | [bɑ́nd] | 【名】きずな、結束、【他動】接着させる |

| 2838 | sym·bol·ic | ［simbálik］ | 【形】象徴的な、記号による |
|---|---|---|---|

## ●音番号 121 ［bai］

### 音番号 121 ［bai］

| 1346 | bite | ［báit］ | 【他動】かむ、【自動】かみつく |
|---|---|---|---|
| 2179 | bike | ［báik］ | 【名】自転車 |
| 2353 | bi·cy·cle | ［báisikl］ | 【名】自転車 |
| 2375 | bi·ble | ［báibl］ | 【名】聖書、バイブル |
| 1685 | com·bine | ［kəmbáin］ | 【他動】結合させる |
| 2909 | bye | ［bái］ | 【間】バイバイ |
| 2193 | good·bye | ［gùdbái］ | 【間】さようなら |

## ●音番号 122 ［bau］

### 音番号 122 ［bau］

| 1805 | bow | ［báu］ | 【名】弓、おじぎ |
|---|---|---|---|
| 2287 | bound | ［báund］ | 【自動】跳ね上がる、バウンドする |

## ●音番号 123 ［bou］

### 音番号 123 ［bou］

| 1327 | bone | ［bóun］ | 【名】骨 |
|---|---|---|---|
| 1560 | bowl | ［bóul］ | 【名】鉢、わん、ボウル |

　［bóu］音を持つ単語は、JACET8000 内には他に下記 9 単語があります。

195　both ［bóuθ］（両方の）

797　boat ［bóut］（小船）

4074　bold ［bóuld］（勇敢な）

4171　bonus ［bóunəs］（ボーナス）

4307　bolt ［bóult］（《工具》ボルト）

5127　bowler ［bóulɚ］（ボーリングをする人）

5403　boast ［bóust］（自慢の種）

7757　boldly ［bóuldli］（大胆に）

7990　bogus ［bóugəs］（いんちきの）

　以上の計 11 単語の［bouは、絶対にカタカナの「ボー」音で発音しない
でください。そのためには、［u］のところで口をすぼめます。つまり唇を
まるくつき出すのです。

## ●音番号 124 ［bɔ:］

ミ😃 音番号 124 ［bɔ:］

| 1924 | boss | ［bɔ́:s］ | 【名】上司、ボス |
|---|---|---|---|

　［bɔ́:］という音節が聞こえたら、JACET8000 内では、上の boss か次の 2
単語に候補がしぼられます。

791　ball ［bɔ́:l］（ボール）

5529 bald ［bɔ́:ld］（はげ頭の）

　計 3 つしかないので、これ以外は［bóu］と発音すると覚えておきましょう。
音番号 123 ［bou］と音番号 124 ［bɔ:］を区別して発音できるようになると、
リスニングの際も音の区別ができるようになります。間違っても、両者をカ
タカナの「ボー」では覚えないでください。You're ［bóuld］. と発音すると
「あなたは勇敢（bold）ですね」となりますが、You're ［bɔ́:ld］. と発音すると
「あなたははげ頭（bald）ですね」とネイティブは聞き取りますのでご注意。

## ●音番号 125 ［bɔi］

ミ😃 音番号 125 ［bɔi］

| 2836 | boy·friend | ［bɔ́ifrènd］ | 【名】男の恋人、ボーイフレンド |
|---|---|---|---|
| 2968 | boil | ［bɔ́il］ | 【他動】沸かす、ゆでる |

　［bɔ́i］という音節を持つ語は、JACET8000 内には、他に以下の 3 単語が
あります。

196　boy ［bɔ́i］（男の子）

5335 boiler ［bɔ́ilɚ］（給湯タンク）

5938 boycott ［bɔ́ikɑt］（交渉拒否）

## ●音番号 126 ［bɚː］

### ⁓😀 音番号 126 ［bɚː］

| 1231 | birth | ［bɚːθ］ | 【名】誕生、出生、【他動】産む |
|---|---|---|---|
| 1470 | birth·day | ［bɚːθdèi］ | 【名】誕生日 |
| 1663 | burst | ［bɚːst］ | 【動】破裂する、爆発する |
| 1093 | burn | ［bɚːn］ | 【自動】燃える |
| 2386 | burn·ing | ［bɚːniŋ］ | 【形】燃えている |
| 2533 | bur·den | ［bɚːdn］ | 【名】重荷、負担 |

## ●音番号 127 ［beɚ］

### ⁓😀 音番号 127 ［beɚ］

| 2442 | bare | ［béɚ］ | 【形】むき出しの、裸の |
|---|---|---|---|
| 2534 | bare·ly | ［béɚli］ | 【副】かろうじて、なんとか |

## ●音番号 128 ［biɚ］

ビールの発音記号は［bíɚ］なので、あえてカタカナで書けば、「ビァ」というイメージです。

### ⁓😄 音番号 128 ［biɚ］

| 2030 | beer | ［bíɚ］ | 【名】ビール |
|---|---|---|---|

この音節は、JACET8000 内には、あと1つしかない、珍しい発音です。
4987　beard ［bíɚd］（アゴひげ）

## ●音番号 129 ［bɑɚ］

### ⁓😄 音番号 129 ［bɑɚ］

| 1284 | bar | ［bɑ́ɚ］ | 【名】棒、バー、酒場 |
|---|---|---|---|
| 2396 | bark | ［bɑ́ɚk］ | 【自動】ほえる、【名】鳴き声、ほえる声 |
| 1752 | bor·row | ［bɑ́ɚrou］ | 【他動】借りる |

## ●音番号 130 ［bɔɚ］

### ⁓😄 音番号 130 ［bɔɚ］

| 1714 | bor·der | ［bɔ́ɚdɚ］ | 【名】へり、縁、（国など）境界 |
|---|---|---|---|

| 2626 | bor·ing | [bɔ́əriŋ] | 【形】たいくつな、うんざりさせる |

## ●音番号 131 ［bjuː］

☺ 音番号 131 ［bjuː］

| 1145 | beau·ty | [bjúːti] | 【名】美しさ、美 |
| 1926 | con·tri·bu·tion | [kɑ̀ntribjúːʃən] | 【名】寄付金、貢献 |

[bjú:]という音節を持つ語は、JACET8000内にはその他6つあります。

471 　beatuiful ［bjúːtəfl］（美しい）

3079 　distribution ［dìstribjúːʃən］（販売）

3133 　abuse ［əbjúːz］（悪用する）

3658 　tribunal ［traibjúːnl］（裁判所）

3857 　bureau ［bjúːrou］（事務局）

4371 　beautifully ［bjúːtifəli］（見事に）

# Lesson 19
# ［bl＋母音］

［bl＋母音］を一息で発音できるように練習しましょう。

発音練習をくり返して［r］と［l］の発音が安定してくるまでは、Lesson19内の［bl＋母音］の部分の発音が、次のLessonで練習する［br＋母音］の発音になっている懸念があります。その逆もまたしかりです。できればご自分の発音を音声認識で確認してください。

## ●音番号 132 ［ble］

☺ 音番号 132 ［ble］

| 2832 | bless | [blés] | 【他動】祝福する |
| 2859 | blend | [blénd] | 【他動】混合する、ブレンドする |

## ●音番号 133 ［blei］

音番号 133 ［blei］

| 1832 | blame | ［bléim］ | 【他動】非難する、とがめる |
| 2870 | blade | ［bléid］ | 【名】刃、葉 |

［bléi］という音節を持つ単語は、JACET8000 内には他に 3 語あるだけです。

4099  blaze ［bléiz］（火炎）

7923  blatant ［bléitnt］（見え透いた）

7952  blazing ［bléiziŋ］（赤々と燃え上がる）

## ●音番号 134 ［blæ］

音番号 134 ［blæ］

| 2504 | blan·ket | ［blǽŋkit］ | 【名】毛布 |

［blǽ］という音節を持つ単語は、JACET8000 内には他に 6 単語あります。

299   black ［blǽk］（黒）

3726  blast ［blǽst］（爆風）

3991  blank ［blǽŋk］（空白）

4901  bladder ［blǽdɚ］（膀胱）

7281  bland ［blǽnd］（穏やかな）

7583  blackness ［blǽknəs］（暗黒）

## ●音番号 135 ［blɑ］

音番号 135 ［blɑ］

| 1197 | block | ［blɑ́k］ | 【名】かたまり、角材、区画 |

［blɑ́］という音節を持つ語は、JACET8000 内には、他に以下の 4 単語があります。

5204  blonde ［blɑ́nd］（金髪の）

6090  blossom ［blɑ́səm］（咲く）

6508  bloc ［blɑ́k］（連合）

7581 blah ［blɑ́ː］（ばかげたこと）

## ●音番号 136 ［blai］

| 音番号 136 ［blai］ | | |
|---|---|---|
| 1676 blind | ［bláind］ | 【形】目の見えない |

[blái] と聞こえたら、JACET8000 内にはあと 1 単語しかありません。
3548 oblige ［əbláiʤ］（好意を示す）

## ●音番号 137 ［blou］

| 音番号 137 ［blou］ | | |
|---|---|---|
| 1137 blow | ［blóu］ | 【自動】風が吹く、風に吹かれる |

[blóu] という音節を含む語は、JACET8000 内には他に 1 語だけです。
4463 bloke ［blóuk］（野郎）

# Lesson 20
# ［br＋母音］

[br＋母音] も、一息で発音できるように練習しましょう。

## ●音番号 138 ［bre］

| 音番号 138 ［bre］ | | |
|---|---|---|
| 1221 breath | ［bréθ］ | 【名】息 |
| 1301 break·fast | ［brékfəst］ | 【名】朝食 |
| 1523 bread | ［bréd］ | 【名】食パン |
| 2614 breast | ［brést］ | 【名】乳房、胸 |
| 2830 um·brel·la | ［ʌmbrélə］ | 【名】かさ |

## ●音番号 139 ［brei］

音番号 139 ［brei］

| 2141 | brave | ［bréiv］ | 【形】勇敢な |
| 2451 | cel·e·bra·tion | ［sèləbréiʃən］ | 【名】祝賀、祝賀会 |
| 2674 | em·brace | ［embréis］ | 【他動】抱きしめる |

## ●音番号 140 ［bri］

音番号 140 ［bri］

| 1163 | bridge | ［bríʤ］ | 【名】橋 |
| 2517 | brick | ［brík］ | 【名】れんが |
| 2116 | bril·liant | ［bríljənt］ | 【形】光り輝く、優秀な |

## ●音番号 141 ［briː］

音番号 141 ［briː］

| 2056 | brief | ［briːf］ | 【形】短時間の |
| 2653 | brief·ly | ［briːfli］ | 【副】手短に |
| 2714 | breed·ing | ［briːdiŋ］ | 【名】養殖、飼育 |
| 1485 | breathe | ［briːð］ | 【自動】息をする |
| 2784 | breeze | ［briːz］ | 【名】そよ風、微風 |

## ●音番号 142 ［brʌ］

音番号 142 ［brʌ］

| 1822 | brush | ［brʌ́ʃ］ | 【名】はけ、ブラシ |

　［brʌ́］という音節を持つ語は、JACET8000 内ではあと 1 語しかありません。

560　brother ［brʌ́ðɚ］（兄弟）

## ●音番号 143 ［bræ］

音番号 143 ［bræ］

| 2495 | brand | ［brǽnd］ | 【名】商標、ブランド |

[brǽ] という音節を持つ語は、JACET8000 内では他に 4 単語あります。

963　branch［brǽntʃ］（枝）

4075　brass［brǽs］（黄銅）

4910　bracket［brǽkit］（括弧）

5060　brandy［brǽndi］（ブランデー）

### ●音番号 144［brɑ(ː)］

実践編 Lv.2 で扱う 2000 語（JACET 番号 1001〜3000）の中には、この音節を持つ単語はありません。JACET8000 内には以下の 2 語だけです。非常に少数派の発音です。

4397　bronze［brɑ́nz］（青銅）

7493　bra［brɑ́ː］（ブラジャー）

### ●音番号 145［brai］

| 😊 音番号 145［brai］ | | |
|---|---|---|
| 2833　bride | ［brɑ́id］ | 【名】花嫁、新婦 |

JACET8000 内には、[brɑ́i] がそのほか 4 単語あります。この 4 つはどれも bright とその派生語です。覚えてしまいましょう。

986　bright［brɑ́it］（明るい）

5916　brightly［brɑ́itli］（明るく）

7483　brightness［brɑ́itnəs］（明るさ）

7560　brighten［brɑ́itn］（明るくする）

### ●音番号 146［brau］

| 😊 音番号 146［brau］ | | |
|---|---|---|
| 1376　brown | ［brɑ́un］ | 【形】茶色の、【名】茶色 |

[brɑ́u] という音節を持つ語は、JACET8000 内には、他に 1 単語あるのみです。これも覚えてしまいましょう。

4481　brow［brɑ́u］（まゆ）

●音番号 147 ［brou］

ぅ😃 音番号 147 ［brou］

| 1658 | bro·ken | ［bróukn］ | 【形】こわれた（break の過去分詞形） |

[bróu] という音節を持つ語は、JACET8000 内には、他に 1 単語あるのみです。これも覚えてしまいましょう。

4687　broker　［bróukɚ］　（仲介業者）

●音番号 148 ［brɔː］

ぅ😃 音番号 148 ［brɔː］

| 1630 | broad | ［brɔ́ːd］ | 【形】広い、幅がある |
| 2541 | broad·cast | ［brɔ́ːdkæst］ | 【他動】放送する |
| 1475 | a·broad | ［əbrɔ́ːd］ | 【副】外国に |

# Lesson 21
# ［t＋母音］

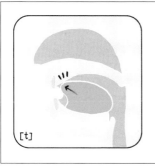

無声音の [t] は、上の前歯裏の歯ぐきに舌をつけて息をためて圧力をかけてから、パッと離すときに出る音です。ノドをふるわせると、有声音 [d] の音になります。

　[t] [d] は、息を瞬間的にためてから破裂させる破裂音です。[p] [b] では、閉じた唇で息をためて圧力をかけてから息を破裂させましたね。[t] [d] も同じ原理で出す音ですが、息をためて圧力をかけるポイントが、唇ではなく、舌先を上前歯裏の歯ぐきにつけたところになります。

[t] 音は、日本語の「タチツテト」に出てくる音とは発音方法がまったく違います。英語の [t] は、かなり強く息を破裂させて出す音だからです。特に語頭の [t] は、強いアタックのある音になります。たとえば、[ti] は、日本語の「チ [tʃi]」とはぜんぜん違う音になります。team [tíːm] は、「チーム」と発音してはダメなのです。[t] をはっきり発音してから [iː] を添える感じで発音するとうまくいきます。

　[t] を発音するときには、原則、舌先を上前歯裏の歯ぐきにつけるわけですが、実は、舌先をつける場所はかなり広い範囲が許容されています。極端な場合、口の天井の中ほどまで入ったところに触れて音を出すのでも OK です。前述した street のスローモーションの発音では、[t] の舌先は口の天井の中ほどのところに触れていました。舌を [r] の形と位置に近づけて、[t] を発音するためです。

### ●音番号 149【te】

　[t] の後に [e] 音が来ます。[e] では口を開くので、唇を [e] の中ほどまで開いて [t] を発音しましょう。

### ＞☻ 音番号 149【te】

| 1890 | text | [tékst] | 【名】本文、テクスト |
| 2825 | text·book | [tékstbùk] | 【名】教科書、テキスト |
| 1997 | tem·ple | [témpl] | 【名】寺、神殿 |
| 1189 | tem·per·a·ture | [témpərətʃùɚ] | 【名】温度、気温 |
| 1952 | ten·nis | [ténəs] | 【名】テニス |
| 2562 | ten·sion | [ténʃən] | 【名】緊張 |
| 2567 | tent | [tént] | 【名】テント、天幕 |
| 1860 | ex·tent | [ekstént] | 【名】範囲、広がり |
| 1095 | at·tend | [əténd] | 【他動】出席する、世話する |
| 1380 | in·tend | [inténd] | 【他動】意図する、するつもり |
| 1492 | ex·tend | [eksténd] | 【他動】延長する、拡張する |
| 1846 | pre·tend | [priténd] | 【他動】ふりをする、見せかける |
| 2421 | tend·en·cy | [téndənsi] | 【名】傾向 |
| 1038 | ter·ri·ble | [térəbl] | 【形】ひどい、恐ろしい |
| 2776 | ter·ri·bly | [térəbli] | 【副】ひどく |
| 2462 | ter·ri·to·ry | [térətɔ̀ːri] | 【名】領土、縄張り |
| 1721 | in·tel·li·gence | [intéliʤəns] | 【名】知性 |
| 2124 | in·tel·li·gent | [intéliʤənt] | 【形】知能が高い |

| 2270 | tech·ni·cal | [téknikl] | 【形】技術的な、専門の |
|---|---|---|---|
| 1862 | pro·tec·tion | [prətékʃən] | 【名】保護、援護 |
| 1925 | de·tec·tive | [ditéktiv] | 【名】刑事 |
| 1551 | po·ten·tial | [pəténʃəl] | 【名】可能性、【形】可能性のある |
| 2337 | con·tem·po·rar·y | [kəntémpəˋrèri] | 【形】現代の、同時代の |

## ●音番号 150 【tei】

[ei]の[i]では、唇を横に引いてください。

### 音番号 150 【tei】

| 1600 | tape | [téip] | 【名】テープ、平ひも |
|---|---|---|---|
| 1657 | tail | [téil] | 【名】尾、しっぽ |
| 1852 | tale | [téil] | 【名】(伝説の) 物語、話 |
| 1104 | taste | [téist] | 【他動】味見をする |
| 1341 | main·tain | [meintéin] | 【他動】維持する、保つ |
| 1928 | ob·tain | [əbtéin] | 【他動】手に入れる |
| 2770 | con·tain·er | [kəntéinəˋ] | 【名】容器、(貨物用) コンテナ |
| 2574 | en·ter·tain·ment | [èntəˋtéinmənt] | 【名】もてなし、宴会、娯楽 |
| 1850 | po·ta·to | [pətéitou] | 【名】じゃがいも、ポテト |
| 2146 | es·tate | [istéit] | 【名】(広大な) 地所、屋敷 |
| 2294 | in·vi·ta·tion | [ìnvitéiʃən] | 【名】招待 |
| 2511 | rep·u·ta·tion | [rèpjətéiʃən] | 【名】評判、うわさ |
| 2370 | pre·sen·ta·tion | [prèzəntéiʃən] | 【名】発表、贈呈 |
| 2148 | in·ter·pre·ta·tion | [intəˋːpritéiʃən] | 【名】解釈 |

## ●音番号 151 【ti】

[i]のアゴの開きで、[t]を発音しましょう。すると、アゴをうごかさないでスムーズに[ti]が発音できます。

### 音番号 151 【ti】

| 1314 | tip | [típ] | 【名】(とがった) 先、チップ、祝儀 |
|---|---|---|---|
| 1373 | till | [tíl] | 【前】…まで |
| 1283 | tick·et | [tíkət] | 【名】切符、チケット |
| 2685 | tim·ber | [tímbəˋ] | 【名】木材 |
| 1648 | typ·i·cal | [típikl] | 【形】典型的な |
| 2794 | typ·i·cal·ly | [típikli] | 【副】典型的に |

| 1288 | com·pe·ti·tion | [kὰmpətíʃən] | 【名】競争、試合 |
| 1868 | pol·i·ti·cian | [pὰlətíʃən] | 【名】政治家 |
| 1272 | sci·en·ti·fic | [sὰiəntífik] | 【形】科学的な、科学の |
| 2835 | ar·tis·tic | [ɑɚtístik] | 【形】芸術的な |
| 1847 | dis·tin·guish | [distíŋgwiʃ] | 【他動】見分ける、識別する |
| 2209 | par·tic·i·pate | [pɑɚtísəpèit] | 【自動】参加する、加わる |

## ●音番号 152 ［ti:］

### 音番号 152 ［ti:］

| 2159 | teen·a·ger | [tíːnèiʤɚ] | 【名】10 代の少年少女（13〜19 歳） |
| 2488 | rou·tine | [ruːtíːn] | 【名】いつもの手順、ルーチン |

## ●音番号 153 ［tu:］

### 音番号 153 ［tu:］

| 1409 | tool | [túːl] | 【名】工具、ツール |
| 2045 | tooth | [túːθ] | 【名】歯 |
| 2147 | tune | [túːn] | 【名】曲、メロディー |
| 2455 | tube | [túːb] | 【名】管、チューブ |
| 1684 | in·sti·tu·tion | [ìnstətúːʃən] | 【名】社会施設、機構、協会 |
| 2165 | con·sti·tu·tion | [kὰnstətúːʃən] | 【名】構成、憲法 |

## ●音番号 154 ［tʌ］

### 音番号 154 ［tʌ］

| 1836 | tough | [tʌ́f] | 【形】たくましい、タフな |
| 1990 | tongue | [tʌ́ŋ] | 【名】舌 |
| 2259 | ton | [tʌ́n] | 【名】トン（1000kg） |
| 2127 | tun·nel | [tʌ́nl] | 【名】トンネル、地下道 |

## ●音番号 155 ［tæ］

### 音番号 155 ［tæ］

| 1050 | tax | [tǽks] | 【名】税金、【他動】税金をとる |
| 1960 | tax·i | [tǽksi] | 【名】タクシー |

| 1175 | task | ［tǽsk］ | 【名】任務、仕事、タスク |
|---|---|---|---|
| 1691 | tap | ［tǽp］ | 【名】（水道）じゃぐち、【他動】軽くたたく |
| 1838 | tal·ent | ［tǽlənt］ | 【名】（芸術的）才能 |
| 1885 | at·tach | ［ətǽtʃ］ | 【他動】貼り付ける、結びつける |
| 2164 | tank | ［tǽŋk］ | 【名】水槽（すいそう）、タンク |
| 2888 | fan·tas·tic | ［fæntǽstik］ | 【形】すばらしい、夢のような |

## ●音番号 156 ［tɑ］

ξ😀 音番号 156 ［tɑ］

| 1820 | top·ic | ［tɑ́pik］ | 【名】話題、トピック |
|---|---|---|---|
| 2673 | pho·tog·ra·pher | ［fətɑ́grəfɚ］ | 【名】写真家、カメラマン |
| 2897 | a·tom·ic | ［ətɑ́mik］ | 【形】原子の、原子力の |

## ●音番号 157 ［tai］

ξ😀 音番号 157 ［tai］

| 1014 | tie | ［tái］ | 【他動】結ぶ、縛る、【名】ネクタイ |
|---|---|---|---|
| 1195 | ti·ny | ［táini］ | 【形】とても小さい |
| 2767 | tile | ［táil］ | 【名】タイル、かわら |
| 1828 | tight | ［táit］ | 【形】きつい、ぴんと張った |
| 1304 | ti·tle | ［táitl］ | 【名】題、タイトル |
| 2576 | tight·ly | ［táitli］ | 【副】きつく、しっかりと |
| 2379 | tide | ［táid］ | 【名】潮の満ち干 |
| 2563 | ti·ger | ［táigɚ］ | 【名】トラ |
| 2319 | ad·ver·tise·ment | ［ædvɚtáizmənt］ | 【名】広告 |

## ●音番号 158 ［tau］

ξ😀 音番号 158 ［tau］

| 2847 | tow·el | ［táuəl］ | 【名】タオル |
|---|---|---|---|

　［táu］という音節を持つ語は、JACET8000内には、他に以下の3語があります。

374　town ［táun］（町）

6874　township ［táunʃip］（町区）

7909 downtown 【dáuntáun】 (繁華街に)

## ●音番号 159 【tou】

カタカナの「トー」にしないこと。しっかり [ou] の [u] のところで口をすぼめて発音してください。

| 😄 音番号 159 【tou】 | | | |
|---|---|---|---|
| 2632 | toe | 【tóu】 | 【名】つま先、足の指 |
| 1694 | tone | 【tóun】 | 【名】音色、音調、トーン |
| 1774 | to·tal·ly | 【tóutli】 | 【副】まったく、完全に |

## ●音番号 160 【tɔ:】

| 😄 音番号 160 【tɔ:】 | | | |
|---|---|---|---|
| 1108 | tall | 【tɔ́:l】 | 【形】背が高い |

　JACET8000 内には、他に以下の 2 単語があります。[tɔ́:] と [tóu] は、はっきり区別しましょう。日本人は [tóu] を [tɔ́:] と発音しがちですが、ここで紹介した計 3 単語以外は [tóu] で発音すると覚えておくほうが無難です。なお、teach の過去・過去分詞形 taught は下記 7734 と同じ発音です。

134　talk 【tɔ́:k】 (話す)

7734　taut 【tɔ́:t】 (緊張した)

## ●音番号 161 【tɔɚ】

| 😄 音番号 161 【tɔɚ】 | | | |
|---|---|---|---|
| 2599 | his·tor·ic | 【histɔ́ɚrik】 | 【形】歴史上有名な、歴史的な |
| 1697 | his·tor·i·cal | 【histɔ́ɚrikl】 | 【形】歴史的な、歴史に関する |

　JACET8000 内には、他に以下の 4 単語があります。

3335 historian 【histɔ́ɚriən】 (歴史家)

4455 editorial 【èditɔ́ɚriəl】 (編集上の)

4537 territorial 【tèrətɔ́ɚriəl】 (領土の)

5269 notorious 【noutɔ́ɚriəs】 (悪名高い)

## ●音番号 162 ［tɔi］

♪😊 音番号 162 ［tɔi］

| 2202 | toy | ［tɔ́i］ | 【名】おもちゃ |
| 2261 | toi·let | ［tɔ́ilət］ | 【名】トイレ、便所 |

## ●音番号 163 ［tɚː］

♪😊 音番号 163 ［tɚː］

| 1107 | term | ［tɚ́ːm］ | 【名】学期、満期日、用語 |
| 1001 | de·ter·mine | ［ditɚ́ːmin］ | 【他動】…と決心する |
| 1671 | al·ter·na·tive | ［ɔːltɚ́ːnətiv］ | 【名】もう一つの手段 |
| 2000 | in·ter·pret | ［intɚ́ːprət］ | 【他動】解釈する |
| 2256 | dis·turb | ［distɚ́ːb］ | 【他動】かき乱す、妨げる |

## ●音番号 164 ［tiɚ］

♪😊 音番号 164 ［tiɚ］

| 1241 | vol·un·teer | ［vὰləntíɚ］ | 【名】ボランティア、【自動】志願する |
| 2443 | mys·ter·i·ous | ［mistíɚriəs］ | 【形】謎のような、不可解な |

## ●音番号 165 ［tuɚ］

♪😊 音番号 165 ［tuɚ］

| 1402 | tour | ［túɚ］ | 【名】旅行、ツアー |
| 1576 | tour·ist | ［túɚrist］ | 【名】旅行者、ツーリスト |
| 2453 | tour·na·ment | ［túɚnəmənt］ | 【名】勝ち抜き試合、トーナメント |

## ●音番号 166 ［tɑɚ］

♪😊 音番号 166 ［tɑɚ］

| 1983 | tar·get | ［tɑ́ɚgət］ | 【名】的、標的 |
| 2312 | gui·tar | ［gitɑ́ɚ］ | 【名】ギター |

## ●音番号 167 ［taiɚ］

| ﹥😃 音番号 167 ［taiɚ］ | | | |
|---|---|---|---|
| 1156 | tired | ［táiɚd］ | 【形】疲れた、飽きた（tire の過去分詞） |
| 1588 | en·tire·ly | ［intáiɚli］ | 【副】まったく、すっかり |
| 1620 | en·tire | ［intáiɚ］ | 【形】全体の、全部揃っている |
| 2101 | re·tire | ［ritáiɚ］ | 【自動】退職する、身を引く |

## ●音番号 168 ［tauɚ］

| ﹥😃 音番号 168 ［tauɚ］ | | | |
|---|---|---|---|
| 1710 | tow·er | ［táuɚ］ | 【名】塔、タワー |

　カタカナ音の「タワー」とは全然別の発音ですのでご注意。JACET8000 内には、この音節を持つ語は tower たった１つです。

# Lesson 22
# ［tw＋母音］

## ●音番号 169 ［twi］
　［w］は唇をつき出してだす音ですので、［t］のところで先に唇をつき出しておいてかまいません。

| ﹥😃 音番号 169 ［twi］ | | | |
|---|---|---|---|
| 2471 | twin | ［twín］ | 【名】双子、対の |
| 2506 | twist | ［twíst］ | 【他動】ねじる、より合わせる |

## ●音番号 170 ［twai］

| ﹥😃 音番号 170 ［twai］ | | | |
|---|---|---|---|
| 1167 | twice | ［twáis］ | 【副】２度、２回、２倍 |

　この音節を持つ語は、JACET8000 内にはあと１つあるのみです。
7406　twilight ［twáilait］（うす明かり）

# Lesson 23
# [tr＋母音]

　[tr＋母音]の発音方法は、前述の[pr＋母音]の方法と似ています。

　ただ、[p]は唇で破裂音を出すので舌を自由に動かせましたが、[tr]では舌先を上の前歯裏の歯ぐきにつけて破裂音を出すので、そうもいきません。舌を次の[r]音の位置（口の天井のやや奥）まで持っていくのに少しだけ時間を要します。そこで[t]の舌先の位置を上の歯ぐきよりも1cm以上[r]の位置に近づけて[t]を発音してしまいましょう。つまり、少しズルをして[t＋r＋母音]がなめらかに気持ちよく続くように発音するのです。

## ●音番号 171 [tre]

| | 音番号 171 [tre] | | |
|---|---|---|---|
| 2238 | trend | [trénd] | 【名】傾向、トレンド |
| 2531 | treas·ure | [tréʒɚ] | 【名】宝物 |
| 2710 | trem·ble | [trémbl] | 【自動】震える |

## ●音番号 172 [trei]

| | 音番号 172 [trei] | | |
|---|---|---|---|
| 2708 | tray | [tréi] | 【名】盆、トレー |
| 1740 | trace | [tréis] | 【名】(通った) 跡、【他動】あとをたどる |
| 2082 | trail | [tréil] | 【名】(通った) 跡、【他動】後を追う |
| 2962 | trad·er | [tréidɚ] | 【名】投機家、商人、トレイダー |

## ●音番号 173 [tri]

| | 音番号 173 [tri] | | |
|---|---|---|---|
| 1867 | trick | [trík] | 【名】計略、トリック |
| 1391 | elec·tric·ity | [ilèktrísəti] | 【名】電気、電力 |
| 1598 | con·trib·ute | [kəntríbjuːt] | 【他動】寄付する、貢献する |

## ●音番号 174 ［triː］

音番号 174 ［triː］

| 2234 | trea·ty | ［tríːti］ | 【名】条約、協定 |
| 1270 | treat·ment | ［tríːtmənt］ | 【名】取り扱い、治療 |
| 1424 | ex·treme·ly | ［ikstríːmli］ | 【副】極端に |
| 2052 | ex·treme | ［ikstríːm］ | 【形】極端な |

## ●音番号 175 ［truː］

音番号 175 ［truː］

| 1699 | tru·ly | ［trúːli］ | 【副】本当に |

## ●音番号 176 ［trʌ］

音番号 176 ［trʌ］

| 1861 | truck | ［trʌ́k］ | 【名】トラック、運搬車 |
| 2995 | trunk | ［trʌ́ŋk］ | 【名】（木の）幹、胴体、（車）トランク |

## ●音番号 177 ［træ］

音番号 177 ［træ］

| 1052 | track | ［trǽk］ | 【名】足跡、走路、【他動】追跡する |
| 1328 | traf·fic | ［trǽfik］ | 【名】交通、往来 |
| 1769 | trap | ［trǽp］ | 【名】わな、策略 |
| 1351 | at·tract | ［ətrǽkt］ | 【他動】引き付ける |
| 1780 | at·trac·tive | ［ətrǽktiv］ | 【形】魅力的な、人をひきつける |
| 1976 | trav·el·er | ［trǽvlɚ］ | 【名】旅行者 |
| 2128 | trag·e·dy | ［trǽʤədi］ | 【名】悲劇、惨事 |

## ●音番号 178 ［trɑ］

音番号 178 ［trɑ］

| 2521 | trop·i·cal | ［trɑ́pikl］ | 【形】熱帯の |
| 1848 | elec·tron·ic | ［ilèktrɑ́nik］ | 【形】電子の、電子工学の |

## ●音番号 179 ［trai］

### ≥😊 音番号 179 ［trai］

| 1552 | tri·al | [trái(ə)l] | 【名】試み、試練、裁判 |
| 2332 | tribe | [tráib] | 【名】種族、部族 |
| 2746 | tri·umph | [tráiəmf] | 【名】勝利 |

## ●音番号 180 ［trau］

### ≥😊 音番号 180 ［trau］

| 2525 | trou·ser | [tráuzɚ] | 【名】ズボン（通常複数形） |

[tráu] を含む語は、JACET8000 内には他に 2 語しかありません。

6115　trout ［tráut］（《魚》マス、ブス）

6376　trauma ［tráumə］（深い心の傷）

# Lesson 24
# ［d＋母音］

[d] は、[t] の有声音です。つまり [t] の発音方法（舌を上の前歯裏の歯ぐきにつけて息をため、舌をパッと離して息を破裂させて発音する）に、ノドをふるわせることを加えます。

日本語の「ダヂヅデド」の子音部分の [d] より、3 倍以上強く息を出してください。[d] を強く発音してから次の母音を添えるとうまく聞こえます。

上の前歯裏の歯ぐきに舌をつけたままでもアゴを動かせるので、次の母音のアゴの位置をつくりながら [d] を発音すると、なめらかになります。

## ●音番号 181 ［de］

### ≥😊 音番号 181 ［de］

| 1263 | desk | [désk] | 【名】机 |
| 1527 | des·ert | [dézɚt] | 【名】砂漠、【他動】見捨てる |
| 1693 | deaf | [déf] | 【形】耳が聞こえない |
| 1765 | dec·ade | [dékeid] | 【名】10 年間 |
| 1690 | i·den·ti·ty | [aidéntəti] | 【名】身元、同一であること |

| 1798 | i·den·ti·fy | [aidéntəfài] | 【他動】同一と認める、認定する |
| 1831 | debt | [dét] | 【名】借金、恩義　（発音に注意） |
| 2057 | depth | [dépθ] | 【名】深さ |
| 2211 | dem·on·strate | [démənstrèit] | 【他動】実証する、【自動】デモする |
| 2362 | ac·a·dem·ic | [ækədémik] | 【形】学問の、専門の |
| 2610 | deck | [dék] | 【名】甲板、デッキ |
| 2570 | des·per·ate | [déspərət] | 【形】必死の |
| 2621 | des·per·ate·ly | [déspərətli] | 【副】必死に |
| 2669 | def·i·nite·ly | [défənətli] | 【副】明確に、きっぱりと |
| 2671 | dev·il | [dévl] | 【名】悪魔 |
| 2792 | del·i·cate | [délikət] | 【形】精巧な、優美な |

## ●音番号 182 ［dei］

### 音番号 182 ［dei］

| 1031 | dan·ger·ous | [déinʤərəs] | 【形】危険な |
| 1191 | dai·ly | [déili] | 【副】毎日、【形】日常の |
| 1479 | da·ta | [déitə] | 【名】データ |
| 2108 | foun·da·tion | [faundéiʃən] | 【名】土台、設立 |

## ●音番号 183 ［di］

### 音番号 183 ［di］

| 1569 | dish | [díʃ] | 【名】皿、大皿 |
| 1819 | dis·trict | [dístrikt] | 【名】(行政) 区域、地区、地域 |
| 1919 | dis·tant | [dístənt] | 【形】遠い |
| 1957 | pre·dict | [pridíkt] | 【他動】予言する |
| 2216 | dis·ci·pline | [dísəplin] | 【名】訓練、しつけ、【他動】懲罰する |
| 2283 | dif·fer | [dífɚ] | 【自動】異なる、違う |
| 2403 | dif·fer·ent·ly | [dífrəntli] | 【副】異なって |
| 2408 | dic·tio·nar·y | [díkʃənèri] | 【名】辞書、辞典 |
| 1220 | tra·di·tion | [trədíʃən] | 【名】伝統、しきたり |
| 2644 | tra·di·tion·al·ly | [trədíʃənəli] | 【副】伝統的に |
| 2011 | dig | [díg] | 【他動】(土を) 掘る |
| 2843 | dig·ni·ty | [dígnəti] | 【名】威厳、気高さ |
| 2908 | ex·pe·di·tion | [èkspədíʃən] | 【名】遠征、探検 |

## ●音番号 184 ［di:］

| 😊 音番号 184 ［di:］ | | | | |
|---|---|---|---|---|
| 1218 | de·tail | ［díːteil］ | 【名】 | 詳細、細部 |
| 2017 | de·tailed | ［díːteild］ | 【形】 | 詳細な |
| 1446 | deep·ly | ［díːpli］ | 【副】 | 深く |
| 1517 | i·de·al | ［aidíːəl］ | 【形】 | 理想的な |
| 2979 | de·cent | ［díːsnt］ | 【形】 | りっぱな、きちんとした |

## ●音番号 185 ［du:］

| 😃 音番号 185 ［du:］ | | | | |
|---|---|---|---|---|
| 1297 | du·ty | ［dúːti］ | 【名】 | 義務 |
| 2775 | duke | ［dúːk］ | 【名】 | 公爵、君主 |
| 2310 | pro·duc·er | ［prədúːsɚ］ | 【名】 | 製作者、プロデューサー |

※ ［duː］ は ［djuː］ と発音されることもあります。

　JACET8000 内には他に下記の 6 単語が存在します。

20　　do ［duː］（する）

385　　produce ［prədúːs］（生産する）

748　　introduce ［intrədúːs］（紹介する）

4431　doing ［dúːiŋ］（たいへんな仕事）

5327　doom ［dúːm］（悲運）

7604　undo ［ʌndúː］（取り消す）

## ●音番号 186 ［dʌ］

| 😊 音番号 186 ［dʌ］ | | | | |
|---|---|---|---|---|
| 2027 | dust | ［dʌ́st］ | 【名】 | ほこり、ちり |
| 2554 | dull | ［dʌ́l］ | 【形】 | 頭の鈍い |
| 2689 | duck | ［dʌ́k］ | 【名】 | カモ、アヒル |
| 1255 | double | ［dʌ́bl］ | 【形】 | 2 倍の、2 重の、【名】2 倍 |
| 2643 | doz·en | ［dʌ́zn］ | 【名】 | ダース（12 個） |
| 1245 | in·dus·tri·al | ［indʌ́striəl］ | 【形】 | 産業の、工業の |
| 1080 | pro·duc·tion | ［prədʌ́kʃən］ | 【名】 | 生産、製造、製作 |

1626 in·tro·duc·tion ［ìntrədʌ́kʃən］【名】紹介

## ●音番号 187 ［dæ］

### �️😊 音番号 187 ［dæ］

| | | | |
|---|---|---|---|
| 2174 | dad·dy | ［dǽdi］ | 【名】パパ（愛称） |
| 2255 | a·dapt | ［ədǽpt］ | 【他動】適応させる、順応させる |
| 2499 | danc·ing | ［dǽnsiŋ］ | 【名】踊り、ダンス |
| 2546 | danc·er | ［dǽnsɚ］ | 【名】ダンサー、舞踏家 |

## ●音番号 188 ［dɑ］

### �️😊 音番号 188 ［dɑ］

| | | | |
|---|---|---|---|
| 1183 | dol·lar | ［dɑ́lɚ］ | 【名】ドル |
| 2861 | doll | ［dɑ́l］ | 【名】人形 |
| 2236 | dol·phin | ［dɑ́lfin］ | 【名】イルカ |
| 2013 | doc·u·ment | ［dɑ́kjəmənt］ | 【名】文書 |
| 1506 | a·dopt | ［ədɑ́pt］ | 【他動】採用する、養子にする |
| 2701 | dom·i·nant | ［dɑ́mənənt］ | 【形】もっとも有力な、支配的な |

## ●音番号 189 ［dai］

### �️😊 音番号 189 ［dai］

| | | | |
|---|---|---|---|
| 1768 | di·a·ry | ［dáiɚri］ | 【名】日記 |
| 1963 | di·et | ［dáiət］ | 【名】ダイエット、減食 |
| 2593 | di·no·saur | ［dáinəsɔ̀ɚ］ | 【名】恐竜 |
| 2663 | di·a·mond | ［dáimənd］ | 【名】ダイアモンド |
| 2956 | dive | ［dáiv］ | 【自動】飛び込む、潜る |

## ●音番号 190 ［dau］

### �️😊 音番号 190 ［dau］

| | | | |
|---|---|---|---|
| 2445 | down·stairs | ［dáunstéɚz］ | 【副】【形】階下に、1階の |
| 2893 | un·doubt·ed·ly | ［ʌndáutidli］ | 【副】疑いもなく、確かに |

## ●音番号 191 ［dɔ:］

音番号 191 ［dɔ:］

| 2461 | dawn | ［dɔ́:n］ | 【名】夜明け |

JACET8000 内にはあと 1 単語しかないので、［dɔ́:］と聞こえたらすぐこの 2 語が浮かぶよう練習しましょう。

662　daughter ［dɔ́:tɚ］（娘）

## ●音番号 192 ［dɚ:］

音番号 192 ［dɚ:］

| 1711 | dirt·y | ［dɚ́:ti］ | 【形】汚い |

［dɚ́:］という音節を持つ語は、JACET8000 内にはあと 1 つしかありません。

5046　dirt ［dɚ́:t］（ほこり）

## ●音番号 193 ［deɚ］

音番号 193 ［deɚ］

| 2059 | dare | ［déɚ］ | 【他動】あえて…する（dare to...） |

JACET8000 内にはあと 1 つしかありません。下記を daily ［déili］（毎日の）ときちんと区別できるようになりましょう。

4880　dairy ［déɚri］（バター・チーズ製造所）

## ●音番号 194 ［diɚ］

音番号 194 ［diɚ］

| 2937 | deer | ［díɚ］ | 【名】鹿 |

このほか、JACET8000 内には 2 単語があるのみです。

605　dear ［díɚ］（親愛なる）
7780　dearly ［díɚli］（心から）

## ●音番号 195 ［dɔɚ］

| ⟩😀 音番号 195 ［dɔɚ］ | | | |
|---|---|---|---|
| 2852 | door·way | ［dɔ́ɚwèi］ | 【名】出入り口、戸口 |

　［dɔ́ɚ］という音節を持つ語は、JACET8000 内には他に 8 単語、計 9 単語あります。少し多いと思うかも知れませんが、そのうち 5 単語が door 関連です。

261　door ［dɔ́ɚ］（ドア）

5851　doorstep ［dɔ́ɚstèp］（玄関前の階段）

6303　indoors ［indɔ́ɚz］（室内に）

7908　outdoors ［àutdɔ́ɚz］（屋外で）

3931　endorse ［endɔ́ɚs］（保証する）

6364　endorsement ［endɔ́ɚsmənt］（保証）

6820　adore ［ədɔ́ɚ］（あがめる）

7395　adorn ［ədɔ́ɚn］（装飾する）

## ●音番号 196 ［dɑɚ］

　カタカナの「ダー」音にはしないでください。［dɑ］の［ɑ］では、口をたて長に大きく開けましょう。つづりの r のところの発音である［ɚ］の部分では、口を少し閉じ気味にして口の中で音をよく響かせます。つまり、口を大きく開け閉めする発音になります。［ɑ］音から［ɚ］音への移行はなめらかにしましょう。

| ⟩😀 音番号 196 ［dɑɚ］ | | | |
|---|---|---|---|
| 1659 | dark·ness | ［dɑ́ɚknəs］ | 【名】暗さ、やみ |

　JACET8000 内にはあと 4 単語出てきます。

515　dark ［dɑ́ɚk］（暗い）

3701　darling ［dɑ́ɚliŋ］（かわいらしい人）

4752　dart ［dɑ́ɚt］（投げ矢）

7219　darken ［dɑ́ɚkn］（暗くなる）

# Lesson 25
# ［dr＋母音］

　　［dr］を発音する際は、［d］で舌をつける場所を、上前歯裏の歯ぐきよりも口の奥に少しずらしてください（［tr］のときと同じですね）。これが、［r］音になめらかにつなげるためのコツです。

## ●音番号 197 ［dre］

| ⌣☺ 音番号 197 ［dre］ | | |
|---|---|---|
| 2984　dread·ful | ［drédfl］ | 【形】恐ろしい、ひどい |

## ●音番号 198 ［drei］

| ⌣☺ 音番号 198 ［drei］ | | |
|---|---|---|
| 2528　drain | ［dréin］ | 【他動】（液体）排出させる、水を切る |

## ●音番号 199 ［dri］

| ⌣☺ 音番号 199 ［dri］ | | |
|---|---|---|
| 2212　drift | ［dríft］ | 【自動】漂流する、【名】漂流 |
| 2474　drill | ［dríl］ | 【名】キリ、ドリル、訓練 |

## ●音番号 200 ［drʌ］

| ⌣☺ 音番号 200 ［drʌ］ | | |
|---|---|---|
| 1330　drug | ［drʌ́g］ | 【名】薬 |
| 2485　drum | ［drʌ́m］ | 【名】ドラム、太鼓 |
| 2811　drunk | ［drʌ́ŋk］ | 【形】（酒に）酔った |

## ●音番号 201 ［dræ］

### ⇒😃 音番号 201 ［dræ］

| 1981 | drag | ［drǽg］ | 【他動】（重いものを）引きずる |
|------|------|---------|------------------------------|
| 2924 | drag·on | ［drǽgn］ | 【名】ドラゴン、竜 |

## ●音番号 202 ［drɑ(:)］

### ⇒😃 音番号 202 ［drɑ(:)］

| 1951 | dra·ma | ［drɑ́:mə］ | 【名】劇、ドラマ |
|------|--------|-----------|------------------|

[drɑ́] を含む単語は、JACET8000 内にはあと 1 つだけです。
606 drop ［drɑ́p］（落とす）

## ●音番号 203 ［drau］

### ⇒😃 音番号 203 ［drau］

| 2864 | drown | ［dráun］ | 【動】おぼれ死ぬ |
|------|-------|----------|------------------|

[dráu] を含む単語は、JACET8000 内にはあと 1 つだけです。
6073 drought ［dráut］（干ばつ）

## ●音番号 204 ［drɔ:］

### ⇒😃 音番号 204 ［drɔ:］

| 1934 | draw·ing | ［drɔ́:iŋ］ | 【名】絵、線画 |
|------|----------|-----------|----------------|

JACET8000 内には、そのほか下記の 3 単語があります。
527　　draw ［drɔ́:］（線を引く）
3185　withdraw ［wiðdrɔ́:］（手を引く）
3549　withdrawal ［wiðdrɔ́:əl］（引っ込めること）

## ●音番号 205 ［drɔɚ］

### ⇒😃 音番号 205 ［drɔɚ］

| 2764 | draw·er | ［drɔ́ɚ］ | 【名】引き出し |
|------|---------|----------|----------------|

# Lesson 26
# [k＋母音]

**[k]は、息を舌の奥でためて、破裂させる音です。舌先を下に向けたまま、舌をいっぱいに引き込んで、舌の奥を口の天井に当てて息をせき止め、パッと離して音を出します。ノドをふるわせると有声音[g]になります。**

　[k]は破裂音なので、発音の原理は前述の[p][t]と同じです。ただし、[k]ではやや難しい舌の使い方をします。舌の奥側で息をせき止めるからです。舌をしっかり口の奥に引き込んで、舌の奥を口の天井につけて息の圧力をかけてから舌の奥を前方向にパッと離します。「クックックッ」と笑うとき、舌が口の奥についているので、参考にしましょう。

　日本語の「カキクケコ」でも舌が口の奥に移動しますが、舌の奥が口の天井にほとんど触れないので、英語の[k]とは違います。[k]では、舌を思いきり口の奥に移動させましょう。

　[k]を発音する際は、唇は自由になりますので、次の母音の唇をつくりながら発音してOKです。最初に[k]を強く発音し、次に続く母音をなめらかに続けましょう。

　たとえば[ku]では、[k]音のために舌を口の奥に引き込み、口の天井に触れさせたままで、唇をまるめて[u]音に備えてから[k]の発音をはじめます。

　[ki]では、[k]音のために舌を口の奥に引き込み、口の天井に触れさせたままで、唇を[i]音のために横にひっぱっておいてから、[k]の発音を開始し、そのままなめらかに[i]音につなげます。

　[kʌ][kə][kɑ] の場合も、唇をそれぞれの母音の形にしてから、[k] の発音をはじめてください。

　[u] は舌を奥に引いて出すので、[ku] は言いやすいはずです。いっぽう [i] では舌が前の位置に来るので、[k] から [i] までの舌の動きは大きくなります。

　要するに同じ [k] でも、次に来る母音によって唇と舌の形が変わるので、音は微妙に異なってきます。再三述べているように、このことはすべての子音に言えることです。

## ●音番号 206 ［ke］

　[k] は舌が口の奥に、[e] は舌が口の前に来るので、[ke] は舌の移動距離が大きな発音になります。[k] で舌を口の奥に入れて天井につけてから、息を止めてパッと離すときに、勢い良く [e] の方向に舌を移動させましょう。また、[k] と [e] のつながりをなめらかにするために、[k] の発音のときに、アゴを [e] の音に合わせて少し開けて（下げて）おくといいでしょう。

| 音番号 206 ［ke］ | | |
|---|---|---|
| 1148　chem·i·cal | ［kémikl］ | 【形】化学の、【名】化学製品 |

　[ke] にアクセントがくる単語は JACET8000 内には他に 4 語あります。

3710　chemistry ［kémistri］（化学、相性）

4466　chemist ［kémist］（化学者）

5172　kettle ［kétl］（やかん）

7563　biochemical ［bàioukémikl］（生化学の）

## ●音番号 207 ［kei］

　音番号 206 の [ke] を発音してから、弱く [i] を添える音節です。[i] では口を閉じ気味になりますので、次の子音につなげやすいのです。そのため、2 重母音 [ei] を含む [kei] のほうが、[ke] よりも多くの単語に使われています。

| 音番号 207 ［kei］ | | |
|---|---|---|
| 1715　cake | ［kéik］ | 【名】ケーキ |
| 1991　cave | ［kéiv］ | 【名】洞穴、洞くつ |
| 2417　ca·pa·ble | ［kéipəbl］ | 【形】…ができる、有能な |
| 2934　cage | ［kéiʤ］ | 【名】（鳥）かご、おり |

| 1395 | oc·ca·sion | [əkéiʒ(ə)n] | 【名】行事、(特定の) 場合 |
| 1986 | lo·ca·tion | [loukéiʃən] | 【名】位置、場所、ロケーション |
| 2103 | ap·pli·ca·tion | [æplikéiʃən] | 【名】申し込み、活用 |
| 2950 | va·ca·tion | [veikéiʃən] | 【名】休暇 |
| 1758 | ed·u·ca·tion·al | [èʤəkéiʃənl] | 【形】教育の |

発音しやすいせいか、[kei] にアクセントがある単語は JACET8000 内には約 50 単語も存在します。よって音節を使った単語のしぼり込みはきついです。各単語の発音にひたすら慣れてください。

## ●音番号 208 ［ki］

[k] から [i] への舌の移動距離は、[ke] と同じぐらい長いです。[k] で息を破裂させるときに、舌を勢い良く [i] の方向に離しましょう。[i] は口を閉じ気味で出す音ですので、[k] を発音する際もアゴを少し上げて発音してください。

### 音番号 208 ［ki］

| 1133 | kiss | [kís] | 【他動】キスする、【名】キス |
| 1578 | kick | [kík] | 【他動】蹴る (ける) |
| 1802 | king·dom | [kíŋdəm] | 【名】王国 |
| 2777 | kill·er | [kílɚ] | 【名】殺し屋、殺人者 |

## ●音番号 209 ［ki:］

[ki] と同じように発音しますが、[i:] ではさらに唇を横に引きましょう。

### 音番号 209 ［ki:］

| 1032 | key | [kí:] | 【名】鍵、かぎ |

## ●音番号 210 ［ku］

### 音番号 210 ［ku］

| 1234 | cook | [kúk] | 【他動】料理する、【名】料理人 |
| 2308 | cook·ing | [kúkiŋ] | 【料理、【形】料理用の |

## ●音番号 211 〔kuː〕

### 音番号 211 〔kuː〕

| 1343 | cool | 〔kúːl〕 | 【形】涼しい |
|---|---|---|---|

## ●音番号 212 〔kʌ〕

〔ʌ〕は、口を日本語の「ア」くらいに開いて、舌をリラックスさせて発音します。〔k〕を、舌を口の奥に入れて発音したら、口を「ア」くらいに開けながら、舌を一気にリラックスさせましょう。つづりの cu, co, cou が、〔kʌ〕の発音になります。

### 音番号 212 〔kʌ〕

| 2233 | cous·in | 〔kʌ́zn〕 | 【名】いとこ、同胞 |
|---|---|---|---|
| 1444 | cus·tom | 〔kʌ́stəm〕 | 【名】習慣、税関 |
| 1157 | cus·tom·er | 〔kʌ́stəmɚ〕 | 【名】顧客 |
| 1559 | coun·try·side | 〔kʌ́ntrisàid〕 | 【名】田舎、地方 |
| 2882 | cup·board | 〔kʌ́bɚd〕 | 【名】(食器) 戸棚　(p 無音注意) |
| 1759 | com·fort | 〔kʌ́mfɚt〕 | 【名】快適さ、慰め |
| 1439 | com·fort·a·ble | 〔kʌ́mfɚtəbl〕 | 【形】快適な、気持ちの良い |
| 2681 | un·com·fort·a·ble | 〔ʌnkʌ́mfɚtəbl〕 | 【形】心地よくない、落ち着かない |
| 1547 | re·cov·er | 〔rikʌ́vɚ〕 | 【他動】回復する |
| 1548 | dis·cov·er·y | 〔diskʌ́vɚri〕 | 【名】発見 |
| 2224 | ac·com·pa·ny | 〔əkʌ́mpəni〕 | 【他動】一緒に行く、伴う |
| 1786 | o·ver·come | 〔òuvɚkʌ́m〕 | 【他動】打ち勝つ、克服する |
| 1003 | cul·tur·al | 〔kʌ́ltʃərl〕 | 【形】文化の |
| 2010 | ag·ri·cul·tur·al | 〔æ̀grikʌ́ltʃərl〕 | 【形】農業の |

## ●音番号 213 〔kæ〕

### 音番号 213 〔kæ〕

| 1243 | camp | 〔kǽmp〕 | 【名】キャンプ、キャンプ地 |
|---|---|---|---|
| 1460 | cam·er·a | 〔kǽm(ə)rə〕 | 【名】カメラ |
| 1490 | can·cer | 〔kǽnsɚ〕 | 【名】がん (癌) |
| 2551 | can·dle | 〔kǽndl〕 | 【名】ろうそく |
| 2831 | can·cel | 〔kǽnsl〕 | 【他動】取り消す、キャンセルする |
| 1884 | cash | 〔kǽʃ〕 | 【名】現金、キャッシュ |

| 1888 | cast | [kǽst] | 【他動】（票を）投じる、投げる |
| 2062 | cas·tle | [kǽsl] | 【名】城 |
| 2965 | cas·u·al | [kǽʒuəl] | 【形】普段着の、偶然の、カジュアル |
| 1959 | cap | [kǽp] | 【名】（縁無し）帽子、ふた、キャップ |
| 2244 | cap·ture | [kǽptʃɚ] | 【他動】捕らえる、【名】捕獲 |
| 2904 | cab | [kǽb] | 【名】タクシー |
| 2672 | cab·in | [kǽbin] | 【名】小屋、船室 |
| 2178 | cat·tle | [kǽtl] | 【名】牛、畜牛 |
| 2201 | cal·cu·late | [kǽlkjəlèit] | 【他動】計算する |
| 2709 | cal·en·dar | [kǽləndɚ] | 【名】カレンダー、予定表 |
| 2401 | car·riage | [kǽriʤ] | 【名】客車、馬車 |
| 2791 | me·chan·i·cal | [məkǽnikl] | 【形】機械の |

## ●音番号 214 ［kɑ］

先の［kæ］もこの［kɑ］も単語の数は多いほうです。co のつづりと［kɑ］の発音は特に人気があるので、この音を持つ単語はたくさんあります。がんばって覚えてください。なお、ここでは単語数があまりに多いため、練習しやすいよう、CD 収録の音声ファイルを「214_1.mp3」と「214_2.mp3」の 2 つに分割してありますので、表も 2 つに分けて掲載します。

### 音番号 214_1 ［kɑ］

| 1830 | con·test | [kántest] | 【名】競技、コンテスト |
| 1610 | con·text | [kántekst] | 【名】前後関係、文脈 |
| 1387 | con·tent | [kántent] | 【名】中身、内容 |
| 1907 | con·ti·nent | [kántənənt] | 【名】大陸 |
| 1393 | con·trast | [kántræst] | 【名】対比、コントラスト |
| 1208 | con·tract | [kántrækt] | 【名】契約、【他動】契約する |
| 1433 | con·duct | [kándʌkt] | 【名】行ない、行為 |
| 1508 | con·cept | [kánsept] | 【名】概念、発想、コンセプト |
| 1583 | con·cert | [kánsɚt] | 【名】音楽会、コンサート |
| 1638 | con·cen·trate | [kánsəntrèit] | 【他動】集中する |
| 1835 | con·stant | [kánstənt] | 【形】一定の、不変の、【名】一定 |
| 2167 | con·stant·ly | [kánstəntli] | 【副】絶えず、しきりに |
| 2156 | con·se·quence | [kánsəkwèns] | 【名】結果、成り行き |
| 1388 | con·flict | [kánflikt] | 【名】争い、不一致 |
| 1695 | con·fi·dence | [kánfəd(ə)ns] | 【名】確信、自信 |

| 2028 | con·fi·dent | [kánfəd(ə)nt] | 【形】自信に満ちた |
| 1863 | con·fer·ence | [kánf(ə)rəns] | 【名】会議 |
| 1561 | con·gress | [káŋgrəs] | 【名】議会 |
| 2334 | con·crete | [kánkri:t] | 【形】有形の、【名】コンクリート |
| 2126 | con·scious | [kánʃəs] | 【形】意識している、意識のある |

### 🙂 音番号 214_2［kɑ］

| 2638 | con·scious·ness | [kánʃəsnəs] | 【名】自覚、気づいていること |
| 2809 | un·con·scious | [ʌnkánʃəs] | 【形】意識のない、気を失った |
| 1537 | com·ment | [káment] | 【名】コメント、論評 |
| 2130 | com·ic | [kámik] | 【形】喜劇の、【名】漫画 |
| 2424 | com·pli·cat·ed | [kámpləkèitəd] | 【形】込み入った、複雑な |
| 2694 | com·mon·ly | [kámənli] | 【名】一般に、普通には |
| 2734 | com·pound | [kámpaund] | 【形】合成の、【名】混合物 |
| 2901 | com·e·dy | [kámədi] | 【名】喜劇、コメディー |
| 1077 | cop·y | [kápi] | 【名】複写、コピー、【他動】コピーする |
| 2166 | cot·tage | [kátiʤ] | 【名】小別荘、小屋、コテージ |
| 2323 | cot·ton | [kátn] | 【名】綿、ワタ |
| 1929 | col·league | [káli:g] | 【名】同僚、仲間（主に職場） |
| 2105 | col·umn | [káləm] | 【名】円柱、囲み記事、コラム |
| 2363 | col·o·ny | [káləni] | 【名】植民地 |
| 1337 | e·con·o·my | [ikánəmi] | 【名】経済、節約すること |
| 2721 | psy·chol·o·gy | [saikáləʤi] | 【名】心理学 |
| 2744 | psy·chol·o·gist | [saikáləʤist] | 【名】心理学者、精神分析医 |

## ●音番号 215［kɑ:］

### 🙂 音番号 215［kɑ:］

| 1394 | calm | [ká:m] | 【形】穏やかな、平静な |

　JACET8000 内には、[ká:]を含む単語はたくさんありそうですが、実は 2 単語しかありません。残り 1 単語は下記の通りです。

5737 calmly [ká:mli]（穏やかに）

## ●音番号 216 ［kau］

| 音番号 216 ［kau］ | | | |
|---|---|---|---|
| 1904 | cow | ［káu］ | 【名】牛、雌牛、乳牛 |
| 1910 | count·er | ［káuntɚ］ | 【名】売り台、カウンター |
| 1756 | coun·cil | ［káunsl］ | 【名】評議会、会議 |
| 1264 | ac·count | ［əkáunt］ | 【名】預金口座、勘定書、説明 |
| 1892 | en·coun·ter | ［inkáuntɚ］ | 【他動】（偶然）出会う、遭遇する |

## ●音番号 217 ［kou］

| 音番号 217 ［kou］ | | | |
|---|---|---|---|
| 1282 | coach | ［kóutʃ］ | 【名】コーチ、家庭教師 |
| 1389 | coast | ［kóust］ | 【名】海岸、沿岸 |
| 1425 | coat | ［kóut］ | 【名】コート、（スーツ）上着 |
| 1654 | coal | ［kóul］ | 【名】石炭 |
| 1679 | code | ［kóud］ | 【名】信号、コード、法典 |
| 2414 | cope | ［kóup］ | 【自動】うまく処理する |

## ●音番号 218 ［kɔ:］

| 音番号 218 ［kɔ:］ | | | |
|---|---|---|---|
| 1060 | cof·fee | ［kɔ́:fi］ | 【名】コーヒー |
| 1614 | re·call | ［rikɔ́:l］ | 【他動】思い出す、【名】リコール |
| 2799 | cof·fin | ［kɔ́:fn］ | 【名】ひつぎ（棺） |

## ●音番号 219 ［kɔi］

| 音番号 219 ［kɔi］ | | | |
|---|---|---|---|
| 2015 | coin | ［kɔ́in］ | 【名】硬貨、コイン |

［kɔi］を含む単語は、JACET8000 内にあと 1 つあるのみです。

5825  coil ［kɔ́il］（とぐろ巻き、コイル）

## ●音番号 220 〔kɚː〕

> 😊 音番号 220 〔kɚː〕

| 1162 | cur·rent | 〔kɚ́ːrənt〕 | 【形】今の、最新の、【名】流れ |
| 1927 | cur·tain | 〔kɚ́ːtn〕 | 【名】カーテン |
| 1994 | cour·age | 〔kɚ́ːridʒ〕 | 【名】勇気 |
| 2493 | curve | 〔kɚ́ːv〕 | 【名】曲線、カーブ |
| 2565 | curl | 〔kɚ́ːl〕 | 【名】カール、巻き毛 |

## ●音番号 221 〔keɚ〕

> 😊 音番号 221 〔keɚ〕

| 1267 | care·ful | 〔kéɚfl〕 | 【形】注意深い、気をつける |

[kéɚ] という音節を持つ語は、JACET8000 内にあと 4 単語あります。

330　care〔kéɚ〕（心配）

862　carefully〔kéɚfli〕（注意深く）

6691　careless〔kéɚləs〕（不注意な）

7879　precarious〔prikéɚriəs〕（不安定な）

## ●音番号 222 〔kɑɚ〕

> 😊 音番号 222 〔kɑɚ〕

| 1803 | car·bon | 〔kɑ́ɚbn〕 | 【名】炭素、【形】炭素の |
| 2434 | car·pet | 〔kɑ́ɚpit〕 | 【名】じゅうたん、カーペット |
| 2945 | carve | 〔kɑ́ɚv〕 | 【他動】彫る、刻む |

[kɑ́ɚ] という音節を持つ単語は、JACET8000 内には、このほか以下の 9 単語があります。

241　car〔kɑ́ɚ〕（自動車）

698　card〔kɑ́ɚd〕（カード）

4745　cart〔kɑ́ɚt〕（手押し車）

4980　cargo〔kɑ́ɚgou〕（貨物）

5431　discard〔diskɑ́ɚd〕（捨てる）

5974　cardboard〔kɑ́ɚdbɔ̀ɚd〕（段ボール）

7139　cardinal〔kɑ́ɚdnl〕（カトリック枢機卿<sup>すうきけい</sup>）

7268　carpenter　[kάəˌpəntəˈ]　（大工）
7545　cardiac　[kάəˈdiæk]　（心臓の）

## ●音番号 223　[kɔəˈ]

| ⟩😀 音番号 223　[kɔəˈ] | | |
|---|---|---|
| 2712 | corn | [kɔ́əˈn] | 【名】トウモロコシ |
| 2739 | cor·ri·dor | [kɔ́əˈrədəˈ] | 【名】廊下 |
| 1731 | ac·cord | [əkɔ́əˈd] | 【名】(考え) 一致、【他動】与える |

## ●音番号 224　[kju:]

| ⟩😀 音番号 224　[kju:] | | |
|---|---|---|
| 1437 | ex·cuse | [ekskjúːz] | 【他動】許す、言い訳をする |

　本書・実践編 Lv.2 では上の1単語だけですが、JACET8000 内には計14単語があります。

## ●音番号 225　[kjuəˈ]

| ⟩😀 音番号 225　[kjuəˈ] | | |
|---|---|---|
| 2041 | cu·ri·ous | [kjúəˈriəs] | 【形】好奇心の強い |
| 2750 | cure | [kjúəˈ] | 【他動】治療する、【名】治療 |
| 1113 | se·cu·ri·ty | [sikjúəˈrəti] | 【名】安全、警備 |

# Lesson 27
# [kl＋母音]

　[kl] + [母音]を1音感覚で発音するのは、少し難しいです。[k]は単独では、舌を口の奥に入れて口の天井をふさいで出します。[l]は単独では、上前歯裏の歯ぐきに舌先をべったりとつけて出します。このため [kl] では、舌の移動距離がかなり長くなるのです。

　このため、close [klóus]（すぐそばの）などの [kl] + [母音]を1音感覚で発音するためには、[k] と [l] のあいだの舌の移動距離を最小にすること

になります。つまり、[k] の発音の際、舌をほとんど [l] の位置に持ってきておいて、そのまま舌の中央で口の天井をちょっとさわって [k] を発音してから、ほとんど舌を動かさず、[l] を発音すればいいのです。

## ●音番号 226 ［kle］

| | | | |
|---|---|---|---|
| 🙂 音番号 226 ［kle］ | | | |
| 1741 | cle·ver | ［klévɚ］ | 【形】利口な、器用な |

　［klé］という音節を持つ語は、JACET8000 内にはあと 1 単語だけ出てきます。

5313　clerical ［klérikl］（聖職者、事務の）

## ●音番号 227 ［klei］

| | | | |
|---|---|---|---|
| 🙂 音番号 227 ［klei］ | | | |
| 1192 | claim | ［kléim］ | 【他動】請求する、【名】請求 |
| 2523 | clay | ［kléi］ | 【名】粘土 |
| 2874 | ex·claim | ［ekskléim］ | 【動】叫ぶ |

　JACET8000 内には計 5 単語あります。上記の 3 単語と以下の 2 つです。

4517　proclaim ［proukléim］（公表する）
7276　reclaim ［ri:kléim］（更正、手荷物引き渡し）

## ●音番号 228 ［kli］

| | | | |
|---|---|---|---|
| 🙂 音番号 228 ［kli］ | | | |
| 2841 | cliff | ［klíf］ | 【名】がけ、（海岸の）絶壁 |

## ●音番号 229 ［klu:］

| | | | |
|---|---|---|---|
| 🙂 音番号 229 ［klu:］ | | | |
| 2239 | clue | ［klú:］ | 【名】手がかり、ヒント |
| 1876 | con·clu·sion | ［kənklú:ʒən］ | 【名】結論 |
| 2172 | con·clude | ［kənklú:d］ | 【他動】終える、締めくくる |
| 3000 | in·clud·ing | ［inklú:diŋ］ | 【前】…を含めて |

●音番号 230 ［klæ］

| 音番号 230 ［klæ］ | | | |
| --- | --- | --- | --- |
| 2021 | class·room | ［klǽsrùːm］ | 【名】教室 |
| 2358 | clas·sic | ［klǽsik］ | 【形】古典の、一流の作品の |
| 2535 | clas·si·cal | ［klǽsikl］ | 【形】古典的な、クラッシックの |
| 2926 | clas·si·fy | ［klǽsəfài］ | 【他動】分類する、機密扱いにする |

●音番号 231 ［klɑ］

| 音番号 231 ［klɑ］ | | | |
| --- | --- | --- | --- |
| 1472 | clock | ［klɑ́k］ | 【名】時計（腕時計は watch） |
| 1932 | o'clock | ［əklɑ́k］ | 【副】〜時、時計では |

●音番号 232 ［klai］

| 音番号 232 ［klai］ | | | |
| --- | --- | --- | --- |
| 1608 | cli·mate | ［kláimət］ | 【名】（年間の）気候、風土、風潮 |

　JACET8000 内には、上のほか下記 6 単語があります。

917　climb ［kláim］（よじ登る）

3026　client ［kláiənt］（仕事上の客）

3046　decline ［dikláin］（減退）

5078　inclined ［inkláind］（傾いた）

5340　climber ［kláimɚ］（登山者）

6278　climax ［kláimaks］（最高潮）

●音番号 233 ［klau］

| 音番号 233 ［klau］ | | | |
| --- | --- | --- | --- |
| 1369 | cloud | ［kláud］ | 【名】雲 |

　JACET8000 内には、上のほかはあと 1 単語があるのみです。音番号 246 ［krau］のところで出てくる crown ［kráun］（王冠）と区別して発音、聴き取りができるように、後々、単語耳・実践編 Lv.4 の付属 CD も聴いて練習

しましょう。

6865 clown ［klaun］（道化師）

## ●音番号 234 ［klou］

| ⋛☺ 音番号 234 ［klou］ | | |
|---|---|---|
| 1591 close·ly | ［klóusli］ | 【副】親密に、綿密に |
| 2014 clothe | ［klóuð］ | 【他動】服を着る |
| 2095 cloth·ing | ［klóuðiŋ］ | 【名】衣類 |

　JACET8000 内には［klóu］を含む語があと 9 単語出てきます。

231　close ［klóus］（すぐそばの）

3043　clothes ［klóuz］（衣服）

3644　closure ［klóuʤɚ］（封鎖）

3821　disclose ［disklóuz］（暴露する）

4001　closed ［klóuzd］（閉じた）

4620　enclose ［enklóuz］（取り囲む）

4683　disclosure ［disklóuʤɚ］（秘密の公開）

5332　cloak ［klóuk］（マント）

5781　enclosure ［enklóuʤɚ］（囲い）

## ●音番号 235 ［klɔ(ː)］

| ⋛☺ 音番号 235 ［klɔ(ː)］ | | |
|---|---|---|
| 1938 cloth | ［klɔ́(ː)θ］ | 【名】布、布切れ |

　JACET8000 内には、上のほか 2 単語があるのみです。

3570　clause ［klɔ́ːz］（条項）

5200　claw ［klɔ́ː］（かぎづめ）

## ●音番号 236 ［klɚː］

| ⋛☺ 音番号 236 ［klɚː］ | | |
|---|---|---|
| 1969 clerk | ［klɚ́ːk］ | 【名】事務員 |

　［klɚ́ː］を含む語は、JACET8000 内にはあと 2 つあります。

4195　clergy ［klɚ́ːʤi］（聖職者）

7454　clergyman　［klɚːʤimən］（男性の聖職者）

## ●音番号 237 ［kleɚ］

〔😊 音番号 237 ［kleɚ］

1619　de·clare　　　　［dikléɚ］　　　【他動】宣言する

この音節を持つ単語は、JACET8000 内には、これ 1 つだけです。

# Lesson 28
# ［kr＋母音］

発音練習をくり返して [r] と [l] の発音が安定してくるまでは、本 Lesson で練習する [kr＋母音] の発音が、先の Lesson27 内の [kl＋母音] の発音になっている懸念があります。その逆もまたしかりです。できればご自分の発音を音声認識で確認してください。

## ●音番号 238 ［kre］

〔😊 音番号 238 ［kre］

1796　cred·it　　　　　［krédit］　　　　【名】信用、つけ、クレジット

[kré] という音節を有する単語は、JACET8000 内には他に 7 語あります。
3717　discretion　［diskréʃən］（思慮深さ）
3929　creditor　［krédətɚ］（債権者）
4459　incredible　［inkrédəbl］（信じがたい）
5651　incredibly　［inkrédəbli］（信じられないほど）
6104　crest　［krést］（頂点）
6603　discretionary　［diskréʃənèri］（任意の）
7249　credible　［krédəble］（信用できる）

## ●音番号 239 ［krei］

### 音番号 239 ［krei］

| 1683 | cra·zy | ［kréizi］ | 【形】気が狂った、まともじゃない |

音節 ［kréi］を含む語は、JACET8000 内にはあと 4 単語あります。

6181　crane ［kréin］（鶴）
6471　cradle ［kréidl］（ゆりかご）
7142　crate ［kréit］（木箱）
7343　crater ［kréitə˞］（噴火口）

## ●音番号 240 ［kri］

### 音番号 240 ［kri］

| 2113 | crit·ic | ［krítik］ | 【名】批評家 |
| 2085 | crit·i·cal | ［krítikl］ | 【形】批判的な、批評の |
| 2054 | crit·i·cism | ［krítəsìzm］ | 【名】批評、非難 |
| 2808 | crit·i·cize | ［krítəsàiz］ | 【他動】批評する |
| 2033 | crim·i·nal | ［krímin l］ | 【形】犯罪の、【名】犯人 |

## ●音番号 241 ［kriː］

### 音番号 241 ［kriː］

| 1278 | crea·ture | ［kríːtʃə˞］ | 【名】生き物、動物、人間 |
| 1542 | cream | ［kríːm］ | 【名】クリーム |
| 2008 | in·creas·ing·ly | ［inkríːsiŋli］ | 【副】ますます |
| 2066 | de·crease | ［dikríːs］ | 【自動】減少する |

## ●音番号 242 ［kruː］

### 音番号 242 ［kruː］

| 1587 | crew | ［krúː］ | 【名】乗務員 |
| 2740 | cru·el | ［krúːəl］ | 【形】残酷な、非情な |
| 2966 | cruise | ［krúːz］ | 【名】巡航、クルーズ |

## ●音番号 243 ［kræ］

### 音番号 243 ［kræ］

| 1536 | crash | ［krǽʃ］ | 【名】衝突、【自動】衝突する、衝突させる |
|------|-------|---------|-------------------------------------|
| 1909 | crack | ［krǽk］ | 【名】裂け目、ひび、【自動】裂ける |
| 2675 | craft | ［krǽft］ | 【名】手芸、工芸技術 |

## ●音番号 244 ［krɑ］

### 音番号 244 ［krɑ］

| 1631 | crop | ［krɑ́p］ | 【名】農作物、収穫物 |
|------|------|---------|-------------------|

［krɑ́］を含む語は、JACET8000 内にはあと 4 語あります。

361 across ［əkrɑ́s］（…を横切って）

3836 chronic ［krɑ́nik］（長患いの）

7445 crocodile ［krɑ́kədàil］（ワニ類）

7695 chronicle ［krɑ́nikl］（年代記）

## ●音番号 245 ［krai］

### 音番号 245 ［krai］

| 1441 | crime | ［krάim］ | 【名】罪、犯罪 |
|------|-------|---------|-------------|
| 1557 | cri·sis | ［krάisis］ | 【名】危機 |

## ●音番号 246 ［krau］

### 音番号 246 ［krau］

| 1535 | crown | ［krάun］ | 【名】王冠 |
|------|-------|---------|----------|

［krάu］という音節を持つ語は、JACET8000 内にはあと 2 語しかありません。

942 crowd ［krάud］（群集）

5493 crouch ［krάutʃ］（かがむ）

●音番号 247 ［krɔː］

> 😀 音番号 247 ［krɔː］

| 2756 | crawl | ［krɔ́ːl］ | 【自動】はう、腹ばいで進む |
|------|-------|-----------|------------------------|

音節 ［krɔ́ː］ を持つ語は、JACET8000 内にあと 3 語あります。

736 　cross ［krɔ́ːs］ （交差する）

5642 　crossing ［krɔ́ːsiŋ］ （横断歩道）

7028 　crossroad ［krɔ́ːsròud］ （十字路）

# Lesson 29
# ［kw＋母音］

●音番号 248 ［kwe］

> 😀 音番号 248 ［kwe］

| 1358 | re·quest | ［rikwést］ | 【名】要請、【他動】リクエストする |
|------|----------|------------|----------------------------------|

JACET8000 内には、［kwé］の音を持つ語はあと 3 単語あります。

209 　question ［kwéstʃən］ （質問する）

5481 　quest ［kwést］ （冒険の旅）

7171 　questionable ［kwéstʃənəbəl］ （疑わしい）

●音番号 249 ［kwei］

［kwéi］音を持つ語は、本書で扱う 2000 語には出てきません。JACET8000 内には、以下の 3 語があります。

3273 　equation ［ikwéiʒən］ （方程式）

5169 　acquaintance ［əkwéintns］ （知人）

7967 　acquaint ［əkwéint］ （紹介する）

## ●音番号 250 ［kwi］

音番号 250 ［kwi］

| 1193 | quick | ［kwík］ | 【形】すばやい、速い |
| 2916 | quit | ［kwít］ | 【他動】やめる（仕事など） |
| 1568 | e·quip·ment | ［ikwípmənt］ | 【名】装備、備品 |
| 2473 | e·quiv·a·lent | ［ikwív(ə)lənt］ | 【形】同等の、等しい |

## ●音番号 251 ［kwiː］

音番号 251 ［kwiː］

| 1155 | queen | ［kwíːn］ | 【名】女王、王妃 |

この音節を持つ語は、JACET8000 内ではこの 1 語だけです。

## ●音番号 252 ［kwɑ］

音番号 252 ［kwɑ］

| 2145 | quan·ti·ty | ［kwántəti］ | 【名】量 |
| 2974 | e·qual·i·ty | ［ikwáləti］ | 【名】等しいこと、平等 |

## ●音番号 253 ［kwai］

音番号 253 ［kwai］

| 1319 | qui·et·ly | ［kwáiətli］ | 【副】そっと、静かに |

［kwái］を含む語は、JACET8000 内にはあと 2 語あります。

257　quite ［kwáit］（まったく）

977　quiet ［kwáiət］（静かな）

## ●音番号 254 ［kwaiɚ］

音番号 254 ［kwaiɚ］

| 1646 | ac·quire | ［əkwáiɚ］ | 【他動】（能力・知識）獲得する |

音節 ［kwáiɚ］を含む語は、JACET8000 内にはあと 7 語あります。

783　reqire ［rikwáiɚ］（要求する）

3065　requirement ［rikwáiɚmənt］（要件）

3182　inquiry　[inkwáiəri]　（問い合わせ）
4032　required　[rikwáiəd]　（必須の）
4059　enquire　[enkwáiə]　（尋ねる）
4615　choir　[kwáiə]　（聖歌隊）
7929　squire　[skwáiə]　（大地主）

●音番号 255 ［kwɔ˞］

> 😊 音番号 255 ［kwɔ˞］

| 1423 | quar·ter | [kwɔ́ə˞tə˞] | 【名】4分の1、15分 |

　[kwɔ́ə˞] を含む語は、JACET8000 内にあと 3 語あります。
4845　quarry　[kwɔ́əri]　（石切り場）
5196　quarrel　[kwɔ́ərl]　（けんか）
6933　quarterback　[kwɔ́ə˞tə˞bæ̀k]　（《アメフト》クォーターバック）

# Lesson 30
# ［g＋母音］

　ノドをふるわせて [k] を発音すると [g] 音になります（[k] の有声音）。こちらも [k] と同じように、次の母音の口の形をつくりながら [g] を発音しましょう。舌の根元を口の天井につけて息の圧力をかける強さは [k] と同じくらいです。日本語の「ガ行」を発音する際の3倍くらいの強さで息の圧力をかけ、発音してください。

●音番号 256 ［ge］

> 😊 音番号 256 ［ge］

| 1131 | guest | [gést] | 【名】ゲスト、客 |
| 2580 | al·to·geth·er | [ɔ̀ːltəgéðə˞] | 【副】全部で、まったく |

　JACET8000 内で [gé] を含む語はあと 6 語しかなく、しかもすべて実践編 Lv.1 で学んだ語ばかりなのは意外とも言えます。
57　　get　[gét]　（手に入れる）

137　again ［əgén］（もう一度）

230　against ［əgénst］（…に反対して）

260　together ［təgéðə］（いっしょに）

563　forget ［fəgét］（忘れる）

715　guess ［gés］（推測する）

## ●音番号 257 ［gei］

| 音番号 257 ［gei］ | | | |
|---|---|---|---|
| 1098 | gain | ［géin］ | 【他動】得る、手に入れる |
| 1428 | gate | ［géit］ | 【名】門 |
| 1956 | gaze | ［géiz］ | 【自動】じっと見つめる、【名】凝視 |
| 2230 | en·gage | ［ingéiʤ］ | 【他動】従事させる、婚約する |

## ●音番号 258 ［gi］

| 音番号 258 ［gi］ | | | |
|---|---|---|---|
| 1331 | gift | ［gíft］ | 【名】贈り物 |
| 1864 | guilt·y | ［gílti］ | 【形】有罪の |
| 2131 | giv·en | ［gívn］ | 【形】定められた、与えられた |
| 2276 | for·give | ［fəgív］ | 【他動】許す |

## ●音番号 259 ［gʌ］

| 音番号 259 ［gʌ］ | | | |
|---|---|---|---|
| 2102 | gov·er·nor | ［gʌvənə］ | 【名】知事 |
| 2688 | gov·ern | ［gʌvən］ | 【他動】（国を）治める |

## ●音番号 260 ［gæ］

| 音番号 260 ［gæ］ | | | |
|---|---|---|---|
| 1105 | gath·er | ［gǽðə］ | 【他動】集める、【自動】集まる |
| 1790 | gap | ［gǽp］ | 【名】すきま、ギャップ |

## ●音番号 261 〔ɡɑ〕

音番号 261 〔ɡɑ〕

| 1062 | god | 〔ɡɑ́d〕 | 【名】神 |
| 2182 | golf | 〔ɡɑ́lf〕 | 【名】ゴルフ |

## ●音番号 262 〔ɡou〕

音番号 262 〔ɡou〕

| 1467 | gold·en | 〔ɡóuldn〕 | 【形】金色の |
| 2208 | ghost | 〔ɡóust〕 | 【名】幽霊（ゆうれい） |
| 2973 | goat | 〔ɡóut〕 | 【名】ヤギ |

## ●音番号 263 〔ɡɚː〕

音番号 263 〔ɡɚː〕

| 2603 | girl·friend | 〔ɡɚ́ːlfrènd〕 | 【名】女ともだち、ガールフレンド |

JACET8000 内にはあと 1 語だけです。

217 girl 〔ɡɚ́ːl〕 （少女）

## ●音番号 264 〔ɡɑɚ〕

音番号 264 〔ɡɑɚ〕

| 1377 | guard | 〔ɡɑ́ɚd〕 | 【他動】守る、【名】ガード、護衛者 |
| 2892 | gar·lic | 〔ɡɑ́ɚlik〕 | 【名】にんにく |
| 1023 | re·gard | 〔riɡɑ́ɚd〕 | 【他動】みなす、【名】尊敬 |
| 2920 | re·gard·less | 〔riɡɑ́ɚdləs〕 | 【形】気にしない、かまわない |

## ●音番号 265 〔ɡiɚ〕

音番号 265 〔ɡiɚ〕

| 2807 | gear | 〔ɡíɚ〕 | 【名】歯車、ギア、用具一式 |

JACET8000 内にはこの 1 語のみです。

# Lesson 31
# ［gl＋母音］

　この発音は少し難しいです。［kl＋母音］同様、［g］は舌が奥に入る発音、［l］は舌を上前歯裏に押しつける発音だからです。ここで先の［kl＋母音］のLessonと同じコツの説明をするだけでは芸がないので、また違った角度から解説をしてみましょう。それは、［g］を発音する際に［l］を想定して舌先を上に向けておいて、［g］音を破裂させるというコツです。

　ふつう［g］を破裂させる際には舌を下げます。それが、［gl］の場合は、［g］を発音する際に舌を下げずにおいて、［g］を発音した勢いでそのまま舌を前方に移動させるわけです。こうして［g］音が出たことを確認したあとは、舌を口の天井につけます。この際、スピードがついていると、上前歯裏の歯ぐきまで舌先が到達するでしょう。舌のスピードが十分でない場合は、上前歯裏の歯ぐきの手前の天井に舌先が触れますが、それでもかまわずに［l］を発音してしまいましょう。そのまま次の母音を発音すると、［gl＋母音］を1音感覚で発音できます。

## ●音番号 266 ［glʌ］

> 😊 音番号 266 ［glʌ］

| 2664 | glove | ［glʌ́v］ | 【名】手袋、グローブ |
|------|-------|---------|------------------|

　JACET8000内には、［glʌ́］音を持つのはこの1語のみです。

## ●音番号 267 ［glæ］

> 😊 音番号 267 ［glæ］

| 1076 | glad | ［glǽd］ | 【形】うれしい、うれしく思う |
|------|------|---------|------------------------|
| 1419 | glance | ［glǽns］ | 【動】【名】ちらりと見る（こと） |

## ●音番号 268 ［glɔː］

| 音番号 268 ［glɔː］ | | | |
|---|---|---|---|
| 2707 | glo·ry | ［glɔ́ːri］ | 【名】栄光 |

JACET8000 内には、あと 1 語だけあります。

4738　glorious　［glɔ́ːriəs］　（輝かしい）

## ●音番号 269 ［glou］

| 音番号 269 ［glou］ | | | |
|---|---|---|---|
| 2532 | glow | ［glóu］ | 【自動】白熱する、赤々燃える |
| 2910 | globe | ［glóub］ | 【名】地球、地球儀、球体 |
| 1503 | glob·al | ［glóubl］ | 【形】全世界の、地球的な |

## ●音番号 270 ［gwi］

| 音番号 270 ［gwi］ | | | |
|---|---|---|---|
| 2196 | lin·guis·tic | ［liŋgwístik］ | 【形】言葉の、言語の |

　［gw＋母音］にアクセントがくる単語は非常に少ないです。JACET8000 内では、［gwí］の組み合わせしか存在しません。しかもその音節を持つ語はあと 1 語のみです。［gwí］という音が強く聞こえたら、linguistic かそれに s がついた linguistics のどちらかなのです。

5898　linguistics　［liŋgwístiks］　（言語学）

# Lesson 32
# ［gr＋母音］

　［g］は舌を奥に入れて発音します。［r］も舌を口のやや奥に入れて発音します。このように、この 2 音を出す際の舌の位置は近いので、［gr］はなめらかにつなげて発音しやすいはずです。

　発音練習をくり返して［r］と［l］の発音が安定してくるまでは、本 Lesson で練習する［gr＋母音］の発音が、先の Lesson31 内の［gl＋母音］の発音に

なっている懸念があります。その逆もまたしかりです。できればご自分の
発音を音声認識で確認してください。

## ●音番号 271 ［gre］

| | | | |
|---|---|---|---|
| 😄 音番号 271 ［gre］ | | | |
| 2338 | re·gret | ［rigrét］ | 【他動】後悔する、【名】残念 |

regret は語源的には、re（再び）＋ gret（泣く）です。こうした解説は、
実践編 Lv.3 と Lv.4 で練習する上級レベルの計 5000 語でふんだんに行ない
ますので、お楽しみに。

## ●音番号 272 ［grei］

| | | | |
|---|---|---|---|
| 😄 音番号 272 ［grei］ | | | |
| 1260 | gray | ［gréi］ | 【形】灰色の、【名】灰色、グレー |
| 1737 | grade | ［gréid］ | 【名】等級、段階、グレード |
| 1883 | grave | ［gréiv］ | 【名】墓場、墓所 |
| 2154 | grain | ［gréin］ | 【名】穀物（こくもつ）、粒 |
| 1772 | great·ly | ［gréitli］ | 【副】おおいに、非常に |
| 2192 | grate·ful | ［gréitfl］ | 【形】ありがたく思う |
| 2928 | mi·gra·tion | ［maigréiʃən］ | 【名】移住、（魚鳥）移動、渡り |

## ●音番号 273 ［gri］

| | | | |
|---|---|---|---|
| 😄 音番号 273 ［gri］ | | | |
| 2104 | grin | ［grín］ | 【自動】歯を見せて、にこっと笑う |
| 2277 | grip | ［gríp］ | 【他動】握る、しっかりつかむ |

## ●音番号 274 ［gri:］

| | | | |
|---|---|---|---|
| 😄 音番号 274 ［gri:］ | | | |
| 2176 | greet | ［grí:t］ | 【他動】あいさつをする |
| 2482 | green·house | ［grí:nhàus］ | 【名】温室 |
| 2616 | in·gre·di·ent | ［ingrí:diənt］ | 【名】成分、構成要素 |
| 1692 | a·gree·ment | ［əgrí:mənt］ | 【名】合意、協定 |

| 2927 | dis·a·gree | [dìsəgríː] | 【自動】意見が合わない、一致しない |

## ●音番号 275 〔græ〕

**☺ 音番号 275 〔græ〕**

| 1310 | grass | [grǽs] | 【名】草 |
| 2670 | grasp | [grǽsp] | 【他動】把握する、理解する |
| 1965 | grab | [grǽb] | 【他動】つかむ、ひったくる |
| 1253 | grant | [grǽnt] | 【他動】(願いを) 聞き入れる、かなえる |
| 2206 | grand | [grǽnd] | 【形】壮大な、【名】千ドル |
| 2260 | grand·fa·ther | [grǽn(d)fàːðɚ] | 【名】祖父、おじいさん |
| 2278 | grand·moth·er | [grǽn(d)mλðɚ] | 【名】祖母、おばあさん |
| 2993 | grand·ma | [grǽn(d)màː] | 【名】おばあちゃん |
| 2589 | gram·mar | [grǽmɚ] | 【名】文法 |
| 1524 | grad·u·al·ly | [grǽʤuəli] | 【副】だんだんと |
| 1855 | grad·u·ate | [grǽʤuèit] | 【自動】卒業する |

# Lesson 33
# 〔f＋母音〕

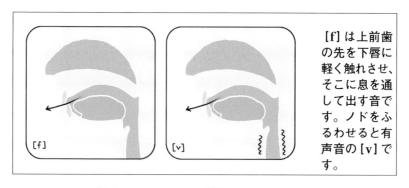

〔f〕は上前歯の先を下唇に軽く触れさせ、そこに息を通して出す音です。ノドをふるわせると有声音の〔v〕です。

　ここからは、破裂音に代わって、摩擦音（口の中の狭い空間内で息をこするようにして出す音）ではじまる音節の発音練習をはじめます。

　[f] は、上前歯の先を下唇に軽く当てたところに息を通して出す音です。

軽くふさいだ状態のところに息を通すので、強い圧力が必要です。［f］の息の強さは、口笛をふく強さだと思ってください。

　［f＋母音］音節の発音のコツは、［f］の音をしっかり強く出し、その勢いで続く母音に音をなめらかにつなげることです。たとえば、food［fuːd］（食物）では、［f］を発音したあと唇が歯から離れるときも、そのまま息を出し続けて［uː］音につなげます。前歯と唇が離れるときに出る音も［f］音の一部です。

## ●音番号 276 ［fe］

### ㋜😃 音番号 276 ［fe］

| 1350 | fel·low | [félou] | 【名】人、やつ、男 |
|---|---|---|---|
| 1418 | fes·ti·val | [féstəvl] | 【名】祭り、祝祭 |
| 2479 | feath·er | [féðɚ] | 【名】羽 |
| 2980 | fetch | [fétʃ] | 【他動】（行って）取って来る |
| 2098 | fence | [féns] | 【名】へい |
| 1606 | de·fense | [diféns] | 【名】防御、守備 |
| 2078 | de·fend | [difénd] | 【他動】守る |
| 1451 | ef·fec·tive | [iféktiv] | 【形】効果的である |
| 2405 | ef·fec·tive·ly | [iféktivli] | 【副】効果的に |
| 1516 | pro·fes·sor | [prəfésɚ] | 【名】教授 |
| 2601 | pro·fes·sion | [prəféʃən] | 【名】職業 |

## ●音番号 277 ［fei］

### ㋜😃 音番号 277 ［fei］

| 1505 | favor | [féivɚ] | 【名】好意、親切な行ない |
|---|---|---|---|
| 1051 | fa·vor·ite | [féivərət] | 【形】お気に入りの |
| 1347 | fail·ure | [féiljɚ] | 【名】失敗 |
| 1680 | faith | [féiθ] | 【名】信頼、信仰 |
| 2369 | fate | [féit] | 【名】運命 |
| 2406 | phase | [féiz] | 【名】局面、（変化の）段階、相 |
| 2518 | fade | [féid] | 【自動】しぼむ、色あせる |
| 2713 | faint | [féint] | 【形】かすかな、弱々しい |
| 2749 | ca·fe | [kæféi] | 【名】喫茶店、カフェ |

## ●音番号 278 ［fi］

😊 音番号 278 ［fi］

| 1059 | fit | [fít] | 【形】ぴったりの、【他動】ぴったり合う |
|------|-----|-------|-----------------|
| 1353 | fix | [fíks] | 【他動】（しっかり）固定する |
| 1998 | fic·tion | [fíkʃən] | 【名】小説、フィクション |
| 2633 | fist | [físt] | 【名】げんこつ、こぶし |
| 2719 | fil·ter | [fíltər] | 【名】フィルター、ろ過器 |
| 2125 | fish·ing | [fíʃiŋ] | 【名】魚釣り |
| 2998 | fish·er·man | [fíʃəmən] | 【名】漁師、釣り人 |
| 1047 | phys·i·cal | [fízikl] | 【形】肉体の、身体の |
| 2478 | phys·i·cal·ly | [fízikli] | 【副】物理的に、肉体的に |
| 2547 | phys·ics | [fíziks] | 【名】物理学 |
| 2274 | ef·fi·cient | [ifíʃənt] | 【形】効率が良い、有能な |
| 2583 | ef·fi·cien·cy | [ifíʃənsi] | 【名】効率、能率 |
| 2545 | ar·ti·fi·cial | [ɑ̀ətifíʃl] | 【形】人工的な |
| 2647 | ful·fill | [fulfíl] | 【他動】（義務・目的を）果たす |

## ●音番号 279 ［fiː］

😄 音番号 279 ［fiː］

| 1007 | fe·male | [fíːmeil] | 【形】女性の、【名】女性 |
|------|---------|-----------|----------------|
| 1127 | fea·ture | [fíːtʃər] | 【名】特徴、顔立ち、呼び物記事 |
| 1326 | feed | [fíːd] | 【他動】食事を与える、えさを与える |
| 1453 | de·feat | [difíːt] | 【他動】（敵・相手）破る、負かす |

## ●音番号 280 ［fu］

😄 音番号 280 ［fu］

| 1111 | foot·ball | [fútbɔ̀ːl] | 【名】フットボール、（英国）サッカー |
|------|-----------|------------|------------------|
| 1515 | ful·ly | [fúli] | 【副】十分に |

## ●音番号 281 ［fuː］

😄 音番号 281 ［fuː］

| 1739 | fool | [fúːl] | 【名】ばか者 |
|------|------|---------|-----------|

| 2754 | fool·ish | [fúːliʃ] | 【形】ばかな、愚かな |

## ●音番号 282 ［fjuː］

ジ😀 音番号 282 ［fjuː］

| 1339 | fu·el | [fjúːəl] | 【名】燃料 |
| 2089 | con·fuse | [kənfjúːz] | 【他動】混同する |
| 2120 | con·fu·sion | [kənfjúːʒən] | 【名】混乱 |
| 2121 | fu·ner·al | [fjúːnərəl] | 【名】葬式 |

## ●音番号 283 ［fʌ］

ジ😀 音番号 283 ［fʌ］

| 1012 | fun | [fʌ́n] | 【名】楽しみ、【形】愉快な |
| 1164 | fun·ny | [fʌ́ni] | 【形】面白い、おかしい |
| 1236 | func·tion | [fʌ́ŋkʃən] | 【名】機能、【自動】作動する |
| 1662 | fund | [fʌ́nd] | 【名】資金、基金 |

## ●音番号 284 ［fæ］

ジ😀 音番号 284 ［fæ］

| 1563 | fat | [fǽt] | 【形】太った、【名】脂肪 |
| 1248 | fan | [fǽn] | 【名】ファン、愛好者、うちわ |
| 2940 | fan·cy | [fǽnsi] | 【名】空想、【他動】空想する |
| 2537 | fan·ta·sy | [fǽntəsi] | 【名】空想、ファンタジー |
| 1173 | fac·tor | [fǽktər] | 【名】要因、要素、ファクター |
| 1352 | fac·to·ry | [fǽktəri] | 【名】工場 |
| 2898 | fac·ul·ty | [fǽkəlti] | 【名】才能、（大学）学部 |
| 2348 | man·u·fac·ture | [mænjəfǽktʃər] | 【他動】製造する、【名】製造 |
| 2241 | man·u·fac·tur·er | [mænjəfǽktʃərər] | 【名】製造業者 |
| 2320 | sat·is·fac·tion | [sætisfǽkʃən] | 【名】満足 |
| 1668 | fash·ion | [fǽʃən] | 【名】流行、ファッション |
| 2659 | fas·ci·nat·ing | [fǽsənèitiŋ] | 【形】魅力的な |

## ●音番号 285 ［fɑ］

音番号 285 ［fɑ］

| 2346 | fos·sil | ［fɑ́sl］ | 【名】化石 |
| 2623 | fond | ［fɑ́nd］ | 【形】…が好きな (be fond of ...) |

## ●音番号 286 ［fai］

音番号 286 ［fai］

| 2005 | file | ［fáil］ | 【名】ファイル、綴じ込み帳 |
| 2768 | fight·er | ［fáitɚ］ | 【名】戦士、戦う人 |
| 1775 | de·fine | ［difáin］ | 【他動】定義する |

## ●音番号 287 ［fau］

音番号 287 ［fau］

| 1200 | found | ［fáund］ | 【他動】設立した、見つけた |

　［fáu］を含む語は、JACET8000 内にはあと 5 単語あります。

3915　founder ［fáundɚ］（創始者）

4047　profound ［prəfáund］（心の底からの）

4520　foul ［fául］（反則）

5243　fountain ［fáuntn］（泉）

6429　profoundly ［prəfáundli］（心から）

## ●音番号 288 ［fou］

音番号 288 ［fou］

| 2252 | pho·to | ［fóutou］ | 【名】写真 |
| 1151 | pho·to·graph | ［fóutəgræf］ | 【名】写真、【自動】写真をとる |
| 1202 | fo·cus | ［fóukəs］ | 【名】焦点 |
| 1933 | folk | ［fóuk］ | 【名】人々、家族 |
| 2183 | fold | ［fóuld］ | 【他動】折りたたむ |

## ●音番号 289 ［fɔ:］

音番号 289 ［fɔ:］

| 1856 | fault | ［fɔ́:lt］ | 【名】欠陥、誤り、（過失の）責任 |
| 2266 | false | ［fɔ́:ls］ | 【形】誤った、偽りの |

## ●音番号 290 ［fɚ:］

音番号 290 ［fɚ:］

| 1293 | firm | ［fɚ́:m］ | 【形】堅い、しっかりした |
| 1968 | firm·ly | ［fɚ́:mli］ | 【副】しっかりと |
| 2217 | con·firm | ［kənfɚ́:m］ | 【他動】確認する、裏付ける |
| 2899 | fur | ［fɚ́:］ | 【名】毛皮 |
| 2333 | fur·ni·ture | ［fɚ́:nitʃɚ］ | 【名】家具 |
| 1172 | fur·ther | ［fɚ́:ðɚ］ | 【副】さらに遠くに、それ以上に |
| 2636 | fur·ther·more | ［fɚ́:ðɚmɔ̀ɚ］ | 【副】さらに |
| 1083 | re·fer | ［rifɚ́:］ | 【自動】引用する、参照する |
| 1158 | pre·fer | ［prifɚ́:］ | 【他動】…の方を好む |
| 2036 | trans·fer | ［trænsfɚ́:］ | 【他動】移動させる |

## ●音番号 291 ［feɚ］

音番号 291 ［feɚ］

| 1168 | fair | ［féɚ］ | 【形】公正な、公平な |
| 1501 | af·fair | ［əféɚ］ | 【名】（日々の）出来事、浮気 |
| 1586 | fair·ly | ［féɚli］ | 【副】（良い意味）かなり、公正に |
| 2732 | fair·y | ［féɚri］ | 【名】妖精 |
| 2905 | un·fair | ［ʌnféɚ］ | 【形】不公平な |

## ●音番号 292 ［fiɚ］

音番号 292 ［fiɚ］

| 2863 | in·ter·fere | ［intɚfíɚ］ | 【自動】邪魔をする、妨げる |

●音番号 293 ［fɔ˞］

| ☺ 音番号 293 ［fɔ˞］ | | | |
|---|---|---|---|
| 2918 | fork | ［fɔ́˞k］ | 【名】フォーク（食事用） |
| 2842 | fore·head | ［fɔ́˞hèd］ | 【名】ひたい（額） |
| 1450 | for·mal | ［fɔ́˞ml］ | 【形】形式的な |
| 2790 | in·for·mal | ［infɔ́˞ml］ | 【形】非公式の |
| 1075 | per·form | ［pɚfɔ́˞m］ | 【他動】行なう（義務）、【自動】演奏する |
| 1857 | in·form | ［infɔ́˞m］ | 【他動】通知する、知らせる |
| 2628 | trans·form | ［trænsfɔ́˞m］ | 【他動】変換する、変質させる |
| 2264 | for·tune | ［fɔ́˞tʃn］ | 【名】富、財産、多額の金 |
| 2498 | for·tu·nate·ly | ［fɔ́˞tʃnətli］ | 【副】運よく、幸運にも |
| 1449 | un·for·tu·nate·ly | ［ʌnfɔ́˞tʃnətli］ | 【副】不運にも |
| 1636 | af·ford | ［əfɔ́˞d］ | 【他動】…する余裕がある |
| 2326 | for·eign·er | ［fɔ́˞rənɚ］ | 【名】外国人 |

●音番号 294 ［fɑ˞］

| ☺ 音番号 294 ［fɑ˞］ | | | |
|---|---|---|---|
| 1018 | farm·er | ［fɑ́˞mɚ］ | 【名】農民 |
| 2426 | farm·ing | ［fɑ́˞miŋ］ | 【名】農場経営、農業 |

# Lesson 34
# ［fl＋母音］

　［f］は上前歯と下唇を使って出す音ですので、［f］を発音する際には、舌をあらかじめ［l］を出しやすい位置においておきましょう。［f］を発音したら、［f］の息の圧力を維持したまま舌を上前歯の裏に押しつけて、［l］を発音します。［fl］と次の母音をなめらかにつなげて発音しましょう。

●音番号 295 ［fle］

| ☺ 音番号 295 ［fle］ | | | |
|---|---|---|---|
| 2161 | flesh | ［fléʃ］ | 【名】肉 |

| 2625 | flex·i·ble | [flÉksəbl] | 【形】曲げられる、融通のきく |
| 1109 | re·flect | [riflÉkt] | 【他動】反射する |
| 2679 | re·flec·tion | [riflÉkʃən] | 【名】反射 |

## ●音番号 296 ［flei］

ﾞ☺ 音番号 296 ［flei］

| 2715 | flame | [flÉim] | 【名】ほのお、火 |

　[flÉi] を含む単語は、JACET8000 内にはあと 2 語あります。

3174　inflation［inflÉiʃən］（膨張、インフレーション）

3862　flavor［flÉivɚ］（風味）

## ●音番号 297 ［fliː］

ﾞ☺ 音番号 297 ［fliː］

| 2978 | fleet | [flíːt] | 【名】船団、艦隊 |

　[flíː] を含む語は、JACET8000 内にはあと 1 語あるのみです。

3568　flee［flíː］（逃げる）

## ●音番号 298 ［flʌ］

ﾞ☺ 音番号 298 ［flʌ］

| 1854 | flood | [flʌ́d] | 【名】洪水 |

　[flʌ́] を含む語は、JACET8000 内にはあと 3 語あります。

4729　flush［flʌ́ʃ］（トイレの水を流す）

6384　flutter［flʌ́tɚ］（羽ばたき）

6858　flux［flʌ́ks］（流れ）

## ●音番号 299 ［flæ］

ﾞ☺ 音番号 299 ［flæ］

| 1268 | flat | [flǽt] | 【形】平らな、平坦な |
| 2068 | flash | [flǽʃ] | 【名】(光の) きらめき、フラッシュ |
| 2177 | flag | [flǽg] | 【名】旗 |

## ●音番号 300 ［flai］

| 🙂 音番号 300 ［flai］ | | | |
|---|---|---|---|
| 1125 | flight | ［fláit］ | 【名】飛行、飛ぶこと |

［flái］を含む語は、JACET8000 内にはあと１語のみです。

559　fly ［flái］（飛ぶ）

## ●音番号 301 ［flou］

| 🙂 音番号 301 ［flou］ | | | |
|---|---|---|---|
| 1230 | flow | ［flóu］ | 【自動】流れる、【名】流れ |
| 1922 | float | ［flóut］ | 【自動】浮かぶ |

［flóu］の発音を持った単語は、JACET8000 内には上記の２単語だけです。

# Lesson 35
# ［fr＋母音］

　［f］を発音しているときは舌はどの位置にあってもよいので、［r］の位置においておきましょう。［r］は、舌の根元をうしろ斜め上に、天井付近まで持ち上げ、そのまま「アー」とうなる音でしたね。その際、舌先を、上前歯裏の歯ぐきから１〜2cm 奥の、天井すれすれまで持ち上げるのでした（詳しくは『改訂版　単語耳　レベル１』の実践編 Lv.1 参照）。

　発音練習をくり返して［r］と［l］の発音が安定してくるまでは、本 Lesson で練習する［fr＋母音］の発音が、先の Lesson34 内の［fl＋母音］の発音になっている懸念があります。その逆もまたしかりです。できればご自分の発音を音声認識で確認してください。

## ●音番号 302 ［fre］

| 🙂 音番号 302 ［fre］ | | | |
|---|---|---|---|
| 1074 | fresh | ［fréʃ］ | 【形】新鮮な、新しい |
| 1291 | friend·ly | ［fréndli］ | 【形】友好的な、親しい |
| 1849 | friend·ship | ［fréndʃip］ | 【名】友情 |

## ●音番号 303 ［frei］

ゞ😃 音番号 303 ［frei］

| 1744 | phrase | ［fréiz］ | 【名】（言葉）句、成句 |
| 2107 | frame | ［fréim］ | 【名】骨組み |

## ●音番号 304 ［friː］

ゞ😃 音番号 304 ［friː］

| 2649 | fre·quent | ［fríːkwənt］ | 【形】たびたびの |
| 1700 | fre·quent·ly | ［fríːkwəntli］ | 【副】しばしば |
| 2070 | fre·quen·cy | ［fríːkwənsi］ | 【名】周波数、頻度（ひんど） |
| 2660 | free·ly | ［fríːli］ | 【副】自由に |

## ●音番号 305 ［fruː］

ゞ😃 音番号 305 ［fruː］

| 1149 | fruit | ［frúːt］ | 【名】フルーツ、果物 |

## ●音番号 306 ［frɑ］

ゞ😃 音番号 306 ［frɑ］

| 2733 | frog | ［frɑg］ | 【名】カエル |

## ●音番号 307 ［frai］［frau］

ゞ😃 音番号 307 ［frai］［frau］

| 2496 | fright·ened | ［fráitnd］ | 【形】おびえた |
| 2970 | fry | ［frái］ | 【他動】（油で）揚げる、いためる |
| 2855 | frown | ［fráun］ | 【自動】顔をしかめる |

　JACET8000内で［fráu］にアクセントがある単語は、上記の frown［fráun］1つだけですので、この音番号に混ぜてあります。いっしょに覚えてしまいましょう。

# Lesson 36
# ［v＋母音］

　［v］は、［f］の有声音ですので、ここまでの［f］に関する要領がすべて［v］にも当てはまります。

　［v］の後ろに子音が来ることはありません。［v＋子音＋母音］——つまり「子音＋子音＋母音」の発音の組み合わせがないのです。［f］には［fl＋母音］［fr＋母音］がありましたので、［v］のほうが音の組み合わせが単純なわけです。

## ●音番号308 ［ve］

| ☺ 音番号308 ［ve］ | | | |
|---|---|---|---|
| 1767 | veg·e·ta·ble | ［védʒətəbl］ | 【名】野菜 |
| 2006 | in·vent | ［invént］ | 【他動】発明する |
| 2806 | in·ven·tion | ［invénʃən］ | 【名】発明 |
| 1082 | pre·vent | ［privént］ | 【他動】妨げる、防ぐ |
| 1916 | ad·ven·ture | ［ədvéntʃɚ］ | 【名】冒険、危険な旅 |
| 1354 | e·ven·tu·al·ly | ［ivéntʃuəli］ | 【副】ゆくゆくは、いつかは |
| 1597 | de·vel·op·ing | ［divéləpiŋ］ | 【形】発展途上の |

## ●音番号309 ［vei］

| ☺ 音番号309 ［vei］ | | | |
|---|---|---|---|
| 1349 | sur·vey | ［sɚvéi］ | 【他動】調べる、じっくり見る |
| 2559 | con·vey | ［kənvéi］ | 【他動】運ぶ、運搬する |
| 2742 | in·va·sion | ［invéiʒən］ | 【名】侵略、侵入 |
| 1299 | a·vail·a·ble | ［əvéiləbl］ | 【形】利用できる、入手できる |
| 1903 | ob·ser·va·tion | ［àbzɚvéiʃən］ | 【名】観察 |
| 2702 | res·er·va·tion | ［rèzɚvéiʃən］ | 【名】予約、保留 |

## ●音番号310 ［vi］

| ☺ 音番号310 ［vi］ | | | |
|---|---|---|---|
| 1824 | vi·sion | ［víʒən］ | 【名】視界、先見性、ビジョン |

| 2427 | vi·su·al | [víʒuəl] | 【形】視覚の |
|------|----------|----------|-----------|
| 1603 | di·vi·sion | [divíʒən] | 【名】分割、区切り、部門 |
| 2484 | vis·i·ble | [vízəbl] | 【形】目に見える、可視の |
| 1086 | vis·i·tor | [vízətər] | 【名】訪問者、見学者 |
| 1486 | vic·tim | [víktim] | 【名】被害者 |
| 1307 | vic·to·ry | [víktəri] | 【名】勝利 |
| 2848 | vil·lag·er | [vílidʒər] | 【名】村人 |
| 1964 | con·vince | [kənvíns] | 【他動】納得させる、確信させる |

## ●音番号 311 ［viː］

### 音番号 311 ［viː］

| 1930 | ve·hi·cle | [víːəkl] | 【名】乗り物（car, bus などの総称） |
|------|-----------|----------|--------------------------------|
| 1309 | re·veal | [riví:l] | 【他動】現わす（秘密など） |
| 2584 | con·ven·ient | [kənví:niənt] | 【形】便利な、都合の良い |

## ●音番号 312 ［væ］

### 音番号 312 ［væ］

| 2654 | van | [vǽn] | 【名】バン、小型トラック |
|------|-----|-------|----------------------|
| 2611 | vanish | [vǽniʃ] | 【自動】消える、見えなくなる |
| 1564 | vast | [vǽst] | 【形】広大な |
| 1512 | val·ley | [vǽli] | 【名】谷、低地 |
| 1794 | val·u·a·ble | [vǽljəbl] | 【形】価値の高い、高価な |
| 1596 | ad·vance | [ədvǽns] | 【動】前進させる、進歩する |
| 1716 | ad·vanced | [ədvǽnst] | 【形】前に進んだ、高等の |
| 1273 | ad·van·tage | [ədvǽntidʒ] | 【名】有利、強み |

## ●音番号 313 ［vɑ］

### 音番号 313 ［vɑ］

| 1936 | vol·ume | [vάlju(ː)m] | 【名】容積、本 |
|------|---------|-------------|-------------|
| 2824 | e·volve | [ivάlv] | 【他動】発展させる |

## ●音番号 314 ［vai］

### 音番号 314 ［vai］

| 2144 | vi·o·lent | [váiələnt] | 【形】激しい、暴力的な |
|------|-----------|------------|------------------------|
| 1783 | vi·o·lence | [váiələns] | 【名】暴力、激しさ |
| 2223 | vi·tal | [váitl] | 【形】命にかかわる、極めて重要な |
| 2613 | vi·ta·min | [váitəmin] | 【名】ビタミン |
| 2111 | vi·rus | [váiərəs] | 【名】ウイルス |
| 1020 | ad·vice | [ədváis] | 【名】忠告、アドバイス |
| 1651 | ad·vise | [ədváiz] | 【他動】忠告する、勧める |
| 1840 | de·vice | [diváis] | 【名】装置、仕掛け |
| 1345 | di·vide | [diváid] | 【他動】分ける、分割する |
| 1011 | in·vite | [inváit] | 【他動】招待する |
| 1921 | sur·viv·al | [sɚváivl] | 【名】生き残ること |

## ●音番号 315 ［vɔi］

### 音番号 315 ［vɔi］

| 2957 | voy·age | [vɔ́i(i)ʤ] | 【名】（長い）船旅、航海 |
|------|----------|-----------|--------------------------|

## ●音番号 316 ［vou］

### 音番号 316 ［vou］

| 2304 | de·vote | [divóut] | 【他動】ささげる、専念する |
|------|----------|----------|------------------------------|

## ●音番号 317 ［vɚː］

### 音番号 317 ［vɚː］

| 1625 | ver·sion | [vɚ́ːʒən] | 【名】…版、脚色 |
|------|----------|-----------|------------------|
| 2747 | ver·ti·cal | [vɚ́ːtikl] | 【形】垂直の、縦の |
| 2553 | re·verse | [rivɚ́ːs] | 【他動】逆にする、【名】逆 |
| 2953 | di·ver·si·ty | [divɚ́ːsəti] | 【名】多様性 |
| 2393 | u·ni·ver·sal | [jùːnəvɚ́ːsl] | 【形】全世界的な、普遍的な |
| 2619 | anni·ver·sa·ry | [æ̀nivɚ́ːsəri] | 【名】記念日 |

## ●音番号 318 ［veɚ］

| ≒😊 音番号 318 ［veɚ］ | | |
|---|---|---|
| 1757 var·y | ［véɚri］ | 【自動】変化する、異なる |

## ●音番号 319 ［viɚ］

| ≒😊 音番号 319 ［viɚ］ | | |
|---|---|---|
| 2080 se·vere | ［sivíɚ］ | 【形】厳しい、シビアな |

## ●音番号 320 ［vɔɚ］

| ≒😊 音番号 320 ［vɔɚ］ | | |
|---|---|---|
| 2280 di·vorce | ［divɔ́ɚs］ | 【名】離婚、【他動】離婚する |

## ●音番号 321 ［vjuː］

本書・実践編 Lv.2 で扱う 2000 語内にはここで練習する単語はありませんが、JACET8000 内には、次の 4 単語があります。

441 　view ［vjúː］（ながめ）

3009 　review ［rivjúː］（レビュー）

4137 　viewer ［vjúːɚ］（見物人）

4733 　viewpoint ［vjúːpɔ̀int］（観点）

# Lesson 37
# ［θ＋母音］

　［θ］の発音の原理は、［f］と同じです。［f］は、上前歯の先を下唇に軽く触れさせ、そこに息を通して出しましたが、下唇の代わりに、舌の先を使えば、［θ］の音が出ます。軽くふさぐようにしたところに強く息を通す方法はいっしょです。

　音声認識にかけると［f］が［θ］と認識される場合がありますが、［f］の息を強くすれば改善されるでしょう。なお、［f］を、唇をはじいて発音してし

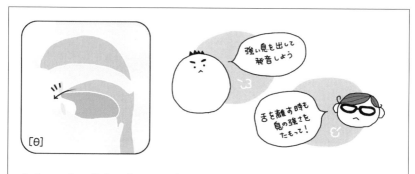

[θ] は、上の前歯の先または裏に舌を軽く触れたところに息を通して出す無声音です。ノドをふるわせると、有声音 [ð] になります。

まうと [p] と認識されますのでご注意を。

　以前は [θ] は舌を軽くかんで出すと教える向きもあったようですが、かんではいけません。息が通過しやすいように、上前歯は舌先に軽くさわるだけにします。下の歯は舌を支えて息の通過を調整します。

　もうひとつ重要なのは、[θ] の音を出してから次の音につながるまで、息を出し続けることです。たとえば think [θíŋk]（考える）では、[θ] を発音してから [i] まで息をつなげて発音します。つまり、[i] に向けて舌が歯から離れるときに出る途中の音も [θ] の音の一部なので、舌が歯から離れるときも息を出し続けてください。

　[ð] は [θ] の有声音（ノドをふるわせる音）です。

　[θ][ð] は大きな音が出にくい音ですので、強い息が必要です。

## ●音番号 322 ［θi］

| 🔊😀 音番号 322 ［θi］ | | | | |
|---|---|---|---|---|
| 1217 | thin | [θín] | 【形】 | 薄い、細い |
| 1256 | theat·er | [θíətər] | 【名】 | 劇場、舞台 |
| 1355 | thick | [θík] | 【名】 | 厚い、太い |

## ●音番号 323 ［θi:］

| 🔊😀 音番号 323 ［θi:］ | | | | |
|---|---|---|---|---|
| 1978 | theme | [θí:m] | 【名】 | 主題、題、テーマ |

●音番号 324 ［θ(j)u:］

| ≋😃 音番号 324 ［θ(j)u:］ | | | |
|---|---|---|---|
| 2433 | en·thu·si·asm | ［inθ(j)ú:ziæzm］ | 【名】熱狂、熱中 |

●音番号 325 ［θʌ］

| ≋😃 音番号 325 ［θʌ］ | | | |
|---|---|---|---|
| 2585 | thumb | ［θʌ́m］ | 【名】親指 |

●音番号 326 ［θæ］

JACET8000 内でアクセントがある ［θǽ］音を持つのは、次の 4 単語だけです。すべて thank 関連ですので覚えやすく、相手の使用語を特定しやすいですね？

434　thank ［θǽŋk］（感謝する）

3069　thanks ［θǽŋks］（感謝）

7047　thankfully ［θǽŋkfli］（感謝して）

7534　thankful ［θǽŋkfl］（うれしい）

●音番号 327 ［θɔ:］

| ≋😃 音番号 327 ［θɔ:］ | | | |
|---|---|---|---|
| 1415 | au·thor·i·ty | ［əθɔ́:rəti］ | 【名】権威 |

# Lesson 38
# ［θr＋母音］

　［θ］は大きな音が出にくい音ですが、舌が離れるときに案外と大きな音が出ます。［θ］から［r］にむけて、舌をまっすぐに口の奥に動かしたときに舌が上の歯先から離れるときにも息を強く送り続けて音を出してください。

## ●音番号 328 ［θre］

| 😊 音番号 328 ［θre］ | | | |
|---|---|---|---|
| 1426 | threat·en | ［θrétn］ | 【他動】おどす、脅かす |
| 1726 | threat | ［θrét］ | 【名】おどし、脅迫 |
| 2951 | thread | ［θréd］ | 【名】糸、脈絡、スレッド |

［θré］を含む語は JACET8000 内にはあと 1 単語だけあります。

4660　threshold　［θréʃ(h)ould］　（出発点）

## ●音番号 329 ［θri］

| 😊 音番号 329 ［θri］ | | | |
|---|---|---|---|
| 2938 | thrill | ［θríl］ | 【名】スリル、ぞくぞくすること |

　JACET8000 にはあと 1 つあります。JACET8000 内には数字を意味する単語は含まれませんが、three もこの音を含みます。

7446　thriller　［θrílɚ］　（推理小説、スリルを与えるもの）

three　［θríː］　（3、3 つの）

## ●音番号 330 ［θrou］

| 😊 音番号 330 ［θrou］ | | | |
|---|---|---|---|
| 1810 | throat | ［θróut］ | 【名】のど |

　［θróu］を含む語は、JACET8000 内にはあと 3 単語あります。

704　　throw　［θróu］　（投げる）

4387　throne　［θróun］　（王座、《俗》便座）

5819　overthrow　［òuvɚθróu］　（転覆）

# Lesson 39
# ［ð＋母音］

　［ð］は［θ］の有声子音ですので、［θ］での注意事項がすべて［ð］にも当てはまります。次の母音の準備（唇の形やアゴの位置の調整）をしてから［ð］の発音を開始して、その母音になめらかに音を続けましょう。

［ð＋母音］を含む単語は、本書・実践編 Lv.2 で扱う 2000 語には、以下の 16 語が出てきます。しかし、［ð＋母音］の部分にアクセントはきませんので、この Lesson では練習しません。これらの単語はすべて、アクセントがある音番号のところに掲載していますので、そちらで練習してください。

1016　weather ［wéðɚ］（天気）

1100　neither ［níːðɚ］（どちらも…でない）

1105　gather ［gǽðɚ］（集める）

1172　further ［fɚ́ːðɚ］（それ以上に）

1440　southern ［sʌ́ðɚn］（南の）

1521　northern ［nɔ́ɚðɚn］（北の）

1609　otherwise ［ʌ́ðɚwàiz］（そうでなければ）

1616　bother ［bɑ́ðɚ］（悩ます）

1703　nevertheless ［nèvɚðəlés］（それにもかかわらず）

2095　clothing ［klóuðiŋ］（衣類）

2260　grandfather ［grǽn(d)fɑ̀ːðɚ］（祖父）

2278　grandmother ［grǽn(d)mʌ̀ðɚ］（祖母）

2435　leather ［léðɚ］（皮）

2479　feather ［féðɚ］（羽）

2580　altogether ［ɔ̀ːltəgéðɚ］（まったく）

2636　furthermore ［fɚ́ːðɚmɔ̀ɚ］（さらに）

　前述のように、［ð＋母音］のところにアクセントがくる単語は本書・実践編 Lv.2 で扱う 2000 語のなかにはありませんので、音番号は以下のようにしておきます。

　参考までに、それらの音番号の単語を、JACET8000 全体の中からすべて検索し、JACET 番号と一緒に掲載してみます。単語数が多くない分、この音節の音を聞いたときの使用単語の特定は容易ですね。

## ●音番号 331　［ðe］［ðei］

　JACET8000 内には、以下 3 単語のみ。

17　　they ［ðéi］（彼らは）

54　　them ［ðém］（彼らを）

69　　then ［ðén］（その時）

## ●音番号 332 ［ði］

JACET8000 内には、以下 2 単語のみ。

25　　this ［ðís］（これ）

546　within ［wiðín］（…以内に）

## ●音番号 333 ［ðiː］

JACET8000 内には、以下 2 単語のみ。

91　　these ［ðíːz］（これら）

4123　thee ［ðíː］（なんじは）

## ●音番号 334 ［ðʌ］

JACET8000 内には、以下 2 単語のみ。

1　　　the ［ðʌ́］（その）

700　thus ［ðʌ́s］（このように）

## ●音番号 335 ［ðæ］

JACET8000 内には、以下 2 単語のみ。

8　　　that ［ðǽt］（あれ）

82　　than ［ðǽn］（…よりも）

## ●音番号 336 ［ðeɚ］

JACET8000 内には、以下 4 単語のみ。

30　　there ［ðéɚ］（そこに）

44　　their ［ðéɚ］（彼らの）

665　therefore ［ðéɚfɔɚ］（だから）

4827　theirs ［ðéɚz］（彼らのもの）

# Lesson 40
# ［ʧ＋母音］

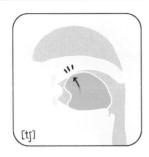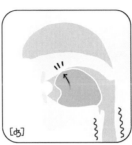

[ʧ] は、日本語の「チ」の子音部分をずっと強く、鋭くした音で、[t] と [ʃ] を瞬時に続けて発音する音です。[ʃ] を出すつもりで舌を口前方の天井につけて [t] と発音して舌を少し離すと [ʧ] の音が出ます。ノドをふるわせると、有声音 [ʤ] になります。

[ʧ] は、[t] + [ʃ] の音で、日本語の「チャ、チュ、チョ」の各冒頭（子音部分）を、強く鋭く発音したような音です。すごく悔しいときに強く「チッ！」と言いますね。その音に近いです。

[t] を発音して舌が離れたときに自然に [ʃ] の音が出るように発音しましょう。コツは、先に [ʃ] の舌の位置をつくり（舌の中央をちょっと上げて口の天井につけて）、[t] を発音します。そうすると、[t] を発音して舌の中央をほんの少しだけ口の天井から離した時点で [ʃ] の音が出るので、なめらかな発音が可能です。

舌と息をこのように使うと、結果として、たとえば cheese [ʧiːz]（チーズ）の [ʧ] の冒頭は日本語の「チ」冒頭とよく似た音になります。ただし、「チ」よりもずっと強く、勢いがある音で出してください。

[ʤ] は [ʧ] の有声音（ノドをふるわせる音）です。

単語の中ほどに [ʧ] があると、音声認識で [t] や [d] に認識されることがあります。[ʧ] を鋭く発音すると改善されるでしょう。

[ʧ] も [ʤ] も、次に子音が続くことはありません。続くのは母音だけです。

　[ʧ] も [ʤ] も、舌先と息だけで出す音ですので、唇は自由な形を取れます。アゴを少し開いても発音できるので、続く母音の唇の形やアゴの形をつくっておいて発音してください。そうすれば、[ʧ＋母音]、[ʤ＋母音]を1音感覚で発音できます。

## ●音番号 337 〔ʧe〕

| | 音番号 337 〔ʧe〕 | | |
|---|---|---|---|
| 1704 | chest | 〔ʧést〕 | 【名】胸、（衣類保存の）箱 |

## ●音番号 338 〔ʧei〕

| | 音番号 338 〔ʧei〕 | | |
|---|---|---|---|
| 1792 | chain | 〔ʧéin〕 | 【名】鎖、チェーン |
| 2143 | chase | 〔ʧéis〕 | 【他動】追いかける、【名】追求 |
| 2432 | cham·ber | 〔ʧéimbɚ〕 | 【名】小部屋、小室 |

## ●音番号 339 〔ʧi〕

| | 音番号 339 〔ʧi〕 | | |
|---|---|---|---|
| 1687 | chick·en | 〔ʧíkin〕 | 【名】にわとり、チキン |
| 2114 | chip | 〔ʧíp〕 | 【名】切れ端、ポテトチップ |
| 2839 | chin | 〔ʧín〕 | 【名】あご |

## ●音番号 340 〔ʧiː〕

| | 音番号 340 〔ʧiː〕 | | |
|---|---|---|---|
| 1046 | chief | 〔ʧíːf〕 | 【名】長、かしら |
| 1271 | cheap | 〔ʧíːp〕 | 【形】安い、安っぽい |
| 1727 | a·chieve·ment | 〔əʧíːvmənt〕 | 【名】達成、業績 |
| 1784 | cheek | 〔ʧíːk〕 | 【名】（顔）ほお |
| 1787 | cheese | 〔ʧíːz〕 | 【名】チーズ |
| 2997 | cheat | 〔ʧíːt〕 | 【他動】だます、カンニングする |

## ●音番号 341 ［ʧɔː］

ʒ😀 音番号 341 ［ʧɔː］

| 2213 | choc·o·late | [ʧɔ́ːkələt] | 【名】チョコレート |

## ●音番号 342 ［ʧæ］

ʒ😀 音番号 342 ［ʧæ］

| 2053 | cham·pi·on | [ʧǽmpiən] | 【名】優勝者、チャンピオン |
| 1611 | cham·pi·on·ship | [ʧǽmpiənʃip] | 【名】選手権、決勝戦 |
| 1827 | chan·nel | [ʧǽnl] | 【名】海峡、水路、チャネル、通信路 |
| 2173 | char·i·ty | [ʧǽrəti] | 【名】慈善 |
| 2544 | chat | [ʧǽt] | 【名】おしゃべり、チャット |

## ●音番号 343 ［ʧai］

ʒ😀 音番号 343 ［ʧai］

| 1754 | child·hood | [ʧáildhùd] | 【名】子供時代、子供の頃 |

## ●音番号 344 ［ʧou］

ʒ😀 音番号 344 ［ʧou］

| 2516 | cho·sen | [ʧóuzn] | 【形】選ばれた |

## ●音番号 345 ［ʧɑɚ］

ʒ😀 音番号 345 ［ʧɑɚ］

| 1171 | charge | [ʧɑ́ɚʤ] | 【他動】（料金を）請求する、【名】料金 |
| 2829 | charm | [ʧɑ́ɚm] | 【名】魅力、魔法 |
| 2780 | charm·ing | [ʧɑ́ɚmiŋ] | 【形】魅力的な |
| 2788 | chart | [ʧɑ́ɚt] | 【名】図表、グラフ、海図、チャート |

## ●音番号 346 ［ʧiɚ］

ʒ😀 音番号 346 ［ʧiɚ］

| 2440 | cheer | [ʧíɚ] | 【他動】声援する、【名】歓声 |

| 2769 | cheer·ful | [tʃíɚfl] | 【形】陽気な、機嫌のいい |
|---|---|---|---|

# Lesson 41
# ［ʤ＋母音］

　ノドをふるわせて [tʃ] を発音すると、[ʤ] 音が出ます。発音にまつわる注意事項は、すべて [tʃ] と同じです。

## ●音番号 347 ［ʤe］

　[ʤe] は [d][ʒ][e] に分解できます。[ʒ] を中心にいっぺんに発音してしまいましょう。[ʒ] は [ʃ] の有声音です。

　[ʃ] の舌の形のまま、舌をもちあげて、口の天井に触れて [d] を発音します。[d] を発音し終わったときの舌の位置を [ʃ] にすると、[d][ʒ] の音が連続して出ます。これが [ʤ] 音です。[d][ʒ] の動きから [e] の発音に続けます。これで [ʤe] をいっぺんに発音できます。日本語の「ジェ」でもほぼ OK なのですが、[d][ʒ][e] のつながっている音が正解です。

| ⌣ 音番号 347 ［ʤe］ | | | |
|---|---|---|---|
| 1045 | gen·er·al·ly | [ʤénərəli] | 【副】一般に、たいていは |
| 1670 | gen·tle | [ʤéntl] | 【形】優しい、親切な |
| 1518 | gent·ly | [ʤéntli] | 【副】優しく、ゆるやかに |
| 1533 | gen·tle·man | [ʤéntlmən] | 【名】紳士、殿方 |
| 1599 | ges·ture | [ʤéstʃɚ] | 【名】身振り、ジェスチャー |
| 1672 | sug·ges·tion | [sə(g)ʤéstʃən] | 【名】暗示、提案 |
| 2058 | gen·er·ate | [ʤénərèit] | 【他動】発生させる、生み出す |
| 2820 | gen·der | [ʤéndɚ] | 【名】(社会的・文化的な役割での) 性 |
| 2875 | gen·er·ous | [ʤénərəs] | 【形】気前のよい、寛大な |
| 2876 | jet | [ʤét] | 【名】噴出、ジェット機 |
| 2065 | re·ject | [riʤékt] | 【他動】拒絶する、断る |

## ●音番号 348 ［ʤei］

ミ😊 音番号 348 ［ʤei］

| 2316 | jail | ［ʤéil］ | 【名】刑務所 |

　［ʤei］にアクセントが来る語は、JACET8000内にはあと2単語だけあります。

4012　adjacent ［əʤéisnt］（近くの）

6205　jay ［ʤéi］（《俗》おしゃべり屋）

## ●音番号 349 ［ʤiː］

ミ😊 音番号 349 ［ʤiː］

| 1937 | gene | ［ʤíːn］ | 【名】遺伝子 |
| 2129 | ref·u·gee | ［rèfjuʤíː］ | 【名】避難民、亡命者 |
| 2618 | gen·ius | ［ʤíːnjəs］ | 【名】天才 |

## ●音番号 350 ［ʤuː］

ミ😊 音番号 350 ［ʤuː］

| 1779 | jun·ior | ［ʤúːnjɚ］ | 【形】年下の、後輩の |
| 2325 | juice | ［ʤúːs］ | 【名】ジュース |

## ●音番号 351 ［ʤʌ］

ミ😊 音番号 351 ［ʤʌ］

| 1918 | jus·tice | ［ʤʌ́stis］ | 【名】正義 |
| 2275 | ad·just | ［əʤʌ́st］ | 【他動】調節する |
| 2286 | judg·ment | ［ʤʌ́ʤmənt］ | 【名】判断、裁判 |
| 2817 | jun·gle | ［ʤʌ́ŋgl］ | 【名】ジャングル |

## ●音番号 352 ［ʤæ］

ミ😊 音番号 352 ［ʤæ］

| 1751 | jack·et | ［ʤǽkit］ | 【名】上着、ジャケット |

　［ʤæ］を含む語は、JACET8000内にはあと2単語あります。

4527　jazz ［ʤǽz］（ジャズ）
5143　jam ［ʤǽm］（混雑）

## ●音番号 353 ［ʤai］

😊 音番号 353 ［ʤai］

1443　giant　　　［ʤáiənt］　　【名】巨人

この音節の音を持つ語は、JACET8000 内にはこの単語 1 つだけです。

## ●音番号 354 ［ʤou］

😊 音番号 354 ［ʤou］

1225　joke　　　［ʤóuk］　　　【名】冗談、しゃれ、【自動】冗談を言う

この音節の音を持つ語は、JACET8000 内にはこの単語 1 つだけです。

## ●音番号 355 ［ʤɔ:］

😊 音番号 355 ［ʤɔ:］

2648　jaw　　　［ʤɔ́:］　　　【名】あご

## ●音番号 356 ［ʤɔi］

😊 音番号 356 ［ʤɔi］

1482　joy　　　［ʤɔ́i］　　　【名】喜び

［ʤɔ́i］という音節を含む語は、JACET8000 内にはあと 9 単語あります。
459　enjoy ［enʤɔ́i］（楽しむ）
505　join ［ʤɔ́in］（参加する）
3047　joint ［ʤɔ́int］（結合）
4823　enjoyment ［enʤɔ́imənt］（楽しみ）
4976　jointly ［ʤɔ́intli］（合同で）
5198　enjoyable ［enʤɔ́iəbl］（楽しめる）
7152　rejoin ［riʤɔ́in］（再び加わる）
7233　adjoining ［əʤɔ́iniŋ］（となりの）
7636　rejoice ［riʤɔ́is］（うれしがる）

●音番号 357 ［ʤɚː］

😄 音番号 357 ［ʤɚː］

| 1092 | jour·ney | ［ʤɚːni］ | 【名】旅行 |
| 2425 | jour·nal·ist | ［ʤɚːnəlist］ | 【名】報道記者、ジャーナリスト |

●音番号 358 ［ʤɔɚ］

😄 音番号 358 ［ʤɔɚ］

| 1781 | ma·jor·i·ty | ［məʤɔ́ɚrəti］ | 【名】過半数、大多数 |

# Lesson 42
# ［h＋母音］

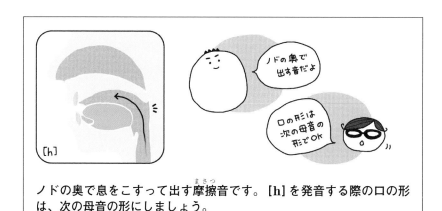

ノドの奥で息をこすって出す摩擦音です。［h］を発音する際の口の形
は、次の母音の形にしましょう。

　［h］は、息がノドを「ハー」と摩擦する音です。ノドで出すので口の形は影
響しません。そのため、口を次に続く母音の形にして［h］を発音して良いので
す。たとえば hot［hɑt］（熱い）では、あらかじめ［ɑ］の口の形をつくっておい
て［h］を発音します。hit［hit］（打つ）では、［i］の口の形で［h］を発音します。
　一般に英語の子音は次の母音の音になめらかにつなげます。つまり次の
母音の方向に口を動かしながら発音するわけです。

　よって、tea［ti:］（お茶）と two［tu:］（2つの）では、［t］を発音する際の舌と
アゴの動く方向が微妙に異なります。tea の［t］は、唇を横にひっぱりながら
発音し、いっぽう two の［t］は唇をまるめて発音する、といった具合です。こ
の結果、tea と two では、［t］の上の歯ぐきにつける舌の形が微妙に違います。
　同様に、［h］の発音は、"次に続く母音を予測して発音する"子音の発音
方法の典型例と言えます。あらかじめしっかり次の母音の口の形をつくっ
ておいて、［h］を発音しましょう。唇のところで［h］を発音すると［f］と
認識されてしまいますので、必ずノドで発音してください。

## ●音番号 359 ［he］

| 音番号 359 ［he］ | | | |
|---|---|---|---|
| 1317 | health·y | ［hélθi］ | 【形】健康な |
| 1528 | hell | ［hél］ | 【名】地獄 |
| 1970 | heav·en | ［hévn］ | 【名】天国 |
| 2073 | help·ful | ［hélpfl］ | 【形】役立つ |
| 2135 | hes·i·tate | ［hézətèit］ | 【自動】ためらう |
| 2339 | heav·i·ly | ［hévili］ | 【副】重く、重苦しく |
| 2555 | her·it·age | ［hérətidʒ］ | 【名】相続財産、文化遺産 |
| 2906 | head·line | ［hédlàin］ | 【名】（新聞）大見出し |

## ●音番号 360 ［hei］

| 音番号 360 ［hei］ | | | |
|---|---|---|---|
| 1194 | hate | ［héit］ | 【他動】憎む、嫌う |
| 1728 | be·have | ［bihéiv］ | 【動】ふるまう |
| 2002 | hey | ［héi］ | 【間】おーい! |

## ●音番号 361 ［hi］

| 音番号 361 ［hi］ | | | |
|---|---|---|---|
| 2389 | hid·den | ［hídn］ | 【形】隠された |
| 2476 | hint | ［hínt］ | 【名】ヒント、暗示 |

## ●音番号 362 ［hiː］

### ≷😃 音番号 362 ［hiː］

| 1545 | he·ro | [híːrou] | 【名】英雄、ヒーロー |
| 2741 | heel | [híːl] | 【名】かかと |

## ●音番号 363 ［hu］

### ≷😃 音番号 363 ［hu］

| 2797 | hook | [húk] | 【名】釣り針、（引っ掛ける）カギ |

## ●音番号 364 ［huː］

### ≷😃 音番号 364 ［huː］

| 1067 | whom | [húːm] | 【代】だれを、だれに |

## ●音番号 365 ［hʌ］

### ≷😃 音番号 365 ［hʌ］

| 1841 | hunt | [hʌ́nt] | 【他動】狩る、【名】狩猟 |
| 2265 | hunt·ing | [hʌ́ntiŋ] | 【名】狩猟 |
| 2578 | hun·ger | [hʌ́ŋgɚ] | 【名】空腹、飢え |
| 1770 | hun·gry | [hʌ́ŋgri] | 【形】空腹の |
| 2996 | hon·ey | [hʌ́ni] | 【名】はちみつ |

## ●音番号 366 ［hæ］

### ≷😃 音番号 366 ［hæ］

| 2038 | hap·pi·ness | [hǽpinəs] | 【名】幸せ |
| 2171 | hap·pi·ly | [hǽpili] | 【副】幸福に |
| 2115 | un·hap·py | [ʌnhǽpi] | 【形】不幸な |
| 1510 | hab·it | [hǽbit] | 【名】習慣 |
| 2810 | in·hab·it·ant | [inhǽbitənt] | 【名】住民、居住者 |
| 1360 | hat | [hǽt] | 【名】（縁のある）帽子 |
| 2914 | hatch | [hǽtʃ] | 【他動】卵をかえす、【名】昇降口 |
| 1141 | hang | [hǽŋ] | 【他動】つるす、掛ける |

| 1180 | han·dle | [hǽndl] | 【名】取っ手、【他動】取り扱う |
| 2250 | hand·some | [hǽnsəm] | 【形】（男性）ハンサムな（発音注意） |
| 2460 | hand·i·cap | [hǽndikæp] | 【名】ハンディキャップ |

## ●音番号 367 ［hɑ(ː)］

### ⊃😊 音番号 367 ［hɑ(ː)］

| 1033 | hol·i·day | [hálədèi] | 【名】休日 |
| 1431 | ha | [háː] | 【間】ほう、おや（驚き、喜び） |
| 2662 | hop | [háp] | 【自動】跳ぶ（ぴょんぴょん） |

## ●音番号 368 ［hai］

### ⊃😊 音番号 368 ［hai］

| 1064 | hide | [háid] | 【他動】隠す、【自動】隠れる |
| 1139 | high·ly | [háili] | 【副】非常に、おおいに |
| 1722 | height | [háit] | 【名】高さ |
| 2331 | hi | [hái] | 【間】やあ、こんにちは |
| 2728 | high·way | [háiwèi] | 【名】高速道路、ハイウェイ |

## ●音番号 369 ［hau］

### ⊃😊 音番号 369 ［hau］

| 1809 | house·hold | [háus(h)òuld] | 【名】世帯、家族（全員） |
| 2269 | hous·ing | [háuziŋ] | 【名】住宅、住宅供給 |

## ●音番号 370 ［hou］

### ⊃😊 音番号 370 ［hou］

| 1322 | host | [hóust] | 【名】主人、主催者 |
| 2225 | ho·ly | [hóuli] | 【形】神聖な |
| 2929 | hope·ful·ly | [hóupfəli] | 【副】できれば、うまくいけば |

## ●音番号 371 ［hɔ:］

| 音番号 371 ［hɔ:］ | | | |
|---|---|---|---|
| 1121 | hall | ［hɔ́:l］ | 【名】ホール、集会所 |

## ●音番号 372 ［hɚ:］

| 音番号 372 ［hɚ:］ | | | |
|---|---|---|---|
| 1308 | hur·ry | ［hɚ́:ri］ | 【自動】急ぐ、急いで行く |
| 2226 | hers | ［hɚ́:z］ | 【代】彼女のもの |

## ●音番号 373 ［hɑɚ］

口を大きく開け閉めする発音です。大きく口をたてに開いて出す ［ɑ］ の発音から口を閉じる ［ɚ］ までの音を連続してなめらかに発音してください。

| 音番号 373 ［hɑɚ］ | | | |
|---|---|---|---|
| 1911 | harm | ［hɑ́ɚm］ | 【名】危害、損害、【他動】害する |
| 2340 | har·bor | ［hɑ́ɚbɚ］ | 【名】港 |
| 2539 | har·mo·ny | ［hɑ́ɚməni］ | 【名】調和、ハーモニー |

har というつづりがこの ［hɑ́ɚ］ の音になります。つづりと発音が一致していますし、数も少ないので、覚えておきましょう。JACET8000 内には上記 3 単語のほか、以下の 12 単語があります。

252　hard ［hɑ́ɚd］（熱心に）

929　hardly ［hɑ́ɚdli］（ほとんど…しない）

3598　hardware ［hɑ́ɚdwèɚ］（金属製品）

3804　harsh ［hɑ́ɚʃ］（手厳しい）

4759　harvest ［hɑ́ɚvəst］（収穫）

5496　hardship ［hɑ́ɚdʃip］（困難）

5616　harmful ［hɑ́ɚmfl］（有害な）

5797　harness ［hɑ́ɚnəs］（装置）

6246　harmless ［hɑ́ɚmləs］（無害な）

7481　hardy ［hɑ́ɚdi］（頑丈な）

380　heart ［hɑ́ɚt］（心）

7280　hearth ［hɑ́ɚθ］（暖炉）

　最後の2単語は hear とつづり、ear の部分が[áɚ]と発音されます。heart を、カタカナの「ハート」で発音してはいけません。しっかり覚えてください。

## ●音番号 374　[haiɚ]

| ≋😀 音番号 374　[haiɚ] | | |
|---|---|---|
| 2356　hire | [háiɚ] | 【他動】雇う、賃借りする |

## ●音番号 375　[hɔɚ]

| ≋😀 音番号 375　[hɔɚ] | | |
|---|---|---|
| 2137　hor·ror | [hɔ́ɚrɚ] | 【名】恐怖 |
| 2512　hor·ri·ble | [hɔ́ɚrəbl] | 【形】恐ろしい、ぞっとする |
| 2717　horn | [hɔ́ɚn] | 【名】角（つの） |

## ●音番号 376　[hjuː]

| ≋😀 音番号 376　[hjuː] | | |
|---|---|---|
| 1873　hu·mor | [hjúːmɚ] | 【名】こっけい、ユーモア |

# Lesson 43
# ［m＋母音］

　[m]も[n]も、鼻から音を出す発音です。つまり「ムー」または「ンー」と鼻に声を出すやり方は同じです。[m]と[n]が違うのは、口から音が出ないようにするふさぎ方です。[m]は唇でふさぎ、[n]は上の前歯裏につけた舌先でふさぎます。この違いによって、[m]と[n]の発音の違いが作り出されるのです。
　[m＋母音]では、[m]の音を「ムー」と鼻のほうにしっかり出してから、次の母音を発音します。たとえば my [mái]（私の）は、[m]をきちんと発音してから[ai]を発音します。日本語の「マイ」では、[m]音の成分が少なすぎると思ってください。

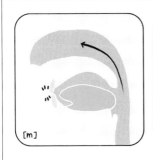 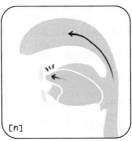 

［m］［n］は、どちらも「ムー」と鼻に息を通して出す有声音です。［m］
では、唇で口をふさいでください。［n］では、［t］の舌の使い方（舌先
を歯ぐき裏につける）で息を止めて「ムー」と言いましょう。

## ●音番号 377　［me］

［me］の発音をスローモーションで、ゆっくり見てみましょう。

まず、［m］のところで唇を閉じます。肺に圧力をかけて息を鼻のほうに
送りながら「ムー」と音を出します。これが［m］の発音です。発音開始か
ら0.1秒間で出す音です。

続く音は［e］ですので、アゴをほんの少し下げて、舌は力を抜いておき
ます。次に口を［e］の位置まですばやく開きます。口を開きながら音を出
し続けましょう。口を開くまでの移動時間は0.1秒です。この移動の時間
に、音は［m］から［e］へとだんだんと変化していきます。

［e］の位置に口が開いたら、0.1秒間［e］を発音します。発音開始から、こ
こまでは合計0.3秒ですね。そして次に続く子音を添えるように発音して
ください。

### 音番号 377　［me］

| | | | | |
|---|---|---|---|---|
| 2779 | mess | ［més］ | 【名】 | 散らかした状態、散乱 |
| 1321 | met·al | ［métl］ | 【名】 | 金属 |
| 2220 | med·al | ［médl］ | 【名】 | メダル、勲章（くんしょう） |
| 1021 | med·i·cal | ［médikl］ | 【形】 | 医学の、内科の |
| 1476 | med·i·cine | ［médəsn］ | 【名】 | 薬、医術 |
| 2981 | met·a·phor | ［métəfɔ˞］ | 【名】 | 比喩（ひゆ） |
| 1677 | men·tal | ［méntl］ | 【形】 | 精神の、心の |
| 2720 | men·tal·ly | ［méntli］ | 【副】 | 精神的に、心に |
| 2530 | men·u | ［ménju:］ | 【名】 | メニュー |

| 2382 | rec·om·mend | [rèkəménd] | 【他動】推薦する |
| 2884 | tre·men·dous | [triméndəs] | 【形】強大な、ものすごい |
| 1356 | en·vi·ron·men·tal | [envàiərənméntl] | 【形】環境上の、周囲の |
| 2642 | melt | [mélt] | 【自動】とける（融ける） |

## ●音番号 378 ［mei］

### 音番号 378 ［mei］

| 1462 | main·ly | [méinli] | 【副】主に |
| 1915 | mail | [méil] | 【名】郵便、メール |
| 1988 | re·main·ing | [riméiniŋ] | 【形】残りの |
| 2034 | a·maz·ing | [əméiziŋ] | 【形】すばらしい、驚嘆するような |
| 2387 | to·ma·to | [təméitou] | 【名】トマト |
| 2726 | mak·er | [méikər] | 【名】製造業者、メーカー |

## ●音番号 379 ［mi］

### 音番号 379 ［mi］

| 2869 | mist | [míst] | 【名】霧、かすみ |
| 2851 | mis·er·a·ble | [mízərəbl] | 【形】みじめな、なさけない |
| 2299 | myth | [míθ] | 【名】神話 |
| 1706 | mys·ter·y | [místəri] | 【名】謎 |
| 1724 | mis·sion | [míʃən] | 【名】使命、任務、使節団 |
| 2919 | e·mis·sion | [imíʃən] | 【名】放出、放射、発散 |
| 2133 | per·mis·sion | [pərmíʃən] | 【名】許可、認可 |
| 2198 | per·mit | [pərmít] | 【他動】許可する、【名】免許証 |
| 1085 | ad·mit | [ədmít] | 【他動】認める、（入会を）許す |
| 1257 | com·mit·tee | [kəmíti] | 【名】委員会 |
| 2329 | mid·night | [mídnàit] | 【名】真夜中 |
| 1427 | mix | [míks] | 【他動】混ぜる |
| 2134 | mix·ture | [míkstʃər] | 【名】混ぜ物、混合 |
| 1315 | min·is·ter | [mínəstər] | 【名】大臣 |
| 2296 | min·is·try | [mínəstri] | 【名】省庁、内閣 |
| 2731 | min·er·al | [mínərəl] | 【名】鉱物、鉱石、ミネラル |
| 1170 | milk | [mílk] | 【名】牛乳、ミルク、【他動】乳をしぼる |
| 1250 | mil·i·tary | [mílətèri] | 【名】軍隊、軍人、【形】軍の |
| 1251 | fa·mil·iar | [fəmíljər] | 【形】よく知っている、親しい |

| 2631 | mir·a·cle | [mírəkl] | 【名】奇跡 |
| 1655 | mirror | [mírɚ] | 【名】鏡 |

## ●音番号 380 ［miː］

### ⋛😊 音番号 380 ［miː］

| 1203 | meat | [míːt] | 【名】肉 |
| 1274 | me·ter | [míːtɚ] | 【名】メートル、計量メーター |
| 1901 | me·di·a | [míːdiə] | 【名】マスコミ機関、マスメディア |
| 1902 | im·me·di·ate | [imíːdiət] | 【形】即座の、即時の |
| 2063 | mean·while | [míːn(h)wàil] | 【副】その間に、一方では |

## ●音番号 381 ［muː］

### ⋛😊 音番号 381 ［muː］

| 1454 | moon | [múːn] | 【名】月 |
| 1897 | mood | [múːd] | 【名】気分、ムード |
| 1036 | re·move | [rimúːv] | 【他動】取り外す |

## ●音番号 382 ［mʌ］

### ⋛😃 音番号 382 ［mʌ］

| 1815 | mus·cle | [mʌ́sl] | 【名】筋肉（発音に注意） |
| 2263 | mum·my | [mʌ́mi] | 【名】ミイラ |
| 2475 | mon·key | [mʌ́ŋki] | 【名】サル |
| 2635 | mud | [mʌ́d] | 【名】泥、ぬかるみ |

## ●音番号 383 ［mæ］

### ⋛😃 音番号 383 ［mæ］

| 1013 | mas·ter | [mǽstɚ] | 【名】主人、師 |
| 1025 | match | [mǽtʃ] | 【名】試合、調和、マッチ、【他動】似合う |
| 1055 | mar·riage | [mǽridʒ] | 【名】結婚 |
| 1103 | map | [mǽp] | 【名】地図 |
| 1134 | mag·a·zine | [mǽgəziːn] | 【名】雑誌、弾薬庫 |
| 1199 | man·ner | [mǽnɚ] | 【名】マナー、身だしなみ、態度 |

| 1489 | com·mand | [kəmǽnd] | 【他動】命令する、【名】命令 |
| 1519 | mag·ic | [mǽdʒik] | 【名】魔法 |
| 1708 | mass | [mǽs] | 【名】かたまり |
| 1763 | man·age·ment | [mǽnidʒmənt] | 【名】管理、経営 |
| 1800 | mad | [mǽd] | 【形】気が狂った、頭にきている |
| 2043 | dra·ma·tic | [drəmǽtik] | 【形】劇的な |
| 2364 | man·u·al | [mǽnjuəl] | 【名】マニュアル、手引書 |
| 2464 | math·e·mat·ics | [mæ̀θəmǽtiks] | 【名】数学 |
| 2883 | math | [mǽθ] | 【名】数学、mathmatics の略 |
| 2470 | au·to·mat·i·cal·ly | [ɔ̀ːtəmǽtikəli] | 【副】自動的に |
| 2491 | mask | [mǽsk] | 【名】仮面、マスク |
| 2748 | mam·mal | [mǽml] | 【名】ほ乳類、ほ乳動物 |
| 2857 | ro·man·tic | [roumǽntik] | 【形】ロマンチックな、恋愛小説的な |
| 2877 | hu·man·i·ty | [hjuːmǽnəti] | 【名】人間らしさ、博愛 |

## ●音番号 384 ［mɑ］

### ３😀 音番号 384 ［mɑ］

| 2197 | mon·ster | [mánstɚ] | 【名】怪物、モンスター |
| 2242 | mon·i·tor | [mánətɚ] | 【名】モニター（装置）、監視装置 |
| 2388 | mod·ule | [mádʒuːl] | 【名】モジュール、規格化部品 |
| 2854 | mol·e·cule | [máləkjùːl] | 【名】分子、微分子 |
| 2860 | mon·u·ment | [mánjəmənt] | 【名】記念碑、遺跡 |
| 1833 | de·moc·ra·cy | [dimákrəsi] | 【名】民主主義 |

## ●音番号 385 ［mai］

### ３😀 音番号 385 ［mai］

| 2505 | mi·nor | [máinɚ] | 【形】小さいほうの、マイナー |
| 2827 | min·er | [máinɚ] | 【名】炭鉱夫、坑夫 |
| 1279 | re·mind | [rimáind] | 【他動】気づかせる、念を押す |

## ●音番号 386 ［mau］

### ３😀 音番号 386 ［mau］

| 1777 | mouse | [máus] | 【名】ネズミ |

## ●音番号 387 ［mou］

### 音番号 387 ［mou］

| 1635 | most·ly | [móustli] | 【副】たいていは |
|------|---------|-----------|----------------|
| 2271 | mo·tor | [móutɚ] | 【名】モーター、原動機 |
| 2047 | mo·tion | [móuʃən] | 【名】動作、運動、モーション |
| 1652 | e·mo·tion | [imóuʃən] | 【名】感情、感動 |
| 1660 | e·mo·tion·al | [imóuʃənl] | 【形】感情の、感情的な |
| 2293 | re·mote | [rimóut] | 【形】遠く離れた、へんぴな |
| 1898 | pro·mote | [prəmóut] | 【他動】宣伝販売する、昇進させる |
| 2668 | pro·mo·tion | [prəmóuʃən] | 【名】昇進、進級 |

## ●音番号 388 ［mɔː］

### 音番号 388 ［mɔː］

| 2783 | me·mo·ri·al | [məmɔ́ːriəl] | 【名】記念碑、記念館 |
|------|-------------|-------------|----------------|

## ●音番号 389 ［mɚː］

### 音番号 389 ［mɚː］

| 1791 | mur·der | [mɚ́ːdɚ] | 【名】殺人、【他動】殺す |
|------|---------|----------|----------------|
| 1985 | mer·chant | [mɚ́ːtʃənt] | 【名】(貿易・小売)商人 |
| 1622 | com·mer·cial | [kəmɚ́ːʃl] | 【名】コマーシャル、【形】商業用の |
| 2055 | e·mer·gen·cy | [imɚ́ːʤ(ə)nsi] | 【名】緊急事態 |
| 2099 | e·merge | [imɚ́ːʤ] | 【自動】現われる、出てくる |
| 2639 | mur·mur | [mɚ́ːmɚ] | 【自動】ささやく |

## ●音番号 390 ［mɑɚ］

### 音番号 390 ［mɑɚ］

| 1839 | march | [mɑ́ɚtʃ] | 【自動】行進する、【名】行進 |
|------|--------|----------|----------------|
| 2812 | mar·gin | [mɑ́ɚʤin] | 【名】ふち(縁)、余白 |
| 1944 | re·mark | [rimɑ́ɚk] | 【動】(意見・感想)言う |
| 1778 | re·mark·a·ble | [rimɑ́ɚkəbl] | 【形】注目すべき、著しい |

## ●音番号 391 ［maiɚ］

> 音番号 391 ［maiɚ］

| 2024 | ad·mire | ［ədmáiɚ］ | 【他動】感心する |
|------|---------|-----------|----------------|

## ●音番号 392 ［meiɚ］

> 音番号 392 ［meiɚ］

| 2075 | may·or | ［méiɚ］ | 【名】市長 |
|------|--------|---------|-----------|

## ●音番号 393 ［mɔɚ］

> 音番号 393 ［mɔɚ］

| 2040 | mor·al | ［mɔ́ɚrəl］ | 【形】道徳的な、【名】道徳、モラル |
|------|--------|-----------|----------------------------------|
| 2862 | any·more | ［ènimɔ́ɚ］ | 【副】（否定文で）もう、もはや |

## ●音番号 394 ［miɚ］

> 音番号 394 ［miɚ］

| 1581 | mere·ly | ［míɚli］ | 【副】ただ単に |
|------|---------|----------|----------------|
| 2203 | mere | ［míɚ］ | 【形】ほんの、たったの |

## ●音番号 395 ［mju:］

> 音番号 395 ［mju:］

| 1464 | com·mu·ni·cate | ［kəmjú:nikèit］ | 【自動】意思を通じる、交信する |
|------|----------------|----------------|-------------------------------|
| 1817 | mu·si·cal | ［mjú:zikl］ | 【形】音楽の、【名】ミュージカル |
| 2630 | mu·tu·al | ［mjú:tʃuəl］ | 【形】相互の |

# Lesson 44
# [n＋母音]

　[n]の音をしっかりと「ンー」と鼻のほうに出してから、続く母音を発音しましょう。たとえば name[néim]（名前）では、[n]をしっかり発音してから[eim]を発音します。日本語の「ナ　ニ　ヌ　ネ　ノ」の各冒頭に含まれる[n]音では、音が弱すぎると覚えておきましょう。しっかり舌先を上前歯裏の歯ぐきに押し付けて、肺から息を出して「ンー」とうなってから次の母音を発音してください。

## ●音番号 396 ［ne］

　net[nét]（網）の発音をスローモーションで、ゆっくり見てみましょう。

　まず、[n]のところは、舌の先を上前歯裏の歯ぐきにつけて、唇は開きます。相手から前歯が全部見える状態です。肺に圧力をかけて息を鼻のほうに送りながら「ンー」と音を出します。これが[n]の発音です。発音開始から 0.1 秒間続く音です。

　次にさらに口を開いて、舌は離して[e]の位置にすばやく動かします。息は送り続けます。[e]の発音時間は 0.1 秒です。

　最後に[t]のために舌をすばやく上前歯の裏につけます。0.1 秒で息をためて、舌をすばやく離して[t]音を発音します。[t]音の発音時間を 0.1 秒とすると、[nét]の発音時間は合計 0.4 秒間です。[t]は[ne]に比べると弱く発音します。

### 音番号 396 ［ne］

| 1372 | neck | [nék] | 【名】首、えり |
|------|------|-------|---------------|
| 1384 | net | [nét] | 【名】網、ネット |
| 2110 | nest | [nést] | 【名】(鳥の) 巣 |
| 1238 | net·work | [nétwɚːk] | 【名】ネットワーク、網状のもの |
| 1812 | neg·a·tive | [négətiv] | 【形】否定的な |
| 1386 | con·nect | [kənékt] | 【他動】つなぐ、結びつける |
| 1590 | con·nec·tion | [kənékʃən] | 【名】接続、つなぐこと、縁故 |
| 2560 | ge·net·ic | [ʤənétik] | 【形】遺伝子の、遺伝の |
| 2815 | mag·net·ic | [mægnétik] | 【形】磁気の、磁石の |

| 2703 | un·nec·es·sar·y | [ʌnnésəsèri] | 【形】不必要な、よけいな |

## ●音番号 397 ［nei］

### ☺ 音番号 397 ［nei］

| 1286 | na·tive | [néitiv] | 【形】故郷の、生まれつきの |
| 2697 | na·vy | [néivi] | 【名】海軍 |
| 1212 | neigh·bor | [néibɚ] | 【名】隣人、【自動】隣り合っている |
| 2118 | neigh·bor·hood | [néibɚhùd] | 【名】近所 |
| 1577 | en·a·ble | [inéibl] | 【他動】…することを可能にさせる |
| 1617 | com·bi·na·tion | [kàmbənéiʃən] | 【名】組み合わせ |
| 2692 | des·ti·na·tion | [dèstənéiʃən] | 【名】目的地、行き先 |
| 2411 | dis·crim·i·na·tion | [diskrìmənéiʃən] | 【名】区別、差別 |
| 1229 | ex·pla·na·tion | [èksplənéiʃən] | 【名】説明 |
| 1701 | ex·am·i·na·tion | [igzæmənéiʃən] | 【名】試験、検査 |
| 1844 | i·mag·i·na·tion | [imæʤənéiʃən] | 【名】想像、想像力 |

　上記 1577 enable は、［nei］の音の結びつきが強いので、この音番号の分類になります。音節区切り位置通りの、［in］［éibl］という音の切れ方はしないのです。ただし、1295 unable ［ʌnéibl］（…できない）は、un の発音の力が強いので、［n］で音が切れます。そのため unable は、ここではなく、音番号 004 ［ei］に含まれていたのです。

## ●音番号 398 ［ni］

### ☺ 音番号 398 ［ni］

| 2390 | sig·nif·i·cance | [signífik(ə)ns] | 【名】重要性、意味 |
| 2003 | sig·nif·i·cant | [signífik(ə)nt] | 【形】重要な（意味がある） |
| 2229 | i·ni·tial | [iníʃl] | 【形】初めの、最初の |
| 2254 | rec·og·ni·tion | [rèkəgníʃən] | 【名】認識、わかること |
| 2494 | mag·nif·i·cent | [mægnífəsnt] | 【形】壮大な、荘厳な |

## ●音番号 399 ［ni:］

### ☺ 音番号 399 ［ni:］

| 1436 | knee | [ní:] | 【名】ひざ |

| 2449 | nee·dle | [níːdl] | 【名】針 |
|------|---------|---------|--------|
| 2657 | neat | [níːt] | 【形】こぎれいな、きちんとした |
| 1100 | nei·ther | [níːðɚ] | 【副】どちらも…でない |
| 1005 | tech·nique | [tekníːk] | 【名】テクニック |
| 1333 | u·nique | [juːníːk] | 【形】独特の、ユニークな |
| 1572 | be·neath | [biníːθ] | 【前】…の下に |
| 2865 | un·der·neath | [ʌndɚníːθ] | 【前】…の下側に |

## ●音番号 400 ［n(j)uː］

### 音番号 400 ［n(j)uː］

| 1265 | nu·cle·ar | [n(j)úːkliɚ] | 【形】原子力の、【名】核兵器 |
|------|-----------|--------------|--------|
| 2447 | new·ly | [n(j)úːli] | 【副】新しく、最近 |
| 2687 | nu·mer·ous | [n(j)úːmɚrəs] | 【形】多数の、たくさんの |
| 2900 | neu·tral | [n(j)úːtrəl] | 【形】中立の |

## ●音番号 401 ［nʌ］

### 音番号 401 ［nʌ］

| 1041 | none | [nʌ́n] | 【代】ひとつもない |
|------|------|--------|--------|
| 2828 | nut | [nʌ́t] | 【名】木の実、ナッツ |

## ●音番号 402 ［næ］

### 音番号 402 ［næ］

| 1335 | nar·row | [nǽrou] | 【形】狭い |
|------|---------|---------|--------|
| 1539 | nat·u·ral·ly | [nǽtʃɚrəli] | 【形】自然に、ひとりでに |
| 2990 | nas·ty | [nǽsti] | 【形】意地の悪い、不快な |
| 1579 | per·son·al·i·ty | [pɚːsnǽləti] | 【名】個性、人格、パーソナリティ |
| 1764 | fi·nan·cial | [fainǽnʃl] | 【形】財政上の、金融の |
| 2596 | ba·nan·a | [bənǽnə] | 【名】バナナ |
| 2646 | ca·nal | [kənǽl] | 【名】運河、水路 |

※ fi·nan·cial ［fainǽnʃl］は［finǽnʃl］と発音しても OK です。

上記 1579 personality は、本来、［n］の前にあいまい母音がはいるので、

[snæ] とはつながりません。また、-ity や -tion は接尾辞で、その前の音節にアクセントがきます。peresonality の場合は、person なので、本来は per にアクセントがあるべきですが、-ity がつくとそうなりません。よって、[næ] をひとまとまりの音として強く発音するのが正解です。

## ●音番号 403 ［nɑ］

| | | | | |
|---|---|---|---|---|
| | 音番号 403 ［nɑ］ | | | |
| 1184 | nod | [nɑ́d] | 【自動】 | うなずく、居眠りする |
| 1296 | knock | [nɑ́k] | 【自動】 | ノックする、【他動】殴る |
| 1575 | nov·el | [nɑ́vl] | 【名】 | 小説 |
| 2409 | phe·nom·e·non | [finɑ́mənɑ̀n] | 【名】 | (並外れた) 現象 |
| 2564 | ec·o·nom·ics | [èkənɑ́miks] | 【名】 | 経済学 |
| 2615 | non·sense | [nɑ́nsens] | 【名】 | ばかげたこと、ナンセンス |

※ phe·nom·e·non [finɑ́mənɑ̀n] は、[fənɑ́mənɑ̀n] と発音しても OK です。

## ●音番号 404 ［nai］

| | | | | |
|---|---|---|---|---|
| | 音番号 404 ［nai］ | | | |
| 1465 | knife | [nɑ́if] | 【名】 | ナイフ、小刀 |
| 2988 | night·mare | [nɑ́itmèɚ] | 【名】 | 悪夢 |
| 1029 | to·night | [tənɑ́it] | 【名】 | 今晩、今夜、【副】今夜は |
| 1717 | de·ny | [dinɑ́i] | 【他動】 | 否定する |
| 2805 | u·nite | [junɑ́it] | 【他動】 | 団結させる、一つにする |

## ●音番号 405 ［nau］

| | | | | |
|---|---|---|---|---|
| | 音番号 405 ［nau］ | | | |
| 2550 | now·a·days | [nɑ́uədèiz] | 【副】 | 近ごろ、最近は |
| 1044 | an·nounce | [ənɑ́uns] | 【他動】 | 発表する、知らせる |
| 2458 | an·nounce·ment | [ənɑ́unsmənt] | 【名】 | 発表、公表、アナウンス |

## ●音番号 406 ［nou］

| | | | | |
|---|---|---|---|---|
| | 音番号 406 ［nou］ | | | |
| 1318 | nose | [nóuz] | 【名】 | 鼻 |

| 1392 | known | [nóun] | 【形】有名な、知られている |
| 1801 | un·known | [ʌnnóun] | 【形】未知の、知られていない |
| 2430 | no·where | [nóu(h)wèɚ] | 【副】どこにもない |
| 2481 | no·tion | [nóuʃən] | 【名】観念、考え方 |

## ●音番号 407 ［nɔi］

ミ😊 音番号 407 ［nɔi］

| 1207 | noise | [nɔ́iz] | 【名】音、騒音 |
| 2946 | nois·y | [nɔ́izi] | 【形】騒がしい、やかましい |

## ●音番号 408 ［nɚː］

ミ😊 音番号 408 ［nɚː］

| 1169 | nurse | [nɚ́ːs] | 【名】看護婦、看護師 |
| 2315 | nurs·ing | [nɚ́ːsiŋ] | 【名】看護 |
| 2335 | nurs·er·y | [nɚ́ːsɚri] | 【名】子供部屋、託児所 |
| 2428 | nerve | [nɚ́ːv] | 【名】神経 |
| 1565 | nerv·ous | [nɚ́ːvəs] | 【形】神経質な、神経の |

## ●音番号 409 ［niɚ］

ミ😊 音番号 409 ［niɚ］

| 1607 | near·by | [niɚbái] | 【形】すぐ近くの、【副】すぐそばに |
| 1974 | en·gi·neer | [èndʒəniɚ́] | 【名】技師、エンジニア |
| 2152 | en·gi·neer·ing | [èndʒəniɚ́riŋ] | 【名】工学 |

## ●音番号 410 ［nɔɚ］

ミ😊 音番号 410 ［nɔɚ］

| 1521 | north·ern | [nɔ́ɚðɚn] | 【形】北の |
| 1712 | nor·mal·ly | [nɔ́ɚməli] | 【副】普通に、標準的に |
| 1176 | ig·nore | [ignɔ́ɚ] | 【他動】無視する |
| 1948 | e·nor·mous | [inɔ́ɚməs] | 【形】非常に大きい |

# Lesson 45
# [ʃ＋母音]

[ʃ] は、舌の前半分を平たくして口の天井に近づけ、上前歯裏のつけ根から天井のやや広い場所に強く息を当てて出します。唇は両端を少しまるめると音が出やすいでしょう。ノドをふるわせると、有声音 [ʒ] になります。

　周囲を静かにさせるときの「シー」や、犬や猫を追いはらうときの「シッ」の音が、[ʃ] 音です。上前歯裏側のつけ根から口の天井にかけての空間に息を摩擦させて出します。舌は、先を平らにして全体を持ち上げましょう。唇を少しまるめると発音しやすいです。[s] は上の前歯裏の歯ぐきのせまい場所に息を強く当てますが、[ʃ] はたてに広い範囲で息を摩擦させるのです。

　[ʃ] は、独立した音として強く発音するよう心がけてください。たとえば、she [ʃiː]（彼女は）のような [ʃ＋母音] の発音では、[ʃ] を強く発音してから、母音 [iː] を添えると英語らしくなります。

　ところが、日本人は [ʃ] の音が弱すぎる傾向があります。she [ʃiː] の [ʃ] 音は、大きければ大きいほどネイティブが聞きやすくなると考えてください。

## ●音番号 411　[ʃe]

| ♪😊 音番号 411　[ʃe] | | | |
|---|---|---|---|
| 2064 | shell | [ʃél] | 【名】貝殻（かいがら） |
| 2324 | shel·ter | [ʃéltɚ] | 【名】避難所、シェルター |
| 2394 | shelf | [ʃélf] | 【名】棚（たな） |

| 2587 | shed | ［ʃéd］ | 【名】小屋、【他動】（涙を）流す |

## ●音番号 412 ［ʃei］

### 音番号 412 ［ʃei］

| 2023 | shade | ［ʃéid］ | 【名】陰、日陰 |
| 2778 | shame | ［ʃéim］ | 【名】恥、恥ずかしさ |
| 2834 | a·shamed | ［əʃéimd］ | 【形】恥じている |

## ●音番号 413 ［ʃi］

### 音番号 413 ［ʃi］

| 1678 | shift | ［ʃíft］ | 【他動】移す、変わる、【名】シフト |

## ●音番号 414 ［ʃiː］

### 音番号 414 ［ʃiː］

| 1303 | sheet | ［ʃíːt］ | 【名】シーツ、敷布、一枚の紙 |
| 1675 | sheep | ［ʃíːp］ | 【名】ひつじ |
| 2655 | ma·chin·er·y | ［məʃíːnəri］ | 【名】機械、機械装置 |

## ●音番号 415 ［ʃu］

### 音番号 415 ［ʃu］

| 1673 | sug·ar | ［ʃúgər］ | 【名】砂糖 |

## ●音番号 416 ［ʃuː］

### 音番号 416 ［ʃuː］

| 1178 | shoe | ［ʃúː］ | 【名】靴（くつ） |
| 1292 | shoot | ［ʃúːt］ | 【他動】撃つ、シュートする |

## ●音番号 417 ［ʃʌ］

### ♪😊 音番号 417 ［ʃʌ］

| 1420 | shut | ［ʃʌ́t］ | 【他動】閉じる |

## ●音番号 418 ［ʃæ］

### ♪😊 音番号 418 ［ʃæ］

| 1509 | shad·ow | ［ʃǽdou］ | 【名】影 |
| 2821 | shal·low | ［ʃǽlou］ | 【形】浅い、浅はかな |

## ●音番号 419 ［ʃɑ］

### ♪😄 音番号 419 ［ʃɑ］

| 1026 | shock | ［ʃɑ́k］ | 【名】衝撃、ショック |
| 1289 | shot | ［ʃɑ́t］ | 【名】発砲、ショット、写真 |

## ●音番号 420 ［ʃai］

### ♪😊 音番号 420 ［ʃai］

| 1971 | shine | ［ʃáin］ | 【自動】輝く |
| 2682 | shy | ［ʃái］ | 【形】内気な、恥ずかしい |

## ●音番号 421 ［ʃɚː］

### ♪😊 音番号 421 ［ʃɚː］

| 1826 | shirt | ［ʃɚ́ːt］ | 【名】ワイシャツ |

## ●音番号 422 ［ʃɑɚ］

### ♪😊 音番号 422 ［ʃɑɚ］

| 1531 | sharp | ［ʃɑ́ɚp］ | 【形】（刃が）鋭い、とがった |
| 2415 | sharp·ly | ［ʃɑ́ɚpli］ | 【副】鋭く |

## ●音番号 423 ［ʃɔɚ］

| 1882 | short·ly | [ʃɔ́ɚtli] | 【副】まもなく、すぐに |
| 1966 | shore | [ʃɔ́ɚ] | 【名】(海・湖・川) 岸 |
| 2693 | short·age | [ʃɔ́ɚtiʤ] | 【名】不足、欠乏 |

## ●音番号 424 ［ʃuɚ］

| 1185 | sure·ly | [ʃúɚli] | 【副】確かに、必ず |

## ●音番号 425 ［ʃauɚ］

| 2380 | show·er | [ʃáuɚ] | 【名】シャワー、にわか雨 |

## ●音番号 426 ［ʃrʌ］

| 2677 | shrug | [ʃrʌ́g] | 【他動】肩をすくめる |

　［ʃr＋母音］にアクセントがある単語は、JACET8000 内には、上記のほか以下の 6 単語しかありません。

4884　shrink ［ʃríŋk］（縮小する）

5422　shrub ［ʃrʌ́b］（低木）

6080　shrine ［ʃráin］（神社）

6880　shriek ［ʃríːk］（金切り声）

7128　shrewd ［ʃrúːd］（洞察が鋭い）

7678　shrimp ［ʃrímp］（エビ）

# Lesson 46
# ［ʒ＋母音］

　［ʒ］は、［ʃ］の発音でノドをふるわせる音（有声音）です。口の形は［ʃ］のままですので、日本語の「ジョン」のように舌が口の天井に触れてはいけません。［ʒ］は出現頻度がとても低い音で、vision［víʒən］（視界）の-sionや、pleasure［pléʒɚ］（喜び）の-sure のように s のスペルを含んだ名詞の語尾にだけ出てきます。

　なお、この音にはアクセントがほとんどつきませんので、本書・実践編Lv.2 の Lesson で扱う単語はありません。本書の 2000 語の範囲では、以下の 16 単語に［ʒ］音が含まれています。本書では、これらの単語は、アクセントがある音節をもとに分類されているので、それぞれの音番号のところで練習してください。

1210　usual　［júːʒuəl］（普通の）

1214　pleasure　［pléʒɚ］（喜び）

1395　occasion　［əkéiʒ(ə)n］（行事）

1483　unusual　［ʌnjúːʒuəl］（異常な）

1603　division　［divíʒən］（分割）

1625　version　［vɚ́ːʒən］（…版）

1824　vision　［víʒən］（視界）

1876　conclusion　［kənklúːʒən］（結論）

2120　confusion　［kənfjúːʒən］（混乱）

2170　explosion　［iksplóuʒən］（爆発）

2427　visual　［víʒuəl］（視覚の）

2507　illusion　［ilúːʒən］（錯覚）

2531　treasure　［tréʒɚ］（宝物）

2705　leisure　［líːʒɚ］（余暇）

2742　invasion　［invéiʒən］（侵略）

2965　casual　［kǽʒuəl］（偶然の）

# 第5部 〈[s]〉編

　[s] の発音に関しては、独立した部「〈[s]〉編」を立てて、特別に扱います。下記のように、[s] が特別な音だからです。

① [s] の発音は、英語の音の中でもっとも多く出てくる。それだけ重要。

② [s＋子音（つなぎの音）＋母音] のつなぎの音として、[s] だけが [r][l][w] 以外の子音をあとに続けることができる。これは [s] だけの特徴。組み合わせが多様になるため、習得が難しい。

③ 音のパターンは、Lesson47〜55 までの 9 パターンがある。

④ 音番号は、427 [se] から 500 [swɑ] まで、74 音ある。

⑤ とりあげた単語数は約 240 語。本書で扱う 2000 語の約 12 ％にあたる。

## [s] 音を制する者は英会話を制する

　『改訂3版　英語耳』や『改訂版　単語耳　レベル1』では、[s] の音を真っ先に練習しました。いったん [s] が発音できてしまえば、英語の発音はだいぶ楽になる、という確信が私にあるからです。事実、「[s] からはじめたのが効果的だった」という声も多数聞かれ、うれしく思っています。

　しかし、私は、いつかもっとじっくりと [s] 音について説明したいと考えてきました。その願いが実現できたのが、この〈[s]〉編です。ここでようやく、「[s] 音の発音の重要性を整理できた。わかりやすい形で提供できた」と感じています。

　少し心配なのは、練習すべき単語の数の多さに圧倒されて、「しりごみする人がいるのではないか？　本当に各 40〜100 回も練習してくれるのか？」という点です。ぜひ、果敢に挑戦して、すべてマスターしていただきたいと思います。

　[s] は上前歯の裏に息を鋭く当てて出す音です。上前歯裏の歯ぐきと舌先のあいだにせまい隙間を作って、そこに息を誘導して出しましょう。アゴは閉じて、唇を横にひいてください。

　[s] は、上前歯裏を息が摩擦して音が出ますので、摩擦音の1種です。[s] では、ノドを絶対にふるわせないでください。日本語の「ス [su]」音になっ

てはいけません。[s] の後ろに [u] がついているかどうかは、[s] を発音してみて、ノドを押さえれば確認できます。ノドがふるえていなければ、ひとまず OK です。

この [s] に関しては、勝手に「自分はもうできている」と思っている方がほとんどです。しかし、たいていの場合、音が弱すぎます。強い息が必要だと気づいた方も、力んだ結果、雑音の入ったにごった音になってしまう人が少なくありません。付属 CD の音声をよく聞いて、ネイティブのように、澄んだキレのある音を出せるようになってください。

まずは、小さな音で、雑音の入らない透き通った音で [s] を 5 秒間、安定した息づかいで、ゆらぐことなく出す練習をしてみましょう（楽器のロングトーンの練習と同じです）。口の中で空気を分散させると音がにごりますので、ほぼ 100 ％の息を上前歯の裏に流して当てるようにします。

こうした点に注意しながら、『単語耳』シリーズで学習を進めていけば、単語暗記をしながら、次第に澄んでいながら強くキレのある [s] が発音可能になるでしょう。毎日練習して半年以上はかかると考えてください。それぐらい、微妙なところまで気をつけて、発音を練習する必要がある、ということです。

道は険しいように思えるかもしれませんが、前述したように、こうしてひたすら [s] 音を極めると、英語の発音のマスターは目前になっています。がんばってください。

# Lesson 47
# ［s＋母音］

ここで最初に練習する音節は、[se] です。[se] にアクセントがある単語は、本書・実践編 Lv.2 の 2000 語内に 27 単語あります。内訳は、単語の冒頭に [se] 音があって、そこにアクセントがある単語が 14 個。単語の中ほどにアクセントがある [se] 音を持つ単語が 13 個です。

日本語の「せ」と英語の [se] の音の違いは、子音 [s] の強さの違いです。英語の [se] では、[s] のところを強くはっきり発音してから [e] を添えるように発音します。この方法は、[s＋母音] の発音すべてに言えることですので、覚えておきましょう。

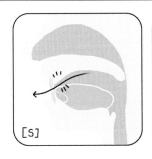
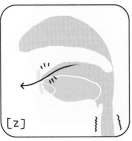

**[s] は、息を前歯裏に鋭く強く当てて出す音です。舌先は、息を歯に当てるために導くように上前歯の裏側のつけ根すれすれに置きましょう。[s] の音は、ノドをふるわせると有声音 [z] になります。**

日英の [s] と [e] の音量バランスの違いをイメージ図にしてみます。

　上は、日本語の「セ」音のイメージです。「セ」では、[s] を十分ひびくまでは発音しません。弱い [s] につづけて [e] が発音されます。

　上が、英語の [se] のイメージです。[s] を十分に発音してから [e] を添える感じで発音します。[s] を十分ひびかせるために、肺から強い息を送りましょう。

　英語の [se] の発音を、スローモーションで見てみましょう。まず肺に圧力をかけて、その圧力を息にして、上前歯裏の歯ぐきに送り出します。発音開始から 0.05 秒後には [s] の音が出はじめます。十分に [s] 音が立ち上がって大きな音になるまで息を吐きつづけます。ここで発音開始から 0.15 秒です。つぎに [e] の位置めがけて口をすばやく開きます。同時にノドをふるわせて [e] を発音します。ここまでで、発音開始から 0.25 秒です。口

を開いている間も、肺の圧力を保ち、息の勢いを保ちましょう。

では、語頭に音節 [se] がある 14 単語の発音の注意点を述べましょう。

はじめの単語 settle では、[se] のあとに軽く [tl] の音を添えます。[t] も [l] も子音です。これを「トル」のようにカタカナ音で発音しないことです。settle は 2 音節の単語ですので、ネイティブは settle を「2 つの文字」感覚で発音しています。ですので、[se] を 1 つの音、[tl] をそれに添える 2 つ目の音の感覚で発音すると、英語の発音になります。[tl] の 2 つの音は、上前歯裏の歯ぐきに舌をつけたままで連続して発音します。カタカナで書くと「セトル」と 3 拍になりますが、このように 3 拍のカタカナ音で発音すると、ネイティブに通じにくくなります。

この settle のように、中央に同じ子音文字が 2 つ続く単語では、2 つの子音文字のまんなかで音節が分かれます。これは知っておくと便利な規則です。この音節の区切り方の感覚が体得できてくると、スペルの間違いもなくなってきます。発音から単語の学習に入ることの優位性が、ここからもわかりますね。

sex, self, cent などは、1 音節の単語です。[se] を 1 つの音として発音したら、残りの子音を軽く添えて終える——全体を 1 拍、つまり 1 音感覚で発音しましょう。母音のあとの子音は弱く発音します。sex では [se] のあとに子音が 2 つ、[ks] と続きますが、この 2 つの子音 [ks] をひとかたまりの音としてなめらかにつなげて発音しましょう。慣れて、無意識にできるようになるまで、付属 CD の音声をよく真似て、何度も練習してください。

他の secretary などの単語は、すべて 2 音節以上の長い単語です。2 音節とは母音を中心とした音節が 2 つあるということです。2 音節以上の単語を発音するときには、とにかくアクセントのあるほうの音節を、ていねいにはっきり発音するのがコツです。

## ●音番号 427 ［se］

唇で [e] の形を作りながら、はっきり強く [s] を言いはじめましょう。

### 😃 音番号 427_1 ［se］

| 1161 | set·tle | [sétl] | 【他動】落ち着かせる、置く |
| 1294 | sec·tion | [sékʃən] | 【名】部分、区画、部門 |
| 1370 | sex | [séks] | 【名】性、性別、セックス |
| 1491 | sec·re·tar·y | [sékrətèri] | 【名】秘書、《俗》事務員 |
| 1681 | cel·e·brate | [séləbrèit] | 【他動】祝う |
| 1931 | sen·si·tive | [sénsətiv] | 【形】感じやすい、（神経）過敏の |
| 1996 | cer·e·mo·ny | [sérəmòuni] | 【名】式、儀式 |
| 2258 | self | [sélf] | 【名】自己、自身 |
| 2328 | set·tle·ment | [sétlmənt] | 【名】解決、和解、移民すること |
| 2575 | cent | [sént] | 【名】1 セント貨 |
| 2658 | sel·dom | [séldəm] | 【副】めったにない |
| 2802 | sec·ond·ly | [sékəndli] | 【副】第 2 に、次に |
| 2819 | sell·er | [sélɚ] | 【名】売り手 |
| 2955 | sep·a·rate·ly | [sépɚrətli] | 【副】別々に |

　以下の 13 単語は、アクセントがある [se] の音が、単語の中ほどにある語です。発音のコツは語頭にある [se] の場合と同じです。たとえば ourselves では、[se] のところを強くはっきりと発音します。続く [lvz] は軽く添える感じです。

### 😃 音番号 427_2 ［se］

| 1869 | up·set | [ʌpsét] | 【他動】ひっくり返す、心を乱す |
| 1594 | etc. | [ètsétrə] | 【副】…など、et cetera の略 |
| 1144 | our·selves | [àuɚsélvz] | 【代】我々自身 |
| 2456 | ne·ces·si·ty | [nəsésəti] | 【名】必要性、必需品 |
| 1878 | nec·es·sar·i·ly | [nèsəsérəli] | 【副】必ず、どうしても |
| 2620 | suc·cess·ful·ly | [səksésfəli] | 【副】うまく、成功のうちに |
| 1362 | es·sen·tial | [isénʃəl] | 【形】（絶対に）必要な、欠かせない |
| 2582 | es·sen·tial·ly | [isénʃəli] | 【副】本質的には |
| 2438 | ex·cep·tion | [eksépʃən] | 【名】例外、特例 |
| 1889 | per·cep·tion | [pɚsépʃən] | 【名】知覚（作用）、理解 |
| 2558 | per·cent·age | [pɚséntiʤ] | 【名】パーセント、百分率 |
| 2132 | as·sem·bly | [əsémbli] | 【名】集まり、議会、組み立て |

| 2947 | de·scend | 【disénd】 | 【自動】下る（くだる）、降りる |

## ●音番号 428 ［sei］

2重母音 [ei] では、[e] を少し強く、[i] を弱く発音します。[ei] は１音感覚で発音しましょう。絶対に「エイ」と発音してはいけません。あえてカタカナで書けば、「エィ」のような感じでしょうか。[i] では、日本語の「イ」よりも唇を横に引いてください。「エー」に間違えられないためです。

[i] は、次の子音へのつなぎのための音です。たとえば、sail [séil]（船旅をする）では、[se] から直接 [l] に口を動かすと口の動きが大きいので、途中につなぎの [i] が入るのです。safe [séif]（金庫）, sake [séik]（ため）なども、[sef][sek] よりも、間に [i] を入れたほうが、口の動きがなめらかになりますね。[i] は、アゴを上げ、舌も上げて出す音ですので、ほとんどの子音になめらかにつながり便利なのです。

| 🔊😊 音番号 428 ［sei］ | | | |
|---|---|---|---|
| 1312 | sail | [séil] | 【名】帆、帆船、【自動】船旅をする |
| 2911 | sail·or | [séilɚ] | 【名】船員、水兵 |
| 1407 | safe·ty | [séifti] | 【名】安全 |
| 2450 | safe·ly | [séifli] | 【副】安全に |
| 1979 | sake | [séik] | 【名】ため (for the sake of)、目的 |
| 2385 | sa·cred | [séikrid] | 【形】神聖な |
| 2939 | sen·sa·tion | [senséiʃən] | 【名】大評判、感覚 |

## ●音番号 429 ［si］

[s] を十分に発音してから [i] を添えます。[s] を発音するときに、あらかじめ唇を横に引いて [i] の口の形を作っておきましょう。以下の 13 単語は、アクセントのある [sí] を語頭にもつ単語です。

| 🔊😊 音番号 429_1 ［si］ | | | |
|---|---|---|---|
| 1258 | civ·il | [sívl] | 【形】市民の、民間の |
| 1553 | cit·i·zen | [sítizn] | 【名】市民、国民 |
| 1645 | sink | [síŋk] | 【自動】沈む、【他動】沈める |
| 2228 | sing·er | [síŋɚ] | 【名】歌手 |
| 2157 | sim·i·lar·ly | [síməlɚli] | 【副】同様に |
| 1447 | sym·bol | [símbl] | 【名】記号、シンボル |

| 2572 | sym·pa·thy | [símpəθi] | 【名】同情、共感 |
| 1119 | sick | [sík] | 【形】病気の |
| 1329 | sig·nal | [sígnl] | 【名】信号、シグナル |
| 2963 | sig·na·ture | [sígnətʃɚ] | 【名】署名、調印 |
| 1371 | sil·ver | [sílvɚ] | 【名】銀、【形】銀の |
| 1804 | sil·ly | [síli] | 【形】まぬけな、ばかな |
| 2436 | silk | [sílk] | 【名】絹、絹糸 |

次に、単語の中ほどに、アクセントつきの [sí] がある 7 単語です。これらでも、[s] をしっかり発音してから、[i] を続けてください。

### 音番号 429_2 ［si］

| 1281 | in·sist | [insíst] | 【動】主張する |
| 1496 | con·sist | [kənsíst] | 【自動】…から成る（consist of …） |
| 1550 | spe·cif·ic | [spəsífik] | 【形】具体的な、特定の |
| 2469 | as·sist | [əsíst] | 【他動】助ける、手伝う |
| 1829 | as·sis·tant | [əsístənt] | 【名】助手、アシスタント |
| 2218 | fa·cil·i·ty | [fəsíləti] | 【名】施設、設備、器用さ |
| 2549 | con·sid·er·a·bly | [kənsídɚrəbli] | 【副】かなり、ずいぶん |

## ●音番号 430 ［si:］

以下の 9 単語にある [i:] は、[i] よりも唇を横に引いて強く鋭い発音で出す音です。音番号 429 ［si］の [i] は、日本語の「イ」と「エ」の中間の音に近く、どちらかというとリラックスした音になるので異なります。

### 音番号 430 ［si:］

| 1160 | seek | [sí:k] | 【他動】捜す、捜し求める |
| 1211 | sen·ior | [sí:njɚ] | 【形】年上の、先輩の、【名】年上 |
| 1634 | seed | [sí:d] | 【名】種 |
| 2221 | ceil·ing | [sí:liŋ] | 【名】天井 |
| 2272 | seal | [sí:l] | 【名】シール、封印、印 |
| 2624 | seize | [sí:z] | 【他動】つかむ、握る |
| 1302 | suc·ceed | [səksí:d] | 【自動】成功する、【他動】あとを継ぐ |
| 2365 | pro·ceed | [prəsí:d] | 【自動】進む、続行する |
| 2463 | per·ceive | [pɚsí:v] | 【他動】知覚する、気づく |

## ●音番号 431 ［su:］

　［u:］は、［u］よりも唇をもっとつき出して出します。［u］を単純に長くした音ではありません。唇を少しまるめて［u:］の準備をしながら、最初の［s］の発音を開始してください。

| | 音番号 431 ［su:］ | | | |
|---|---|---|---|---|
| 1087 | suit | ［súːt］ | 【名】 | スーツ (衣服)、【他動】似合う |
| 2158 | suit·a·ble | ［súːtəbl］ | 【形】 | ふさわしい |
| 2210 | soup | ［súːp］ | 【名】 | スープ |
| 2351 | su·per·mar·ket | ［súːpɚmὰɚkət］ | 【名】 | スーパー、スーパーマーケット |
| 2989 | su·i·cide | ［súːəsàid］ | 【名】 | 自殺 |

## ●音番号 432 ［s(j)u:］

　［sju:］と発音する人と、［su:］と発音する人がいる音です。どちらも正解です。［sju:］は［s］で前に出した舌を、口の天井近くまで持ち上げて［j］を発音し、さらに舌を奥の［u:］の位置に移動させ、唇をまるめて発音を終えます。［ju:］の発音の詳細は、音番号 009 ［ju:］を参照してください。

| | 音番号 432 ［s(j)u:］ | | | |
|---|---|---|---|---|
| 1405 | as·sume | ［əs(j)úːm］ | 【他動】 | 想定する、仮定する |
| 1718 | con·sum·er | ［kəns(j)úːmɚ］ | 【名】 | 消費者 |
| 2431 | pur·sue | ［pɚs(j)úː］ | 【他動】 | 追跡する、あとを追う |

## ●音番号 433 ［sʌ］

　［ʌ］は、ほぼ日本語の「ア」の発音で OK。ただし、「ア」よりも切れよく、短めに発音します。

　［sʌ］が語頭にある単語と中ほどにある単語が混在していますので、［sʌ］の位置に注意して練習してください。

| | 音番号 433 ［sʌ］ | | | |
|---|---|---|---|---|
| 1034 | some·bod·y | ［sʌ́mbὰdi］ | 【代】 | だれか |
| 1079 | some·where | ［sʌ́m(h)wὲɚ］ | 【副】 | どこかで |
| 1374 | some·how | ［sʌ́mhὰu］ | 【副】 | とにかく、なんとなく |
| 1440 | south·ern | ［sʌ́ðɚn］ | 【形】 | 南の |
| 1720 | sud·den | ［sʌ́dn］ | 【形】 | 突然の |

| 2019 | some·what | [sʌ́m(h)wɑ̀t] | 【副】いくぶん |
| 2022 | sum | [sʌ́m] | 【名】合計 |
| 2186 | sub·stance | [sʌ́bstəns] | 【名】物質、内容 |
| 2330 | sup·per | [sʌ́pɚ] | 【名】夕食 |
| 2429 | sun·light | [sʌ́nlàit] | 【名】日光 |
| 2557 | sum·mit | [sʌ́mit] | 【名】頂上、首脳会談 |
| 2745 | in·sult | [insʌ́lt] | 【他動】侮辱（ぶじょく）する、【名】侮辱 |
| 2765 | suck | [sʌ́k] | 【他動】（液体を）吸う、すする |
| 2826 | sun·shine | [sʌ́nʃàin] | 【名】日光、太陽光 |
| 2268 | as·sump·tion | [əsʌ́m(p)ʃən] | 【名】前提、想定 |
| 2607 | con·sult·ant | [kənsʌ́ltənt] | 【名】顧問、コンサルタント |

## ●音番号 434 ［sæ］

[æ]は、アゴを日本語の「ア」くらいに開き、舌を口の前寄りにおいて、「ア」と「エ」の混じったような音を出す音です。[s]音を十分に発音してから、下アゴをななめ前下方に少し出す感じで発音します。[s]の発音をはじめるときに、アゴを少し下げはじめておきましょう。

### ☺ 音番号 434 ［sæ］

| 1224 | sad | [sǽd] | 【形】悲しい |
| 2240 | sad·ly | [sǽdli] | 【副】悲しそうに |
| 1556 | sand | [sǽnd] | 【名】砂 |
| 1573 | sat·is·fy | [sǽtisfài] | 【他動】満足させる |
| 2194 | sample | [sǽmpl] | 【名】見本、サンプル |
| 2352 | sac·ri·fice | [sǽkrəfàis] | 【名】いけにえ、犠牲 |
| 2357 | sack | [sǽk] | 【名】麻袋、（丈夫な）袋 |
| 2569 | sal·ad | [sǽləd] | 【名】サラダ |
| 2573 | sal·a·ry | [sǽləri] | 【名】給料、サラリー |
| 2612 | sand·wich | [sǽn(d)witʃ] | 【名】サンドイッチ |
| 2757 | sat·el·lite | [sǽtəlàit] | 【名】衛星 |

## ●音番号 435 ［sɑ］

[ɑ]は、日本語の「ア」よりもアゴを下げて出します。つまり、口を大きくあけ、唇はたて長にします。[sɑ]の組み合わせは、アゴの移動距離が大きいためか、あまり使われていません。本書・実践編 Lv.2 の 2000 語のうち 4 単語

だけが [sɑ] 音を有しています。この [sɑ] をしっかり発音できると、[sɑ] を含む単語を聴いた際に、楽にビシッと単語を特定できるようになるでしょう。

| | 音番号 435 ［sɑ］ | | |
|---|---|---|---|
| 1332 | solve | [sɑ́lv] | 【他動】解決する |
| 2150 | sol·id | [sɑ́ləd] | 【形】固体の、かたい、【名】固体 |
| 2284 | soc·cer | [sɑ́kɚ] | 【名】サッカー |
| 2994 | sock | [sɑ́k] | 【名】靴下 (socks) |

## ●音番号 436 ［sai］

2重母音 [ai] では、[a] を少し強く、[i] を弱く発音します。[sai] は1音感覚で発音します。[s] を強く、十分に発音してから、[ai] をなめらかにつなげて発音しましょう。[i] では唇を横に引いてください。

音番号 428 ［sei］と同じように、[sai] の [i] は次の子音に発音をなめらかにつなげるためにある音です。口の形を変化させながら、つまり開いたアゴを閉じながら弱く発音してください。[s] を十分に強く発音してから次の母音に音をつなげることは、すべての単語に共通する決まり事です。

| | 音番号 436 ［sai］ | | |
|---|---|---|---|
| 1806 | sigh | [sái] | 【自動】ため息をつく、【名】ため息 |
| 1154 | site | [sáit] | 【名】場所、位置 |
| 1280 | si·lent | [sáilənt] | 【形】静かな |
| 1094 | si·lence | [sáiləns] | 【名】静けさ |
| 2751 | si·lent·ly | [sáiləntli] | 【副】静かに、音もなく |
| 2039 | cy·cle | [sáikl] | 【名】周期、サイクル |
| 2729 | re·cycle | [risáikl] | 【他動】リサイクルする |
| 1159 | be·side | [bisáid] | 【前】…のそばに |
| 1641 | be·sides | [bisáidz] | 【前】…に加えて、…のほかに |
| 1434 | ex·cit·ing | [eksáitiŋ] | 【形】興奮させるような |
| 1973 | ex·cite·ment | [eksáitmənt] | 【名】興奮 |
| 2468 | ex·cit·ed | [eksáitid] | 【形】興奮した、活気のある |
| 2526 | pre·cise·ly | [prisáisli] | 【副】正確に、まったくその通り |
| 2645 | as·sign·ment | [əsáinmənt] | 【名】任務、割り当て |
| 2305 | a·side | [əsáid] | 【副】わきに |
| 2942 | out·sid·er | [àutsáidɚ] | 【名】よそ者、部外者 |

※ ex·cit·ing [eksáitiŋ] および続く2語の冒頭は、[iks] と発音しても OK です。

## ●音番号 437 ［sou］

2 重母音 [ou] は、[o] を少し強く、[u] を弱く発音します。1 音感覚で発音してください。ただし、絶対に「ソー」にはしないこと。次の音番号 438［sɔ:］を含む soft, softly, salt, saw, sauce とは、発音をはっきりと区別してください。そのためには、[u] のところで、唇を必ずまるめることです。この [u] もやはり、口を閉じて次の子音になめらかに動きをつなげるためにある音と考えられます。

| 音番号 437 ［sou］ | | | |
|---|---|---|---|
| 1006 | sol·dier | ［sóulʤɚ］ | 【名】兵士 |
| 1473 | as·so·ci·ate | ［əsóuʃièit］ | 【自動】付き合う、【他動】連合させる |
| 1601 | soul | ［sóul］ | 【名】魂 |
| 2361 | so·lar | ［sóulɚ］ | 【形】太陽の |
| 2656 | soap | ［sóup］ | 【名】石ケン |
| 2944 | so·fa | ［sóufə］ | 【名】ソファー、長いす |

## ●音番号 438 ［sɔ:］

[ɔ:] では、日本語の「オー」よりもっと唇を大きくたて長に開きます。ゆでたまごを丸ごとくわえたように、口の奥の空間を大きく広げて出す音です。[s] を発音するときに、先に唇をたて長にかまえておきましょう。

| 音番号 438 ［sɔ:］ | | | |
|---|---|---|---|
| 1040 | soft | ［só(:)ft］ | 【形】やわらかい、穏やかな |
| 1871 | soft·ly | ［só(:)ftli］ | 【副】やわらかく、優しく |
| 1495 | salt | ［sɔ́:lt］ | 【名】塩 |
| 2686 | saw | ［sɔ́:］ | 【名】のこぎり、【動】see 過去形 |
| 2761 | sauce | ［sɔ́:s］ | 【名】ソース（食物用） |

## ●音番号 439 ［sɔi］

2 重母音 [ɔi] は、[ɔ] を少し強く、[i] を弱く発音する音です。[sɔ́i] は珍しい音ですので、JACET8000 内に、soil が 1 語存在するのみです。

| 音番号 439 ［sɔi］ | | | |
|---|---|---|---|
| 1368 | soil | ［sɔ́il］ | 【名】土、土壌（どじょう） |

## ●音番号 440 ［sɚː］

　［ɚː］は、アゴを「エ」くらい開いて、舌の根元を口の奥の上方に持ち上げ、舌の上の狭い空間に「アー」という感じで母音をよく響かせて出す音です。［ɚː］の練習は、Lesson10 の音番号 021 で済ませていますが、何回でも練習し直してください。たくさん回数をくり返すことによって、個々の子音、母音の発音が良くなっていき、完成に近づくのです。

| | 音番号 440 ［sɚː］ | | | |
|---|---|---|---|---|
| 1379 | cir·cle | ［sɚ́ːkl］ | 【名】 | 円、サークル |
| 1484 | ser·vant | ［sɚ́ːvənt］ | 【名】 | 使用人、召使い |
| 1913 | cir·cum·stance | ［sɚ́ːkəmstæns］ | 【名】 | （周囲の）状況、事情 |
| 2486 | sur·ger·y | ［sɚ́ːʤɚri］ | 【名】 | 外科、外科手術 |
| 2716 | sur·geon | ［sɚ́ːʤən］ | 【名】 | 外科医 |
| 1639 | re·search·er | ［risɚ́ːtʃɚ］ | 【名】 | 研究者 |
| 2858 | un·cer·tain·ty | ［ʌnsɚ́ːtnti］ | 【名】 | 不確実性 |

## ●音番号 441 ［sɔɚ］

　［sɔː］は先ほど、音番号 438 で練習しましたね。［ɔ］は、唇をたて長に大きく開き、アゴをいっぱい下げて出します。続く［ɚ］は、アゴを閉じながら、舌を奥に引き込んで発音します。

　次の表中の単語 absorb は、絶対「アブソーブ」と発音しないでください。「アブソーブ」ですと、音が 5 拍になってしまいます（実際は 2 拍）。

| | 音番号 441 ［sɔɚ］ | | | |
|---|---|---|---|---|
| 2155 | ab·sorb | ［əbsɔ́ɚb］ | 【他動】 | 吸い込む |
| 2696 | sword | ［sɔ́ɚd］ | 【名】 | 剣、刀 |

## ●音番号 442 ［siɚ］

　［si］を発音したら、すばやく舌を口の奥に引き込んで［ɚ］を発音しましょう。アゴの位置は［i］と［ɚ］ではほとんど同じです。上下もしません。

　次の表の seriously では、［si］あとに［ri］の発音が続くので、［r］の開始とおなじ口の形になる［ɚ］がつなぎの音として入ります。［si］から［r］につなげる際に、［i］の後半の音が［ɚ］に変化すると考えても良いと思います。

😊 音番号 442 ［síɚ］

1242 　se·ri·ous·ly 　　［síɚriəsli］ 　　【副】本気で、深刻に

# Lesson 48
# ［s＋子音＋母音］

　s ではじまる単語の音は、［s＋母音］ではじまる場合よりも、［s＋子音＋母音］（st-／sp-／sk-／sl-／sm-／sn-／sw-＋母音）ではじまるケースのほうが多いです。きれいに発音するには、3 つの音を 1 音感覚でなめらかに発音することです。

　英語の発音の特徴は子音が 2 つ以上連続することですが、その中でもとりわけ多いパターンが、［s］を含む連続子音です。

　本書・実践編 Lv.2 でとりあげる［s＋子音（＋子音）＋母音］にアクセントがある単語の数は計 102 個あります。音の種類で言うと、58 種です。とりわけ人気がある音は、［st］［sp］［sk］のあとに母音を続ける発音です。この［st］［sp］［sk］の音は、［s＋子音＋母音］の組み合わせのほかにも、単語の語尾にたくさん出てきます。いずれも、日本語の「スト［suto］」「スプ［supu］」の音で発音しないこと。日本語読みで発音していては、拍数が変わってしまうのでうまく伝わりませんし、ネイティブの発音を聞き取る練習にもなりません。

　［s＋子音］の組み合わせは、そのほか、［sl］［sm］［sn］［sw］などが出てきます。これらの［s］を含む音節を 1 音感覚で発音可能になると、あなたの発音能力は 1 ランク上がって、がぜんネイティブに近づいていきます。それにつれリスニング力も 1 ランク上がるのです。くり返し練習して、マスターしてください。何回も練習していくうちに、［s］音の奥の深さに気づき、きっと発音することが楽しくなっていきます。

## ［st＋母音］〜［st］を含む単語

　［st＋母音］は、1 音感覚で発音します。1 音感覚とは、カナの「ス」一文字のような感覚です。"「ス［su］」が、子音［s］と母音［u］の 2 つの音でできている"という感覚は日本人にはありませんね？　それと同様に、steady［stédi］

（一定の）の [sté] という発音も、ネイティブは３つの音でなく、１つの音と感じて発音しているのです。私たちも１つの音の感覚で発音しましょう。

その際、[s][t][e] をなめらかに連続して一定の強い息の流れを保って発音するのがコツです。最初の [s] で息を強く出して、[s] 音が出はじめたら息の勢いを保ちながらすばやく舌と上前歯裏で息をふさいで、パッと離して [t] を発音します。そのまま息の勢いを保ちながら、[e] まで続けて発音しましょう。steady [stédi] の最後の [di] は添える感じで発音します。

要するに、息の強い勢いを保ちながら [s][t][e] を１音感覚で発音するわけです。最初の [s] を、歯切れよく大きな音で開始すると楽でしょう。[s] 音の強さこそが、英語らしい [st ＋母音] の発音をするコツなのです。

単語の最初にある [t] はかなり強く息を使って発音しますが、この [s][t][e] の中に出てくる [t] は、むしろ３つの音を連続させて強さをそろえて発音してください。[t] の発音方法は Lesson21 で練習しましたね。

## ●音番号 443 ［ste］

[s] を十分強く発音して息を出し続け、舌先を上前歯裏の歯ぐきの歯に近いところにすばやく触れさせて [t] を発音、さらに息をそのまま続けて、[e] の音につなげましょう。[t] ではじまる単語ほどは、[t] の破裂具合は大きくなりません。[s] が前にあるからです。[s] はしっかりと大きな音を出しましょう。[te] は音番号 149 で学習しましたね。

| ⊃☺ 音番号 443 ［ste］ | | | |
|---|---|---|---|
| 2678 | stead·y | ［stédi］ | 【形】安定した、一定の |
| 2871 | stead·i·ly | ［stédili］ | 【副】しっかりと、着実に |

## ●音番号 444 ［stei］

２重母音 [ei] では、[e] を普通の大きさで発音したあと、[i] を弱い音で添えます。[i] のところで、唇を横に引きましょう。[ei] は１音感覚で発音します。[i] は、次に続く子音へのつなぎの音の役目をしています。以下の４つの単語では、[stei] のあとに [t][b][d] がなめらかにつながります。[i] があることで、口が閉じ気味になり、次の音へとスムーズにつながりやすいのです。この理由からか、[stei] のほうが、[ste] よりも多くの英単語に使われています。[tei] は音番号 150 の音節です。

### 🎙️😊 音番号 444 ［stei］

| 1190 | state·ment | ［stéitmənt］ | 【名】声明 |
|------|-----------|-------------|----------|
| 1571 | sta·tus | ［stéitəs］ | 【名】地位、状況 |
| 2420 | sta·ble | ［stéibl］ | 【形】安定した |
| 2634 | sta·di·um | ［stéidiəm］ | 【名】競技場、スタジアム |

## ●音番号 445 ［sti:］

　［s］を強く発音して、［ti:］音につなげましょう。［i:］の発音は、口を閉じ気味にしてアゴを上げているので、アゴを動かさなくても自然に次の［l］［m］［p］の発音につながります。［ti:］は音番号 152 の音節です。

### 🎙️😊 音番号 445 ［sti:］

| 2191 | steal | ［stíːl］ | 【他動】盗む |
|------|-------|---------|----------|
| 2288 | steel | ［stíːl］ | 【名】鋼鉄、はがね |
| 2231 | steam | ［stíːm］ | 【名】水蒸気、スチーム |
| 2814 | steep | ［stíːp］ | 【形】（坂など）急な、険しい |

## ●音番号 446 ［st(j)u:］

　studio を、［stjúːdiou］と発音する人と、［stúːdiou］と発音する人がいます。どちらも正解ですので、辞書の発音記号は［st(j)u:］と表記してあります。［ju:］については Lesson4、音番号 009 を参照してください。「ユー」に近い音で、舌は「ユー」よりも持ち上げて発音します。［tu:］は音番号 153 をご参照ください。

### 🎙️😊 音番号 446 ［st(j)u:］

| 1538 | stu·di·o | ［st(j)úːdiòu］ | 【名】スタジオ |
|------|----------|----------------|----------|
| 1795 | stu·pid | ［st(j)úːpəd］ | 【形】ばかな、くだらない |

## ●音番号 447 ［stʌ］

　［ʌ］は、日本語の「ア」と同じぐらいに口をあけます（＝アゴを下げます）。［t］の発音から舌を離す動作は、アゴを下げる動作と連動させます。つまり、［s］を十分に発音してから、アゴを下げはじめながら、［tʌ］と発音するのです。［tʌ］は音番号 154 で学習した音節ですね。

≥😊 音番号 447 ［stʌ］

| 1320 | stuff | ［stʌ́f］ | 【名】物、材料 |
| 1664 | stom·ach | ［stʌ́mək］ | 【名】胃 |

## ●音番号 448 ［stæ］

　［stʌ］と同様に、［s］を強く発音してから、アゴを下げながら［tæ］と発音してください。［tæ］は音番号 155 で勉強しました。

≥😊 音番号 448 ［stæ］

| 1073 | es·tab·lish | ［istǽbliʃ］ | 【他動】設立する（学校・会社など） |
| 1128 | staff | ［stǽf］ | 【名】スタッフ、職員、社員 |
| 2160 | stamp | ［stǽmp］ | 【名】切手、スタンプ |
| 2368 | stat·ue | ［stǽtʃuː］ | 【名】像、彫像 |

　上記 1073 establish は、音節区切り位置から「［tæ］の音番号に分類すべきでは？」と思う方がいるかもしれませんね。しかし語源の関係から、この音番号の分類で正しいのです。この辺は実践編 Lv.3、Lv.4 で明らかになりますので、今は［stæ］の音のまとまりに留意して、ひたすら音読練習をしておいてください。本書内に、同様の疑問を抱かれる分類がいくつかあるかと思いますが、すべては語源に関係するので実践編 Lv.3、Lv.4 で種明かしされる、と思っておいてください。今は、音番号の音に留意してひたすら音読です。

## ●音番号 449 ［stɑ］

　［ɑ］はアゴを目いっぱい下げて出す音ですので、音番号 447 や 448 よりも、アゴを下げるスピードを速くしてください。［ɑ］では唇を大きくたて長に開きましょう。［tɑ］は音番号 156 で練習しましたね。

≥😊 音番号 449 ［stɑ］

| 1900 | stock | ［stɑ́k］ | 【名】在庫品、ストック、株 |

## ●音番号 450 ［stɚː］

　［s］を発音したあと、［ɚː］の舌の形を意識しながら舌をそのまま持ち上げて口の天井に触れて［t］を発音すると［stɚː］を 1 音感覚で発音できます。Lesson21 の音番号 163 ［tɚː］の発音を参考にしてください。

### 音番号 450 [stəː]

| | | | | |
|---|---|---|---|---|
| 2529 | stir | [stə́ː] | 【他動】 | かきまぜる |

　音節 [stəː] を含む語は、JACET8000 内には他に以下の 3 単語があります。単語数が少ない発音です。

4385　stirring [stə́ːriŋ]（感動的な）

6258　stern [stəːn]（厳格な）

7138　sturdy [stə́ːdi]（頑丈な）

## ●音番号 451 [stɔə]

### 音番号 451 [stɔə]

| | | | | |
|---|---|---|---|---|
| 1488 | storm | [stɔ́əm] | 【名】 | 嵐 |
| 2303 | re·store | [ristɔ́ə] | 【他動】 | 修復する、戻す |

## ●音番号 452 [steə]

　[e] から [ə] に向けて、舌をすばやく口の奥に入れながら持ち上げましょう。その際、[e] から [ə] まで舌を移動している間も発音を続けます。この [e] から [ə] までに変化する音も [stéə] の重要な発音の一部なのです。

### 音番号 452 [steə]

| | | | | |
|---|---|---|---|---|
| 1637 | stair | [stéə] | 【名】 | 階段 |
| 2249 | up·stairs | [ʌ́pstéəz] | 【副】 | 階上へ、2 階へ |

# Lesson 49
# [str＋母音]

　ここでは、子音が [str] と実に 3 つも続いてから、ようやく母音が発音される音節の練習をします。少したいへんですが、4 音を 1 つのカナのような感覚で一息で、1 音感覚で発音できるようになりましょう。できるようになると、楽しい発音です。

　以下、[stre] を例に、発音の仕方をスローモーションでゆっくり見ていきます。これで発音のコツをつかんでください。

① まず、[s] を強く発音するために息を吸い、上前歯裏の歯ぐきと舌先が作る狭い空間に勢いよく息を通します。息が歯ぐきに来てから [s] 音が出はじめるまでに 0.05 秒ほどの立ち上がり時間が必要です。[s] 音が出はじめたら大きな音になるまで、息を出し続けます。

　すべての [s] 音に言えることですが、肺に大きな圧力をかけて出しましょう。このため、英語を発音するときは腹式呼吸が必要と言う人もいます。腹式と言っても、体全体で出すと言ってもよいと思いますが、要は、肺に強く圧力をかけることです。こうして [s] の大きな安定した音を 0.1 秒ほど続けて出します。

② 次に [t] を発音します。[t] は舌先で息をせき止めてからパッと離すときに出る破裂音です。要は、息の圧力と舌を離したときの息の流れで出る音です。[t] の次は [re] 音が続くので、[r] の口の形を作っておいて [t] 音を出しましょう。そうすると、[stre] が 1 音感覚で発音できます。

　[r] の開始時の舌の形は [ɚ] と同じです。[ɚ] の舌の形のまま舌を上にあげて天井につけてから離す動作を、[t] 単独で発音するときの舌の動きと同じスピードで行なえば、ほぼ正しい [t] 音が出ます。舌を口の中ほどに入れて、舌先はほぼ垂直に立てて、[t] を発音してください。

③ 上の要領で [t] を発音して舌を離したときには、すでに [r] の舌の形になっています。少し舌が前にあるようでしたら、舌をすばやく奥の上に移動させましょう。[r] の発音から [e] の発音までは、なめらかに一気に行ないます。[re] の発音練習は、Lesson12 の音番号 027 でしましたね。

　——以上のようにすれば、[stre] を 1 音感覚で、1 拍で発音できるはずです。「ストレ」とカタカナで発音する 3 拍とは大きく違うことを自分で発音して体験してください。

　このようにして、[str + 母音] 音を含む単語をきちんと発音できるようになると、みなさんの発音はいよいよ完成に近づきます。ただし、案外難しいので、第 1 回目の練習では軽く流しておいてください。くどいようです

が、40～100回練習して初めて完成に近づくのですから。

## ●音番号 453 ［stre］

　［stre］の発音の仕方は、すでに詳しく説明しました。以下の単語を発音する際には、さらに ［ŋ(k)θ]、[ʧ] まで添えて、全体を1拍で発音してください。strength ［stréŋ(k)θ]は［stréŋkθ]も［stréŋθ]も許されています。後者の発音で十分にこの単語だとネイティブは特定できるので、無理して［ŋkθ]と発音する必要は無いでしょう。どのみち、息をはきながら［ŋθ]をすばやく発音すると、[k]音が自然に含まれてきますので……。ただ、[ŋ]で舌の奥を口の天井につける動作のアタックが弱いと[k]音が出ず、［stréŋθ]になります。

| | | | |
|---|---|---|---|
| 🙂 音番号 453 ［stre］ | | | |
| 1042 | strength | ［stréŋ(k)θ] | 【名】ちから、強さ |
| 1493 | stretch | ［stréʧ] | 【他動】（手足）伸ばす、広げる |

## ●音番号 454 ［strei］

　前述の音番号 453 と ［stre］までは口の動きが一緒です。2重母音 ［ei］は ［e] を少し強く、[i] を弱く添えて出すのでした。そう意識して、[rei] を1音感覚で発音しましょう。ただし、[i] では唇をしっかり横に引いてください。[i] を発音するときにアゴを少し閉じるので、次の子音[n]や[ʃ]の音に、アゴの位置を変えずにスムーズに発音がつながります。

| | | | |
|---|---|---|---|
| 🙂 音番号 454 ［strei］ | | | |
| 2205 | stran·ger | ［stréinʤɚ] | 【名】見知らぬ人、外国人 |
| 2404 | dem·on·stra·tion | ［dèmənstréiʃən] | 【名】実演、デモ |
| 2483 | strain | ［stréin] | 【他動】張りつめる、【名】緊張 |

## ●音番号 455 ［stri］

　［stri］を1音感覚で発音してから、[ŋ]、[p]、[kt]、[kʃən] などの音を軽く添えます。音番号 453 ［stre］を再度参照してください。[ri] は唇を横に引いて [r] から [i] に向けて舌を前にスライドさせるイメージです。[ri] はLesson12、音番号 029 で練習しましたね。

ζ😃 音番号 455 ［stri］

| 1702 | string | ［stríŋ］ | 【名】ひも、糸 |
| 2029 | strip | ［stríp］ | 【他動】裸にする、【名】細長い切れ |
| 2399 | strict | ［stríkt］ | 【形】厳格な、厳しい |
| 2600 | re·stric·tion | ［ristríkʃən］ | 【名】制限、限定 |

## ●音番号 456 ［stri:］

音番号 455 ［stri］との違いは、［i:］音です。［i:］は［i］よりも唇をさらに横に引いて、鋭く「イー」と発音するのでした。

ζ😃 音番号 456 ［stri:］

| 1730 | stream | ［strí:m］ | 【名】小川、流れ |

［strí:］の発音を持つ単語は、JACET8000 内には、あとたったの 2 語しかないのでしたね。

448　street ［strí:t］（街路）

5749　streak ［strí:k］（筋、光線）

## ●音番号 457 ［strʌ］

［str］に［ʌ］を続けます。［ʌ］は日本語の「ア」をやや鋭く発音した音でしたね。［ʌ］については音番号 012 ［ʌ］を、［rʌ］の発音は、音番号 032 ［rʌ］参照してください。音節 struc には「積み重ねる・建てる」の意味があるのでしたね（p.024 ご参照）。

ζ😃 音番号 457 ［strʌ］

| 1235 | struc·ture | ［strʌ́ktʃɚ］ | 【名】構造、建物 |
| 1499 | in·struc·tion | ［instrʌ́kʃən］ | 【名】教え、指図 |
| 1955 | de·struc·tion | ［distrʌ́kʃən］ | 【名】破壊 |
| 2309 | con·struct | ［kənstrʌ́kt］ | 【他動】建設する、組み立てる |

## ●音番号 458 ［stræ］

［æ］は cat の中にある母音［æ］の音です。ここでは、音番号 013 ［æ］、そして音番号 033 ［ræ］を参考にしてください。

> :) 音番号 458 ［stræ］

| 1887 | strat·e·gy | ［strǽtədʒi］ | 【名】戦略、作戦 |

●音番号 459 ［strou］

　［str］に2重母音［ou］を続けます。［ou］の部分では、［o］をやや強く、［u］はその半分ぐらい弱く発音します。［u］では、唇をまるめて、舌を奥におくことです。［u］の舌の位置は、stroke の［k］の舌の位置に近いので、なめらかに音がつながるでしょう。

> :) 音番号 459 ［strou］

| 2243 | stroke | ［stróuk］ | 【名】ひとかき、一打ち、ストローク |

●音番号 460 ［strɔ］

　［str］に母音［ɔ］を続けます。［ɔ］は、唇を大きくたて長にして、口の奥を最大に広げて発音します。

> :) 音番号 460 ［strɔ］

| 1736 | strong·ly | ［stró(:)ŋli］ | 【副】強く、強固に |
| 1017 | de·stroy | ［distrói］ | 【他動】破壊する |

# Lesson 50
# ［sp＋母音］

　［sp＋母音］は1音感覚で発音します。たとえば spell ［spél］（呪文）では、最初の［s］で息を強く出して、［s］音が出はじめたら息の勢いを保ちながらすばやく唇を閉じて［p］を発音します。あとは息の勢いをそのまま維持して［e］まで続けて発音しましょう。最後の［l］は軽く添える感じです。

　要するに、息の強い勢いを保ちながら［s］［p］［e］を1音感覚で発音します。最初の［s］を大きな音で開始すると楽です。［s］音の強さこそが、英語らしい［sp＋母音］を発音するコツなのです。

　また、［p］が単語の最初にある場合はかなり強く息を使って発音します

が、この [s][p][e] はむしろ3つの音を連続させて、強さをそろえて発音
してください。[p]は唇を閉じて息をため、それを一気にパッと放出して
出す無声音（ノドをふるわせない音）でしたね。

　以上、[st＋母音] の発音のコツとほぼ同じですので、音番号 443 [ste]
の発音方法なども参照してください。

## ●音番号 461 〔spe〕

　[s]を十分強く発音してから、唇を閉じて [p]を発音しましょう。[p]を
発音する際には、次の [e]の口の形をあらかじめイメージしておきます。そ
して、[p]音を強く破裂させるときに唇を離す方向は、事前にイメージし
ておいた [e]の位置になります。英語の [p]は、日本語の「ペ」の [p]の部
分を2倍ぐらい強くした感じの息で発音するとちょうど良いでしょう。単
語 spell の発音は、息の勢いを保ったままで最後の [l] 音を添えます。[pe]
の発音方法の詳細は Lesson15 の音番号 072 [pe]をご参照ください。

| | 音番号 461 〔spe〕 | | |
|---|---|---|---|
| 1595 | spell | [spél] | 【自動】字をつづる、【名】呪文 |
| 2090 | spe·cial·ist | [spéʃəlist] | 【名】専門家 |
| 2933 | spe·cial·ly | [spéʃəli] | 【副】特別に |
| 2641 | spec·trum | [spéktrəm] | 【名】(光) スペクトル、範囲 |
| 2112 | sus·pect | [səspékt] | 【他動】疑いをかける、【名】容疑者 |
| 2378 | per·spec·tive | [pɚspéktiv] | 【名】遠近画法、大局観 |
| 2317 | un·ex·pect·ed | [ʌnikspéktid] | 【形】思いがけない、予期しない |

　2112 sus·pect と 2317 un·ex·pect·ed に関しては、音節区切り位置から、
「音番号 072 [pe]に分類すべきではないの？」と考える読者の方もおられる
かもしれませんね。しかし、ここの分類で良いのです。その秘密は、ラテン
語の「spectare（見る）」にあります。suspect, unexpected, expect などの単
語には、ラテン語の spectare が隠されています（単語耳レベル1では、単語
内に隠れているラテン語「stare（立つ）」の紹介を詳しくしましたね？）。英米
人は、「見る」というイメージをこれらの単語に感じて発音します。ですので、
[spe]という音のまとまりを強く意識して発音するといいのです。この辺は、
単語耳・実践編 Lv.3、Lv.4 をお読みいただければ、よくわかるようになります
し、読者の方にも英米人同様の感覚が「音から」身に付くようになっています。

## ●音番号 462 ［speɚ］

音番号 461 ［spe］を発音したあとに、舌を口の奥に持ち上げながら引き込んで、［ɚ］を発音します。

### ∋😃 音番号 462 ［speɚ］

| 2354 | spare | ［spéɚ］ | 【形】予備の、スペアの |
| 2845 | de·spair | ［dispéɚ］ | 【名】絶望 |

## ●音番号 463 ［spi］

［s］を発音して、唇を横に引いて次の［i］になめらかにつながるように、［p］を破裂させます。［p］も［i］もアゴが閉じた発音ですので、［spi］全体はアゴを閉じ気味にして発音します。［pi］については、音番号 074 ［pi］をご参照ください。

### ∋😃 音番号 463 ［spi］

| 2232 | spir·it·u·al | ［spíritʃu(ə)l］ | 【形】精神的な |
| 2743 | spill | ［spíl］ | 【他動】こぼす、まき散らす |

## ●音番号 464 ［spuː］

［s］のあと、［uː］の唇をつき出した形をイメージしながら、［p］の発音をします。［puː］については、音番号 076 ［puː］をご参照ください。

### ∋😃 音番号 464 ［spuː］

| 2967 | spoon | ［spúːn］ | 【名】スプーン |

実は、［spúː］の発音はきわめて珍しいので、JACET8000 内では、spoon ただ 1 語があるのみです。

## ●音番号 465 ［spɑ］

［s］のあと、唇をたて長にする［ɑ］をイメージしながら、［p］を破裂させます。［pɑ］については、音番号 081 ［pɑ］をご参照ください。

### ∋😃 音番号 465 ［spɑ］

| 1071 | spot | ［spɑ́t］ | 【名】地点、はん点、【他動】見つける |
| 2588 | spon·sor | ［spɑ́nsɚ］ | 【名】スポンサー、後援者 |
| 1112 | re·sponse | ［rispɑ́ns］ | 【名】応答、反応 |

| 1422 | re·spond | [rispánd] | 【自動】応答する、反応する |
| 1554 | re·spon·si·ble | [rispánsəbl] | 【形】責任のある |
| 2878 | cor·re·spond | [kɔ̀ərəspánd] | 【自動】一致する、通信する |

## ●音番号 466 [spai]

2重母音 [ai] は、[a] をやや強く、[i] をその半分ぐらいの強さで添えるように発音します。[a] ではアゴを下げる必要があるので、唇を閉じてから、アゴを勢い良く下げながら、[p] を破裂させましょう。[pai] については、音番号 082 [pai] をご参照ください。

| ⋛😀 音番号 466 [spai] | | | |
|---|---|---|---|
| 2930 | spi·der | [spáidər] | 【名】クモ（蜘蛛） |
| 1385 | de·spite | [dispáit] | 【前】にもかかわらず |

## ●音番号 467 [spaiər]

つづりの r の部分を [ər] と発音します。

| ⋛😀 音番号 467 [spaiər] | | | |
|---|---|---|---|
| 2490 | in·spire | [inspáiər] | 【他動】ふるい立たせる |

その他、JACET8000 内で [spáiər] を含んだ単語です。

4968　spiral　[spái(ər)rl]　（らせん状のもの）

6077　expire　[ikspáiər]　（失効する）

## ●音番号 468 [spou]

2重母音 [ou] は、[o] をやや強く、[u] をその半分ぐらいの強さで添えるように発音します。[p] を破裂させる動作は、アゴを [o] の方向に下げながら行ないましょう。[u] のところでは唇をまるくしてください。[ɔː] と誤解されないためです。

| ⋛😀 音番号 468 [spou] | | | |
|---|---|---|---|
| 2722 | spo·ken | [spóukn] | 【形】話される、口語の |

## ●音番号 469 ［spɔi］

２重母音 [ɔi] の [ɔ] の部分は、[o] よりも唇をたて長にして、口の奥を広げます。[p] の音を破裂させる唇の動きは、[ɔ] に向けてすばやくたて長にする動きとなります。

### 音番号 469 ［spɔi］

| 2880 | spoil | ［spɔ́il］ | 【他動】台無しにする、損なう |
|------|-------|-----------|---------------------------|

## ●音番号 470 ［sple］

[p] を発音したあとで、息の勢いを保ちながら、舌を上前歯裏の歯ぐきにべったりつけて [l] を発音します。[l] は、次の [e] の準備のためにアゴを少し下げて、唇を [e] の形にしておいて、舌先を上にのばすようにして発音するといいでしょう。splended の [le] では、舌をできるだけ長い時間歯ぐきにつけたままにしておきましょう。[e] 音を出すときに舌は離れますが、他人からは舌がよく見えるぐらいがいいのです。[splen] の５音を１音感覚で、１拍で発音してください。「スプレン」とカタカナ４語、４拍で発音してはいけません。

### 音番号 470 ［sple］

| 2782 | splen·did | ［splɛ́ndid］ | 【形】豪華な、華麗な |
|------|-----------|--------------|--------------------|

## ●音番号 471 ［spli］

[l] は、次の [i] の口の形——唇を横に引く——のまま発音を開始してください。[l] では、舌を上前歯裏の歯ぐきにつけます。[li] は、できるだけ長い間、舌を歯ぐきにつけたままで出しましょう。

split [splít] では、最後の [t] でも、舌が上前歯裏の歯ぐきにつきます。[t] の手前の [i] の音の最後で、舌を一瞬歯ぐきから離し、そのあと [t] を発音しましょう。

### 音番号 471 ［spli］

| 2571 | split | ［splít］ | 【他動】裂く、分裂する |
|------|-------|----------|---------------------|

### ●音番号 472 ［sprei］

spray［spréi］は、口の動きの練習に適した単語です。［s］を発音したあとで［p］を発音する際に、舌を口の奥に入れてほぼ［r］の形を作って発音してください。［sprei］の最後の［i］では唇を横に引きます。全部の音を1音感覚、つまり1拍で発音してください。

| 😃 音番号 472 ［sprei］ | | | |
|---|---|---|---|
| 2723 | spray | ［spréi］ | 【名】しぶき、スプレー |

# Lesson 51
# ［sk＋母音］

### ●音番号 473 ［ske］

発音方法は、前述の［spe］や［ste］とほとんど同じです。つまり、ここで出てくるのも、［摩擦音］＋［破裂音］＋［母音］の3つの音の組み合わせです。前2つのところが［sp］［st］から［sk］に変わっています。［p］は唇で、［t］では舌先で空気をせき止めましたが、［k］では舌を口の奥に引き込んで、舌の奥の部分で空気の流れをせき止める点が異なります。

schedule［skédʒuːl］の［ke］の部分は、［k］の次がやや口をあける［e］音なので、やや口をあけた状態で、舌を口の奥に引き込んで［k］を発音してください。［ke］に関しては、音番号 206 の［ke］の項をご参照ください。

sched·ule を［ʃédjuːl］と発音するネイティブもいますので、覚えておきましょう。

| 😃 音番号 473 ［ske］ | | | |
|---|---|---|---|
| 1825 | sched·ule | ［skédʒuːl］ | 【名】予定表、スケジュール |

### ●音番号 474 ［skei］

2重母音［ei］は、［e］をやや強く、［i］をその半分ぐらいの強さで弱く発音する音です。scale［skéil］では、そこに［l］を添えることになります。この語尾の［l］は、舌先を上前歯裏の歯ぐきにべったりつけて「ウ」と言う音

でした（この際、唇はまるめないでください）。けっして、「スケール」と
発音しないこと。「スケール」では４拍の音になってしまいます。［skéil］
は１拍の音です。また、［kei］は［ke］に誤解されがちです。誤解されない
ように、［kei］の［i］のところで、唇をしっかり横に引きましょう。［kei］に
ついては音番号 207［kei］をご参照ください。

> 😊 音番号 474［skei］

| 1474 | scale | ［skéil］ | 【名】目盛り、スケール |

## ●音番号 475 ［skʌ］

　［ʌ］の部分ではアゴを下げます。そこで［k］のところで早くもアゴを下
げはじめ、舌を奥に引き込んで［k］の破裂音を出し、［ʌ］音にスムーズにつ
なげてください。［kʌ］は、音番号 212［kʌ］でたくさん練習しました。cu,
co, cou というつづりが［kʌ］音になることも再確認しましょう。

> 😊 音番号 475［skʌ］

| 2700 | sculp·ture | ［skʌ́lptʃɚ］ | 【名】彫刻 |

## ●音番号 476 ［skæ］

　［s］を発音してから［kæ］に発音をつなげます。［kæ］は、cat に含まれる発
音です。［æ］は「ア」と「エ」の中間的な音です。［kæ］の練習は音番号 213 の
ところでたくさんしましたね？　scatter［skǽtɚ］のように単語の中に同じ文
字（ここでは tt）が続く場合は、その２文字の間で音節が区切れることも思い出
してください。後半の［tɚ］はアクセントが無いので弱く発音します。本書・
実践編 Lv.2 の 2000 語のうち、［skæ］音を持つのは、この scatter だけです。

> 😊 音番号 476［skæ］

| 2785 | scat·ter | ［skǽtɚ］ | 【他動】まき散らす、ばらまく |

　JACET8000 内には、［skǽ］音を持つ単語がそのほか４つだけあります。
3806　scandal［skǽndl］（スキャンダル）
4672　scan［skǽn］（画像を取り込む）
7101　scanner［skǽnɚ］（スキャナ（光学読取装置））
7413　scaffold［skǽf(ə)ld］（処刑台）

つまり、[skæ] が聞き取れれば、単語は 5 つにしぼり込めるのです。

## ●音番号 477 ［ska］

[s] を発音してから [ka] に発音をつなげる音節です。[a] は日本語の「ア」よりもアゴを下げて発音する母音でした。[ka] については、音番号 214 [ka] をご参照ください。

| ⋛😃 音番号 477 ［ska］ | | |
|---|---|---|
| 2419　schol·ar | ［skάlɚ］ | 【名】学者 |

## ●音番号 478 ［skɚː］

[k] と [ɚː] は、どちらも舌を口の奥に入れて発音する音ですので、スムーズにつながるでしょう。[ɚː] は舌を持ち上げて舌の上の狭い空間に「アー」と音を出します。[kɚː] については、音番号 220 [kɚː] をご参照ください。

| ⋛😃 音番号 478 ［skɚː］ | | |
|---|---|---|
| 2267　skirt | ［skɚ́ːt］ | 【名】スカート、へり |

## ●音番号 479 ［skɔɚ］

[s] に続く [k] で破裂音を出したあと、アゴを勢い良く下げましょう。同時に唇をたて長にし、[ɔ] を発音しながら、今度はアゴと舌を持ち上げて [ɚ] を発音します。

score [skɔ́ɚ] は、アゴと舌の移動が大きいので、とてもよい口の筋肉トレーニングができる単語です。[k] ではすばやく、しっかり舌を口の奥の天井につけましょう。[kɔɚ] については、音番号 223 [kɔɚ] をご参照ください。

| ⋛😃 音番号 479 ［skɔɚ］ | | |
|---|---|---|
| 1252　score | ［skɔ́ɚ］ | 【名】得点、スコア、【他動】得点する |

## ●音番号 480 ［skeɚ］

[ske] に [ɚ] の音を添えます。[ɚ] では舌を奥の上の方向に移動させましょう。[keɚ] は、音番号 221 [keɚ] をご参照ください。

### ⁼☺ 音番号 480 ［skeɚ］

| 2711 | scared | ［skéɚd］ | 【形】おびえた |
|------|--------|-----------|-------------|

## ●音番号 481 ［skweɚ］

［s］に続けて［k］を発音する際に、先回りして唇をまるめておき、［w］の準備をしておきましょう。［w］では唇をいっぱいにつき出してください。

### ⁼☺ 音番号 481 ［skweɚ］

| 1269 | square | ［skwéɚ］ | 【名】正方形、広場、【形】正方形の |
|------|--------|-----------|-------------------------------|

## ●音番号 482 ［skwi:］

この音節でも、［s］に続けて［k］を発音する際に、唇をまるめて［w］の準備をしましょう。［kwi:］は音番号 251 ［kwi:］で練習済みです。

### ⁼☺ 音番号 482 ［skwi:］

| 2566 | squeeze | ［skwíːz］ | 【他動】しぼる、握り締める |
|------|---------|-----------|--------------------------|

## ●音番号 483 ［skri(:)］

［k］の後ろに［r］音がありますが、心配はご無用です。口の動かし方は音番号 478 ［skɚ:］とほぼ同じだからです。1 回、［skɚ:］を発音してみてください。［ɚ:］の舌の位置は［r］と同じですので、そのまま［i］の方向に舌を動かせば、［ri］を発音できます。［ri:］は、［r］の部分で唇を横に引きながら出すといいでしょう。

最後に、そっと［n］または［m］の音を添えれば、ここで練習する 2 単語が発音できます。［ri:］については音番号 030 ［ri:］を、［kri:］については音番号 241 ［kri:］をご参照ください。

### ⁼☺ 音番号 483 ［skri(:)］

| 1305 | screen | ［skríːn］ | 【名】ついたて、スクリーン |
|------|--------|-----------|--------------------------|
| 1584 | scream | ［skríːm］ | 【自動】（金切り）声をあげる、叫ぶ |
| 2083 | de·scrip·tion | ［diskrípʃən］ | 【名】記述、説明 |

# Lesson 52
# ［sl＋母音］

　［s］で舌先が上前歯の裏にくるので、ほんの少し舌を動かすだけで、舌が上前歯裏の歯ぐきにつき、［l］の音を出せます。［s］を発音したら、すぐ舌を上前歯裏の歯ぐきに押しつけ、［l］の発音になめらかに移ってください。そして［l］に続く母音を発音する直前まで、舌を上前歯裏の歯ぐきにつけておくといいでしょう。ネイティブが［l］を発音する際には、舌がよく見えます。舌がかなり前に来ているからです。

## ●音番号 484　［slai］

　2重母音［ai］の［a］は、アゴを下げて口を大きく開けて出します。［s］のあとで口を開きながら、舌を上にいっぱいに伸ばして、舌先を上前歯裏の歯ぐきにしっかりつけて［lai］と発音しましょう。［i］は弱く発音します。［i］のところで唇を横に引いて、［t］［d］の子音をそっと添えると、ここで練習する3単語の発音がうまく行きます。［lai］については、音番号 051 で学習しましたね。

| 😀 音番号 484　［slai］ | | | |
|---|---|---|---|
| 1400 | slight·ly | ［sláitli］ | 【副】わずかに |
| 2004 | slight | ［sláit］ | 【形】わずかな |
| 2109 | slide | ［sláid］ | 【自動】すべる、【名】（映写）スライド |

## ●音番号 485　［slei］

　2重母音［ei］の［e］のところまで、その手前の［l］で上前歯裏にくっつけた舌をそのままにしておきましょう。［i］のところでは唇を横に引きます。そこに子音［v］を添えると、slave［sléiv］が発音できます。［lei］については音番号 042　［lei］をご参照ください。

| 😀 音番号 485　［slei］ | | | |
|---|---|---|---|
| 2248 | slave | ［sléiv］ | 【名】奴隷（どれい） |

### ●音番号 486 【sli】

[s] に続く [li] では、舌を上前歯裏の歯ぐきに接触させておきます。そして [p] を発音する直前に舌を歯ぐきから離せば、slip [slíp] をうまく発音できるでしょう。[li] については音番号 043 [li] をご参照ください。

| 😃 音番号 486 ［sli］ | | | |
|---|---|---|---|
| 1398 | slip | [slíp] | 【自動】すべる、すべってころぶ |

### ●音番号 487 【sli:】

[s] に続く [li:] では舌を上前歯裏の歯ぐきに接触させて発音しましょう。asleep [əslí:p] では、そのあと [p] の直前で舌を離します。[i:] は [i] よりも唇を横に強く引いて発音する音でした。[li:] については音番号 044 [li:] をご参照ください。

| 😃 音番号 487 ［sli:］ | | | |
|---|---|---|---|
| 1682 | a·sleep | [əslí:p] | 【形】眠っている |

### ●音番号 488 【slou】

2 重母音 [ou] では、[o] をやや強く、[u] をその半分くらいに弱く発音します。[u] では唇をまるめましょう。[lou] については音番号 053 [lou] をご参照ください。

| 😃 音番号 488 ［slou］ | | | |
|---|---|---|---|
| 2122 | slope | [slóup] | 【名】坂、【自動】傾斜する |

# Lesson 53
# ［sm＋母音］

[m] では唇を閉じ、音を鼻に抜けさせます。[m] を発音している間は舌を自由に動かせますので、できるだけ次の母音の位置近くに舌を置いておき、唇の形も次の母音に備えましょう。たとえば [smu:] では [m] の発音に先回りして唇をまるめておき、[u:] につながりやすくするのです。

## ●音番号 489 ［sme］

　［s］を発音してから唇を閉じ、［m］を「ンー」という感じで鼻に抜けさせます。［m］を出す段階で舌を前に位置させておき、唇を開いて［e］とスムーズに発音しましょう。そして［l］を添えるように発音すれば、smell［smél］になります。［me］については音番号 377 ［me］をご参照ください。

| ⊃😃 音番号 489 ［sme］ | | | |
|---|---|---|---|
| 1138　smell | ［smél］ | 【動】においがする |

## ●音番号 490 ［smu:］

　［s］を発音してから唇を閉じ、［m］を「ンー」という感じで鼻に抜けさせます。［m］を出す段階で唇を少しまるめて、舌を奥に位置させておきましょう。［m］音を出したあとで唇をさらにまるめ、［u:］を発音します。そして［ð］を添えるように発音すれば、smooth［smú:ð］になります。［mu:］については音番号 381 ［mu:］をご参照ください。

| ⊃😃 音番号 490 ［smu:］ | | | |
|---|---|---|---|
| 1866　smooth | ［smú:ð］ | 【形】なめらかな、スムーズな |

## ●音番号 491 ［smou］

　２重母音［ou］では、［o］をやや強く、［u］をその半分ぐらいの強さで弱く発音します。絶対に「スモーク」とカタカナ発音をしないでください。［smɔ́:k］と聞こえると、ネイティブは［smɔ́:l］、つまり small と勘違いすることが増えます。そのため、［u］のところで必ず唇をまるめてください。［mou］については音番号 387 ［mou］をご参照ください。

　JACET8000 内には、［smou］という音節を持つ単語はあと１つだけ――5980 smoker［smóukɚ］（喫煙者）しかありません。

| ⊃😃 音番号 491 ［smou］ | | | |
|---|---|---|---|
| 1058　smoke | ［smóuk］ | 【名】煙、【自動】タバコをすう |

## ●音番号 492 ［smɔ:］

JACET8000 内のうち、この音節を持つ単語は **160 small ［smɔ́:l］**（小さ
**な**）だけですので、本書には出てきません。単語耳レベル１の実践編 Lv.1
で練習してください。

## ●音番号 493 ［smɑɚ］

アゴを大きく下げて出す［ɑ］音のあとですばやくアゴと舌を上げて［ɚ］の
発音になめらかにつなげましょう。［mɑɚ］については音番号 390 ［mɑɚ］
をご参照ください。

| ⚞😃 音番号 493 ［smɑɚ］ | | | |
|---|---|---|---|
| 2253 | smart | ［smɑ́ɚt］ | 【形】利口な、抜け目の無い |

# Lesson 54
# ［sn＋母音］

［n］は舌先を上前歯裏の歯ぐきにつけて、声を「シー」と鼻に抜けさせ
ます。息の出口をふさぐ舌の使い方は、［t］とまったく同じです。

## ●音番号 494 ［snou］

［s］を発音したらすぐ舌先を上前歯裏の歯ぐきにつけて、声を鼻から「シー」
とうなるように抜けさせます。続く母音は２重母音の［ou］ですので、［n］
の発音をしながら口を開けていき、歯ぐきと舌の接触をぎりぎりまで保ち
ながら［o］の発音をはじめ、［o］の途中で舌を自然に離しましょう。［ou］
では［o］をやや強く、［u］をその半分くらいの強さで弱く発音します。［u］
でしっかり唇をまるめ、［ɔ:］と間違えられないようにしましょう。

| ⚞😃 音番号 494 ［snou］ | | | |
|---|---|---|---|
| 1487 | snow | ［snóu］ | 【名】雪 |

### ●音番号 495 ［snei］

　［s］を発音したらすぐ舌先を上前歯裏の歯ぐきにつけて、声を鼻から「ンー」とうなるように抜けさせます。続く母音は2重母音の［ei］ですので、［e］音の途中まで舌先を上前歯裏の歯ぐきに接触させておき、［n］音をぎりぎりまでふんばって出してから、舌が自然に歯ぐきから離れるようにしましょう。

| 😊 音番号 495 ［snei］ | | | |
|---|---|---|---|
| 2592 | snake | ［snéik］ | 【名】へび（蛇） |

　JACET8000内には、このほかあと1語だけが存在します。［sn］の音ではじまる単語は、嫌な印象を与えるものを意味することが多いのです。
6942　snail　［snéil］（かたつむり）

### ●音番号 496 ［snæ］

　［s］を発音してから、舌先を上前歯裏の歯ぐきにつけて、鼻から声を「ンー」とうなるように出します。続く［æ］では「ア」と「エ」の中間ぐらいにアゴを下げましょう。［s］［n］［æ］の3音を、ほぼ等しく強く発音したあとで［p］を添えるように発音すれば、snap［snǽp］になります。

| 😊 音番号 496 ［snæ］ | | | |
|---|---|---|---|
| 2598 | snap | ［snǽp］ | 【動】ポキンと折れる |

# Lesson 55
# ［sw＋母音］

　［w］は唇をぐっとつき出して発音します。［sw］では、［s］の発音のときから、先回りして唇をつき出しておきましょう。

### ●音番号 497 ［swei］

| 😊 音番号 497 ［swei］ | | | |
|---|---|---|---|
| 1729 | per·suade | ［pɚswéid］ | 【他動】説得する |

　JACET8000内には、［swéi］を含む語があと3単語だけあります。

5675 sway ［swéi］（ゆすぶる、ゆれる）
6469 persuasion ［pɚswéiʒ(ə)n］（説得）
6786 persuasive ［pɚswéisiv］（説得力のある）

## ●音番号 498 ［swi］

［s］の発音のときから唇をまるくしてつき出しておき、続く［w］で、唇をさらにつき出しましょう。その後、唇を横に引いて［i］を発音します。

| 音番号 498 ［swi］ | | | |
|---|---|---|---|
| 1403 | switch | ［switʃ］ | 【名】スイッチ、開閉器 |
| 1580 | swim | ［swím］ | 【自動】泳ぐ |
| 1870 | swing | ［swíŋ］ | 【他動】揺らす、振り回す |

## ●音番号 499 ［swiː］

［s］の発音のときから唇をまるくしてつき出しておき、続く［w］で、唇をさらにつき出しましょう。その後、唇を強く横に引いて［iː］を発音します。［iː］は［i］よりもさらに唇を強く横に引く、より鋭い音です。

| 音番号 499 ［swiː］ | | | |
|---|---|---|---|
| 1188 | sweet | ［swíːt］ | 【形】甘い、【名】キャンディー |

## ●音番号 500 ［swɑ］

［s］の発音のときから唇をまるくしてつき出しておき、続く［w］で、唇をさらにつき出しましょう。その後、一気に唇をたて長に開いて［ɑ］を発音します。

| 音番号 500 ［swɑ］ | | | |
|---|---|---|---|
| 2374 | swal·low | ［swɑ́lou］ | 【他動】飲み込む |

### ●［s］を含む音節に関するまとめ

以上で、［s］を含む74音節の発音練習は終わりです。お疲れ様でした。
あとには、［s］の有声子音である［z］を含む音節の発音練習が少しだけ残っていますが、ここまで練習してきた「［s］を含む音節」の発音練習こそ

が、実はこの本のハイライトだったのです。なぜなら、英語の発音は、[s]を使った音が圧倒的に多くて、バラエティに富んでいるからです。

『改訂版　単語耳　レベル1』（第1巻）でお伝えした、"[s]音を制するものが英語を制する"ということを、改めて実感できたのではないでしょうか。

とにかく、[s]音をしっかり練習するだけでも、そのほかの子音ではじまる音節の発音はシンプルで楽に思えるようになりますので、何度も本書で練習をくり返してください。

# Lesson 56
# ［z＋母音］

　[z]は、[s]と同じ口の形、舌の位置、息の使い方で発音する音です。声が加わる（つまりノドをふるわせる）ところだけが[s]と異なります。名詞の複数形につくsは、手前が「[z]以外の有声音（ノドをふるわせる音）」ならばすべて[z]音になるので、[z]音は単語の語尾にたくさん出現する音と言えます。[m]や[n]や[ŋ]といった鼻母音に続くsも、[z]音になりますので覚えておいてください。たとえば、pens[penz]などです。

　ノドをふるわせた途端、[z]音が日本語の「ズ[zu]」になってしまう人が多いと思いますが、[z]のあとで唇をまるめなければ[u]の音は付きません。最後まで[s]のときの唇の形と舌の位置を保って[z]と発音しましょう。

　日本語の「ズ[zu]」をのばし続けると「ウー[u:]」という音になります。[u]は唇がまるまり、舌が口の奥に行って出る音です。[z]の発音のときに、この唇をまるめ、舌を口の奥に行かせることを絶対にしないことです。

　英語の[z]には、[u]の音がつきません。いくらのばしても[z]音のままです。たとえば、is[iz]を発音してみてください。「伊豆」と聞こえたら、[izu]と発音されています。そうなる人は、[z]に[u]をつけないよう、舌が奥に少しずれて唇がまるまり、[u]の口の形になることを必死に食い止めましょう。

## ●音番号 501 ［ze］

これは、日本語の「ゼ」に近い発音で OK です。発音の仕方をスローモーションで見てみましょう。まず、［s］の口の形のまま息を出しはじめます。0.05秒くらいで［s］音が出はじめるので、同時にノドをふるわせましょう。それが［z］音です。［z］音が出て 0.1 秒たってから［e］音を出せば、［ze］が出ます。

| 音番号 501 ［ze］ | | | |
|---|---|---|---|
| 2092 | rep·re·sent·a·tive | [rèprizéntətiv] | 【名】代表者、代議士 |
| 2138 | ex·ec·u·tive | [igzékjətiv] | 【名】役員、重役 |
| 2321 | pos·ses·sion | [pəzéʃən] | 【名】所有 |
| 2896 | re·sem·ble | [rizémbl] | 【他動】似ている |

## ●音番号 502 ［zei］

| 音番号 502 ［zei］ | | | |
|---|---|---|---|
| 1311 | or·gan·i·za·tion | [ɔ̀ɚgənəzéiʃən] | 【名】組織、団体 |
| 2661 | civ·i·li·za·tion | [sìvələzéiʃən] | 【名】文明 |

## ●音番号 503 ［zi］

［zi］は、［si］と同じ口の使い方で発音します。あとはノドの振動を加えるだけですが、慣れるまで根気強く練習しましょう。

existence は、［ig］と［zis］［tns］がそれぞれ 1 拍の 3 拍単語です。3 音の感覚で発音してください。けっして「イグジスタンス」と 7 拍で発音しないこと。

| 音番号 503 ［zi］ | | | |
|---|---|---|---|
| 1541 | ex·ist·ence | [igzístns] | 【名】存在（すること） |
| 1995 | op·po·si·tion | [ὰpəzíʃən] | 【名】反対、抵抗 |
| 1334 | mu·se·um | [mjuːzíəm] | 【名】博物館、記念館 |
| 2077 | mu·si·cian | [mjuːzíʃən] | 【名】音楽家 |
| 2123 | re·sist | [rizíst] | 【他動】抵抗する、敵対する |
| 2298 | re·sist·ance | [rizístəns] | 【名】抵抗、妨害、レジスタンス |

## ●音番号 504 ［zæ］

ここでは［igzæ］ではじまる単語が３つ出てきます。これらは、［ig］と
［zæ］の２つのかたまりを意識して発音してください。

| 🙂 音番号 504 ［zæ］ | | | |
|---|---|---|---|
| 2459 | ex·am | ［igzǽm］ | 【名】試験 |
| 1063 | ex·am·ine | ［igzǽmin］ | 【他動】調査する、試験をする |
| 2142 | ex·act | ［igzǽkt］ | 【形】正確な、厳密な |
| 1789 | di·sas·ter | ［dizǽstɚ］ | 【名】災害、大惨事、完全な失敗 |

## ●音番号 505 ［zai］

| 🙂 音番号 505 ［zai］ | | | |
|---|---|---|---|
| 1215 | de·sire | ［dizáiɚ］ | 【他動】（強く）望む、【名】欲望 |
| 2515 | de·sign·er | ［dizáinɚ］ | 【名】デザイナー |
| 2416 | anx·i·e·ty | ［æŋzáiəti］ | 【名】心配、不安 |

## ●音番号 506 ［zou］

| 🙂 音番号 506 ［zou］ | | | |
|---|---|---|---|
| 2046 | zone | ［zóun］ | 【名】区域、地帯、ゾーン |

JACET8000 内では、［zóu］という音節を持った単語はこの１語だけで
す。実は、zone は珍しい発音の単語なのです。会話で出てきたら、すぐ特
定できますね。

## ●音番号 507 ［zɚː］

| 🙂 音番号 507 ［zɚː］ | | | |
|---|---|---|---|
| 1240 | ob·serve | ［əbzɚ́ːv］ | 【他動】観察する |
| 1478 | pre·serve | ［prizɚ́ːv］ | 【他動】保存する |
| 1650 | re·serve | ［rizɚ́ːv］ | 【他動】とっておく、予約する |
| 2093 | de·serve | ［dizɚ́ːv］ | 【他動】…に値する |

これで、『改訂版　単語耳　レベル２』実践編 Lv.2 はすべて終了です。たい
へんお疲れ様でした！　まずは、一休みして、練習の一区切りを祝いましょう。

　英語の発音は、奥が深いと感じましたか？　そして、その長いトンネルの先に、「案外単純」そして「練習すればできる」という明かりは見えましたか？

　もう1巡、最初から練習すると、また新たな気づきがあることを保証します。一休みしたら、また「単語耳（完全な英語耳）」の完成を目指して、ふたたび練習あるのみです！

# 巻末表　abc順単語リスト2000

※本表では、実践編 Lv.2 掲載の 2000 単語（JACET8000 の 1001 番〜3000 番の単語）を
アルファベット順に掲載した。紙で隠しての単語暗記の際などに、活用してもらいたい。
※【動】は【他動詞】と【自動詞】の両方の働きを持つ動詞のこと。

| | 単語 | 発音記号 | JACET | ページ | 【品詞】意味 |
|---|---|---|---|---|---|
| ☐ | a·ban·don | [əbǽndən] | 2100 | 120 | 【他動】断念する、置き去る |
| ☐ | a·broad | [əbrɔ́ːd] | 1475 | 129 | 【副】外国に |
| ☐ | ab·sence | [ǽbsəns] | 2207 | 68 | 【名】欠席、不在 |
| ☐ | ab·so·lute·ly | [ǽbsəlùːtli] [æbsəlúːtli] | 1480 | 68 | 【副】完全に、まったく |
| ☐ | ab·sorb | [əbsɔ́ɚb] | 2155 | 228 | 【他動】吸い込む |
| ☐ | ab·stract | [ǽbstrækt] | 2724 | 68 | 【形】抽象的な、【名】要約 |
| ☐ | ac·a·dem·ic | [æ̀kədémik] | 2362 | 140 | 【形】学問の、専門の |
| ☐ | ac·cent | [ǽksent] | 2466 | 69 | 【名】アクセント、強勢 |
| ☐ | ac·cess | [ǽkses] | 1748 | 69 | 【名】接近方法、アクセス |
| ☐ | ac·com·pa·ny | [əkʌ́mpəni] | 2224 | 150 | 【他動】一緒に行く、伴う |
| ☐ | ac·cord | [əkɔ́ɚd] | 1731 | 155 | 【名】(考え) 一致、【他動】与える |
| ☐ | ac·count | [əkáunt] | 1264 | 153 | 【名】預金口座、勘定書、説明 |
| ☐ | ac·cu·rate | [ǽkjərət] | 2489 | 69 | 【形】精密な、正確な |
| ☐ | a·chieve·ment | [ətʃíːvmənt] | 1727 | 190 | 【名】達成、業績 |
| ☐ | ac·id | [ǽsid] | 1530 | 67 | 【形】酸の、【名】酸 |
| ☐ | ac·quire | [əkwáiɚ] | 1646 | 163 | 【他動】(能力・知識) 獲得する |
| ☐ | a·cre | [éikɚ] | 2514 | 58 | 【名】エーカー (4047$m^2$) |
| ☐ | ac·tive | [ǽktiv] | 1101 | 67 | 【形】活動的な、活発な |
| ☐ | ac·tor | [ǽktɚ] | 1613 | 67 | 【名】俳優、男優 |
| ☐ | ac·tu·al | [ǽktʃuəl] | 1989 | 67 | 【形】実際の、現実にある |
| ☐ | ad | [ǽd] | 2763 | 68 | 【名】広告 |
| ☐ | a·dapt | [ədǽpt] | 2255 | 142 | 【他動】適応させる、順応させる |
| ☐ | ad·just | [əʤʌ́st] | 2275 | 193 | 【他動】調節する |
| ☐ | ad·mire | [ədmáiɚ] | 2024 | 206 | 【他動】感心する |
| ☐ | ad·mit | [ədmít] | 1085 | 202 | 【他動】認める、(入会を) 許す |
| ☐ | a·dopt | [ədápt] | 1506 | 142 | 【他動】採用する、養子にする |
| ☐ | ad·vance | [ədvǽns] | 1596 | 181 | 【動】前進させる、進歩する |
| ☐ | ad·vanced | [ədvǽnst] | 1716 | 181 | 【形】前に進んだ、高等の |
| ☐ | ad·van·tage | [ədvǽntiʤ] | 1273 | 181 | 【名】有利、強み |

| | | | | | |
|---|---|---|---|---|---|
| ☐ ad·ven·ture | [ədvéntʃɚ] | 1916 | 180 | 【名】冒険、危険な旅 |
| ☐ ad·ver·tise | [ǽdvɚtàiz] | 2823 | 68 | 【他動】宣伝する、広告する |
| ☐ ad·ver·tise·ment | [ædvɚtáizmənt] | 2319 | 133 | 【名】広告 |
| ☐ ad·ver·tis·ing | [ǽdvɚtàiziŋ] | 2106 | 68 | 【名】広告、【形】広告の |
| ☐ ad·vice | [ədváis] | 1020 | 182 | 【名】忠告、アドバイス |
| ☐ ad·vise | [ədváiz] | 1651 | 182 | 【他動】忠告する、勧める |
| ☐ af·fair | [əféɚ] | 1501 | 175 | 【名】(日々の) 出来事、浮気 |
| ☐ af·ford | [əfɔ́ɚd] | 1636 | 176 | 【他動】…する余裕がある |
| ☐ af·ter·ward | [ǽftɚwɚd] | 2215 | 68 | 【副】その後 |
| ☐ a·gen·cy | [éiʤənsi] | 1766 | 58 | 【名】代理店、機関 |
| ☐ a·gent | [éiʤənt] | 2190 | 58 | 【名】代理人、代理店、エージェント |
| ☐ a·gree·ment | [əgríːmənt] | 1692 | 169 | 【名】合意、協定 |
| ☐ ag·ri·cul·tur·al | [ægrikʌ́ltʃɚrl] | 2010 | 150 | 【形】農業の |
| ☐ ag·ri·cul·ture | [ǽgrikʌ̀ltʃɚ] | 1842 | 67 | 【名】農業 |
| ☐ ah | [ɑ́ː] | 1546 | 70 | 【間】ああ、なるほど |
| ☐ aim | [éim] | 1233 | 58 | 【動】ねらう、【名】ねらい |
| ☐ air·line | [éɚlàin] | 2840 | 76 | 【名】航空会社、定期航空路 |
| ☐ air·plane | [éɚplèin] | 2964 | 76 | 【名】飛行機 |
| ☐ air·port | [éɚpɔ̀ɚt] | 1940 | 76 | 【名】空港、飛行場 |
| ☐ a·larm | [əlɑ́ɚm] | 2018 | 93 | 【名】警報機、アラーム |
| ☐ a·like | [əláik] | 2987 | 92 | 【形】似ている、【副】同様に |
| ☐ a·live | [əláiv] | 1126 | 92 | 【形】生きている |
| ☐ al·ly | [əlái] | 2772 | 92 | 【他動】同盟する、連合する |
| ☐ al·ter·na·tive | [ɔːltɚ́ːnətiv] | 1671 | 135 | 【名】もう一つの手段 |
| ☐ al·to·geth·er | [ɔ̀ːltəgéðɚ] | 2580 | 164 | 【副】全部で、まったく |
| ☐ a·maz·ing | [əméiziŋ] | 2034 | 202 | 【形】すばらしい、驚嘆するような |
| ☐ am·bas·sa·dor | [æmbǽsədɚ] | 2753 | 120 | 【名】大使、使節 |
| ☐ am·bi·tion | [æmbíʃən] | 2402 | 119 | 【名】大志、野心 |
| ☐ an·a·lyze | [ǽnəlàiz] | 2366 | 67 | 【他動】分析する、精神分析する |
| ☐ an·ces·tor | [ǽnsestɚ] | 2412 | 67 | 【名】祖先、先行者 |
| ☐ an·cient | [éinʃənt] | 1099 | 58 | 【形】古代の、古臭い |
| ☐ an·gel | [éinʤəl] | 2781 | 58 | 【名】天使 |
| ☐ an·ger | [ǽŋgɚ] | 1525 | 67 | 【名】怒り |
| ☐ an·gle | [ǽŋgl] | 2096 | 67 | 【名】角度 |
| ☐ an·gri·ly | [ǽŋgrəli] | 2793 | 67 | 【副】怒って |
| ☐ an·gry | [ǽŋgri] | 1068 | 67 | 【形】怒っている |
| ☐ anni·ver·sa·ry | [æniváːsɚri] | 2619 | 182 | 【名】記念日 |
| ☐ an·nounce | [ənáuns] | 1044 | 210 | 【他動】発表する、知らせる |

| | | | | | | |
|---|---|---|---|---|---|---|
| ☐ | an·nounce·ment | [ənáunsmənt] | 2458 | 210 | 【名】 | 発表、公表、アナウンス |
| ☐ | an·nu·al | [ǽnjuəl] | 1593 | 67 | 【形】 | 年1回の、毎年の |
| ☐ | ant | [ǽnt] | 2690 | 67 | 【名】 | アリ（蟻） |
| ☐ | anx·i·e·ty | [æŋzáiəti] | 2416 | 254 | 【名】 | 心配、不安 |
| ☐ | anx·ious | [ǽŋkʃəs] | 2292 | 67 | 【形】 | 不安な |
| ☐ | an·y·bod·y | [énibàdi] | 1323 | 56 | 【代】 | だれか、だれでも |
| ☐ | any·more | [ènimɔ́ɚ] | 2862 | 206 | 【副】 | （否定文で）もう、もはや |
| ☐ | an·y·where | [éni(h)wèɚ] | 1497 | 56 | 【副】 | どこにでも（疑問・否定文で） |
| ☐ | a·part | [əpáɚt] | 1344 | 109 | 【副】 | 離れて |
| ☐ | a·part·ment | [əpáɚtmənt] | 2081 | 109 | 【名】 | アパート、マンション |
| ☐ | a·pol·o·gize | [əpáləʤàiz] | 2786 | 106 | 【自動】 | わびる、謝る |
| ☐ | ap·par·ent | [əpǽrənt] | 2139 | 106 | 【形】 | 明白な |
| ☐ | ap·par·ent·ly | [əpǽrəntli] | 1585 | 106 | 【副】 | 見たところ…らしい |
| ☐ | ap·peal | [əpíːl] | 1129 | 104 | 【自動】 | 懇願する、求める、訴える |
| ☐ | ap·pear·ance | [əpíɚrəns] | 1364 | 109 | 【名】 | 出現、現われること |
| ☐ | ap·ple | [ǽpl] | 1661 | 67 | 【名】 | りんご |
| ☐ | ap·pli·ca·tion | [æplikéiʃən] | 2103 | 149 | 【名】 | 申し込み、活用 |
| ☐ | ap·ply | [əplái] | 1216 | 112 | 【他動】 | 適用する、申し込む |
| ☐ | ap·point·ment | [əpɔ́intmənt] | 1656 | 109 | 【名】 | （面会）約束、（役職）任命 |
| ☐ | ap·pre·ci·ate | [əpríːʃièit] | 1665 | 115 | 【他動】 | ありがたく思う、正しく理解する |
| ☐ | ap·pro·pri·ate | [əpróupriət] | 1504 | 117 | 【形】 | 適切な、ふさわしい |
| ☐ | ap·prove | [əprúːv] | 2169 | 116 | 【他動】 | 承認する、賛成する |
| ☐ | ar·chi·tec·ture | [áɚkətèktʃɚ] | 2444 | 77 | 【名】 | 建築、建築学、設計仕様 |
| ☐ | ar·gu·ment | [áɚgjəmənt] | 1259 | 77 | 【名】 | 議論、論争、口げんか |
| ☐ | a·rise | [əráiz] | 1945 | 85 | 【自動】 | （事が）生じる、発生する |
| ☐ | ar·range | [əréinʤ] | 1466 | 81 | 【他動】 | 取り決める、整理する |
| ☐ | ar·range·ment | [əréinʤmənt] | 1709 | 81 | 【名】 | 取り決め、配置 |
| ☐ | ar·rest | [ərést] | 1378 | 81 | 【他動】 | 逮捕する |
| ☐ | ar·riv·al | [əráivl] | 2009 | 85 | 【名】 | 到着 |
| ☐ | ar·row | [ǽrou] | 2873 | 68 | 【名】 | 矢 |
| ☐ | ar·ti·cle | [áɚtikl] | 1002 | 77 | 【名】 | 品物、記事 |
| ☐ | ar·ti·fi·cial | [àɚtifíʃl] | 2545 | 172 | 【形】 | 人工的な |
| ☐ | ar·tis·tic | [aɚtístik] | 2835 | 132 | 【形】 | 芸術的な |
| ☐ | ash | [ǽʃ] | 2885 | 67 | 【名】 | 灰 |
| ☐ | a·shamed | [əʃéimd] | 2834 | 213 | 【形】 | 恥じている |
| ☐ | a·side | [əsáid] | 2305 | 226 | 【副】 | わきに |
| ☐ | a·sleep | [əslíːp] | 1682 | 247 | 【形】 | 眠っている |
| ☐ | as·pect | [ǽspekt] | 1117 | 67 | 【名】 | 外観、表情、相 |

| | | | | | |
|---|---|---|---|---|---|
| ☐ as·sem·bly | [əsémbli] | 2132 | 221 | 【名】集まり、議会、組み立て |
| ☐ as·sign·ment | [əsáinmənt] | 2645 | 226 | 【名】任務、割り当て |
| ☐ as·sist | [əsíst] | 2469 | 223 | 【他動】助ける、手伝う |
| ☐ as·sis·tant | [əsístənt] | 1829 | 223 | 【名】助手、アシスタント |
| ☐ as·so·ci·ate | [əsóuʃièit] | 1473 | 227 | 【自動】付き合う、【他動】連合させる |
| ☐ as·so·ci·a·tion | [əsòusiéiʃən] [əsòuʃiéiʃən] | 1226 | 58 | 【名】協会、組合、団体 |
| ☐ as·sume | [əs(j)úːm] | 1405 | 224 | 【他動】想定する、仮定する |
| ☐ as·sump·tion | [əsʌ́m(p)ʃən] | 2268 | 225 | 【名】前提、想定 |
| ☐ ath·lete | [ǽθliːt] | 2921 | 68 | 【名】運動選手 |
| ☐ at·mos·phere | [ǽtməsfiɚ] | 1222 | 68 | 【名】大気、雰囲気 |
| ☐ at·om | [ǽtəm] | 2795 | 68 | 【名】原子 |
| ☐ a·tom·ic | [ətámik] | 2897 | 133 | 【形】原子の、原子力の |
| ☐ at·tach | [ətǽtʃ] | 1885 | 133 | 【他動】貼り付ける、結びつける |
| ☐ at·tend | [əténd] | 1095 | 130 | 【他動】出席する、世話する |
| ☐ at·tract | [ətrǽkt] | 1351 | 138 | 【他動】引き付ける |
| ☐ at·trac·tive | [ətrǽktiv] | 1780 | 138 | 【形】魅力的な、人をひきつける |
| ☐ aunt | [ǽnt] | 1735 | 67 | 【名】おば、父母の姉妹 |
| ☐ au·thor | [ɔ́ːθɚ] | 1147 | 73 | 【名】著者 |
| ☐ au·thor·i·ty | [əθɔ́ːrəti] | 1415 | 185 | 【名】権威 |
| ☐ au·to·mat·i·cal·ly | [ɔ̀ːtəmǽtikəli] | 2470 | 204 | 【副】自動的に |
| ☐ au·tumn | [ɔ́ːtəm] | 1667 | 73 | 【名】秋 |
| ☐ a·vail·a·ble | [əvéiləbl] | 1299 | 180 | 【形】利用できる、入手できる |
| ☐ a·wake | [əwéik] | 2345 | 95 | 【自動】目が覚める、【他動】起こす |
| ☐ a·ward | [əwɔ́ɚd] | 1469 | 98 | 【名】賞、【他動】賞を与える |
| ☐ a·ware·ness | [əwéɚnəs] | 2441 | 98 | 【名】自覚していること、認識 |
| ☐ aw·ful | [ɔ́ːfl] | 1941 | 73 | 【形】恐ろしい、非常に悪い |
| ☐ awk·ward | [ɔ́ːkwɚd] | 2948 | 73 | 【形】ぎこちない、やりにくい |
| ☐ back·ground | [bǽkɡràund] | 1285 | 120 | 【名】背景 |
| ☐ back·ward | [bǽkwɚd] | 2986 | 120 | 【形】後ろに、後方に |
| ☐ bad·ly | [bǽdli] | 1382 | 120 | 【副】とてもひどく、悪く |
| ☐ bal·ance | [bǽləns] | 1028 | 120 | 【名】バランス、天秤 |
| ☐ bal·let | [bæléi] | 2651 | 88 | 【名】バレエ |
| ☐ bal·loon | [bəlúːn] | 2704 | 90 | 【名】風船、気球 |
| ☐ ban | [bǽn] | 1877 | 120 | 【名】禁止（令）、【他動】禁止する |
| ☐ ba·nan·a | [bənǽnə] | 2596 | 209 | 【名】バナナ |
| ☐ band | [bǽnd] | 1223 | 120 | 【名】バンド、帯、（演奏）バンド |
| ☐ bang | [bǽŋ] | 2446 | 120 | 【他動】バタンとたたく |

| | | | | |
|---|---|---|---|---|
| ☐ bar | [báɚ] | 1284 | 123 | 【名】棒、バー、酒場 |
| ☐ bare | [béɚ] | 2442 | 123 | 【形】むき出しの、裸の |
| ☐ bare·ly | [béɚli] | 2534 | 123 | 【副】かろうじて、なんとか |
| ☐ bark | [báɚk] | 2396 | 123 | 【自動】ほえる、【名】鳴き声、ほえる声 |
| ☐ bar·ri·er | [bǽriɚ] | 2074 | 120 | 【名】障害、さく |
| ☐ base·ball | [béisbɔ̀:l] | 2051 | 118 | 【名】野球、ベースボール |
| ☐ ba·si·cal·ly | [béisikli] | 2281 | 118 | 【副】基本的に |
| ☐ ba·sis | [béisis] | 1498 | 118 | 【名】基礎、基準 |
| ☐ bas·ket | [bǽskət] | 2503 | 120 | 【名】かご、バスケット |
| ☐ bat | [bǽt] | 2699 | 120 | 【名】(野球) バット、こうもり (動物) |
| ☐ bath | [bǽθ] | 1686 | 120 | 【名】風呂、入浴 |
| ☐ bath·room | [bǽθrù:m] | 2117 | 120 | 【名】浴室、トイレ |
| ☐ bat·ter·y | [bǽtɚri] | 2818 | 120 | 【名】電池、バッテリー |
| ☐ bat·tle | [bǽtl] | 1097 | 120 | 【名】戦争、戦闘、競争 |
| ☐ bay | [béi] | 2048 | 118 | 【名】湾、入り江 |
| ☐ beach | [bí:tʃ] | 1187 | 119 | 【名】砂浜、浜辺 |
| ☐ bean | [bí:n] | 2536 | 119 | 【名】豆 |
| ☐ beast | [bí:st] | 2581 | 119 | 【名】獣、けだもの、動物 |
| ☐ beau·ty | [bjú:ti] | 1145 | 124 | 【名】美しさ、美 |
| ☐ bed·room | [bédrù:m] | 1696 | 118 | 【名】寝室、ベッドルーム |
| ☐ bee | [bí:] | 2185 | 119 | 【名】ミツバチ |
| ☐ beef | [bí:f] | 2381 | 119 | 【名】牛肉 |
| ☐ beer | [bíɚ] | 2030 | 123 | 【名】ビール |
| ☐ beg | [bég] | 2245 | 118 | 【他動】恵みを頼む、請う |
| ☐ be·have | [bihéiv] | 1728 | 196 | 【動】ふるまう |
| ☐ be·lief | [bilí:f] | 1246 | 89 | 【名】信じること、信用、信仰 |
| ☐ bell | [bél] | 1745 | 118 | 【名】ベル、鈴 |
| ☐ be·long | [bilɔ́:ŋ] | 1102 | 93 | 【自動】所属する |
| ☐ belt | [bélt] | 2175 | 118 | 【名】ベルト、帯 |
| ☐ bench | [béntʃ] | 2026 | 118 | 【名】長いす、ベンチ |
| ☐ bend | [bénd] | 1818 | 118 | 【他動】曲げる |
| ☐ be·neath | [biní:θ] | 1572 | 209 | 【前】…の下に |
| ☐ ben·e·fit | [bénəfit] | 1054 | 118 | 【名】利益、【他動】利益を与える |
| ☐ be·side | [bisáid] | 1159 | 226 | 【前】…のそばに |
| ☐ be·sides | [bisáidz] | 1641 | 226 | 【前】…に加えて、…のほかに |
| ☐ bet | [bét] | 2199 | 118 | 【他動】賭ける、【名】賭け |
| ☐ bi·ble | [báibl] | 2375 | 121 | 【名】聖書、バイブル |
| ☐ bi·cy·cle | [báisikl] | 2353 | 121 | 【名】自転車 |

| | | | | | |
|---|---|---|---|---|---|
| ☐ bike | [báik] | 2179 | 121 | 【名】 | 自転車 |
| ☐ bill | [bíl] | 1089 | 118 | 【名】 | 請求書、紙幣 |
| ☐ bi·o·log·i·cal | [bàiəládʒikl] | 2895 | 92 | 【形】 | 生物学上の |
| ☐ birth | [bə́ːθ] | 1231 | 123 | 【名】 | 誕生、出生、【他動】産む |
| ☐ birth·day | [bə́ːθdèi] | 1470 | 123 | 【名】 | 誕生日 |
| ☐ bit | [bít] | 1452 | 118 | 【名】 | わずか、小片、ビット |
| ☐ bite | [báit] | 1346 | 121 | 【他動】 | かむ、【自動】かみつく |
| ☐ bit·ter | [bítər] | 2187 | 118 | 【形】 | にがい |
| ☐ blade | [bléid] | 2870 | 125 | 【名】 | 刃、葉 |
| ☐ blame | [bléim] | 1832 | 125 | 【他動】 | 非難する、とがめる |
| ☐ blan·ket | [blǽŋkit] | 2504 | 125 | 【名】 | 毛布 |
| ☐ blend | [blénd] | 2859 | 124 | 【他動】 | 混合する、ブレンドする |
| ☐ bless | [blés] | 2832 | 124 | 【他動】 | 祝福する |
| ☐ blind | [bláind] | 1676 | 126 | 【形】 | 目の見えない |
| ☐ block | [blák] | 1197 | 125 | 【名】 | かたまり、角材、区画 |
| ☐ blow | [blóu] | 1137 | 126 | 【自動】 | 風が吹く、風に吹かれる |
| ☐ boil | [bɔ́il] | 2968 | 122 | 【他動】 | 沸かす、ゆでる |
| ☐ bomb | [bám] | 1390 | 120 | 【名】 | 爆弾 |
| ☐ bond | [bánd] | 2502 | 120 | 【名】 | きずな、結束、【他動】接着させる |
| ☐ bone | [bóun] | 1327 | 121 | 【名】 | 骨 |
| ☐ boot | [búːt] | 1880 | 119 | 【名】 | 長靴、ブーツ |
| ☐ bor·der | [bɔ́ːdər] | 1714 | 123 | 【名】 | へり、縁、(国など)境界 |
| ☐ bor·ing | [bɔ́ːriŋ] | 2626 | 124 | 【形】 | たいくつな、うんざりさせる |
| ☐ bor·row | [báərou] | 1752 | 123 | 【他動】 | 借りる |
| ☐ boss | [bɔ́ːs] | 1924 | 122 | 【名】 | 上司、ボス |
| ☐ both·er | [báðər] | 1616 | 120 | 【他動】 | 面倒をかける、悩ます |
| ☐ bot·tle | [bátl] | 1027 | 120 | 【名】 | びん、ボトル |
| ☐ bot·tom | [bátəm] | 1078 | 120 | 【名】 | 底、最低部 |
| ☐ bound | [báund] | 2287 | 121 | 【自動】 | 跳ね上がる、バウンドする |
| ☐ bow | [báu] | 1805 | 121 | 【名】 | 弓、おじぎ |
| ☐ bowl | [bóul] | 1560 | 121 | 【名】 | 鉢、わん、ボウル |
| ☐ boy·friend | [bɔ́ifrènd] | 2836 | 122 | 【名】 | 男の恋人、ボーイフレンド |
| ☐ brand | [brǽnd] | 2495 | 127 | 【名】 | 商標、ブランド |
| ☐ brave | [bréiv] | 2141 | 127 | 【形】 | 勇敢な |
| ☐ bread | [bréd] | 1523 | 126 | 【名】 | 食パン |
| ☐ break·fast | [brékfəst] | 1301 | 126 | 【名】 | 朝食 |
| ☐ breast | [brést] | 2614 | 126 | 【名】 | 乳房、胸 |
| ☐ breath | [bréθ] | 1221 | 126 | 【名】 | 息 |

| | | | | | |
|---|---|---|---|---|---|
| ☐ breathe | [briːð] | 1485 | 127 | 【自動】息をする |
| ☐ breed·ing | [briːdiŋ] | 2714 | 127 | 【名】養殖、飼育 |
| ☐ breeze | [briːz] | 2784 | 127 | 【名】そよ風、微風 |
| ☐ brick | [brík] | 2517 | 127 | 【名】れんが |
| ☐ bride | [bráid] | 2833 | 128 | 【名】花嫁、新婦 |
| ☐ bridge | [bríʤ] | 1163 | 127 | 【名】橋 |
| ☐ brief | [briːf] | 2056 | 127 | 【形】短時間の |
| ☐ brief·ly | [briːfli] | 2653 | 127 | 【副】手短に |
| ☐ bril·liant | [bríljənt] | 2116 | 127 | 【形】光り輝く、優秀な |
| ☐ broad | [brɔːd] | 1630 | 129 | 【形】広い、幅がある |
| ☐ broad·cast | [brɔːdkæst] | 2541 | 129 | 【他動】放送する |
| ☐ bro·ken | [bróukn] | 1658 | 129 | 【形】こわれた（breakの過去分詞形） |
| ☐ brown | [bráun] | 1376 | 128 | 【形】茶色の、【名】茶色 |
| ☐ brush | [brʌʃ] | 1822 | 127 | 【名】はけ、ブラシ |
| ☐ bull | [búl] | 2617 | 119 | 【名】雄牛 |
| ☐ bul·let | [búlit] | 2960 | 119 | 【名】弾丸 |
| ☐ bur·den | [bə́ːdn] | 2533 | 123 | 【名】重荷、負担 |
| ☐ burn | [bə́ːn] | 1093 | 123 | 【自動】燃える |
| ☐ burn·ing | [bə́ːniŋ] | 2386 | 123 | 【形】燃えている |
| ☐ burst | [bə́ːst] | 1663 | 123 | 【動】破裂する、爆発する |
| ☐ bur·y | [béri] | 1623 | 118 | 【他動】埋める |
| ☐ bush | [búʃ] | 2376 | 119 | 【名】やぶ、低木 |
| ☐ busi·ness·man | [bíznəsmæn] | 2342 | 119 | 【名】ビジネスマン、実務家 |
| ☐ bus·y | [bízi] | 1132 | 119 | 【形】いそがしい |
| ☐ but·ter | [bʌ́tɚ] | 2204 | 120 | 【名】バター |
| ☐ but·ter·fly | [bʌ́tɚflài] | 2736 | 120 | 【名】チョウ（蝶） |
| ☐ but·ton | [bʌ́tn] | 2251 | 120 | 【名】ボタン |
| ☐ bye | [bái] | 2909 | 121 | 【間】バイバイ |
| ☐ cab | [kǽb] | 2904 | 151 | 【名】タクシー |
| ☐ cab·in | [kǽbin] | 2672 | 151 | 【名】小屋、船室 |
| ☐ ca·fe | [kæféi] | 2749 | 171 | 【名】喫茶店、カフェ |
| ☐ cage | [kéiʤ] | 2934 | 148 | 【名】（鳥）かご、おり |
| ☐ cake | [kéik] | 1715 | 148 | 【名】ケーキ |
| ☐ cal·cu·late | [kǽlkjəlèit] | 2201 | 151 | 【他動】計算する |
| ☐ cal·en·dar | [kǽləndɚ] | 2709 | 151 | 【名】カレンダー、予定表 |
| ☐ calm | [káːm] | 1394 | 152 | 【形】穏やかな、平静な |
| ☐ cam·er·a | [kǽm(ə)rə] | 1460 | 150 | 【名】カメラ |
| ☐ camp | [kǽmp] | 1243 | 150 | 【名】キャンプ、キャンプ地 |

| | | | | |
|---|---|---|---|---|
| ☐ cam·paign | [kæmpéin] | 1039 | 103 | 【名】キャンペーン、（政治的な）運動 |
| ☐ ca·nal | [kənǽl] | 2646 | 209 | 【名】運河、水路 |
| ☐ can·cel | [kǽnsl] | 2831 | 150 | 【他動】取り消す、キャンセルする |
| ☐ can·cer | [kǽnsɚ] | 1490 | 150 | 【名】がん（癌） |
| ☐ can·dle | [kǽndl] | 2551 | 150 | 【名】ろうそく |
| ☐ cap | [kǽp] | 1959 | 151 | 【名】（縁無し）帽子、ふた、キャップ |
| ☐ ca·pa·ble | [kéipəbl] | 2417 | 148 | 【形】…ができる、有能な |
| ☐ ca·pac·i·ty | [kəpǽsəti] | 2262 | 106 | 【名】（潜在）能力、収容能力 |
| ☐ cap·ture | [kǽptʃɚ] | 2244 | 151 | 【他動】捕らえる、【名】捕獲 |
| ☐ car·bon | [káɚbn] | 1803 | 154 | 【名】炭素、【形】炭素の |
| ☐ care·ful | [kéɚfl] | 1267 | 154 | 【形】注意深い、気をつける |
| ☐ car·pet | [káɚpit] | 2434 | 154 | 【名】じゅうたん、カーペット |
| ☐ car·riage | [kǽridʒ] | 2401 | 151 | 【名】客車、馬車 |
| ☐ carve | [káɚv] | 2945 | 154 | 【他動】彫る、刻む |
| ☐ cash | [kǽʃ] | 1884 | 150 | 【名】現金、キャッシュ |
| ☐ cast | [kǽst] | 1888 | 151 | 【他動】（票を）投じる、投げる |
| ☐ cas·tle | [kǽsl] | 2062 | 151 | 【名】城 |
| ☐ cas·u·al | [kǽʒuəl] | 2965 | 151 | 【形】普段着の、偶然の、カジュアル |
| ☐ cat·tle | [kǽtl] | 2178 | 151 | 【名】牛、畜牛 |
| ☐ cave | [kéiv] | 1991 | 148 | 【名】洞穴、洞くつ |
| ☐ ceil·ing | [síːliŋ] | 2221 | 223 | 【名】天井 |
| ☐ cel·e·brate | [séləbrèit] | 1681 | 221 | 【他動】祝う |
| ☐ cel·e·bra·tion | [sèləbréiʃən] | 2451 | 127 | 【名】祝賀、祝賀会 |
| ☐ cent | [sént] | 2575 | 221 | 【名】1セント貨 |
| ☐ cer·e·mo·ny | [sérəmòuni] | 1996 | 221 | 【名】式、儀式 |
| ☐ chain | [tʃéin] | 1792 | 190 | 【名】鎖、チェーン |
| ☐ cham·ber | [tʃéimbɚ] | 2432 | 190 | 【名】小部屋、小室 |
| ☐ cham·pi·on | [tʃǽmpiən] | 2053 | 191 | 【名】優勝者、チャンピオン |
| ☐ cham·pi·on·ship | [tʃǽmpiənʃip] | 1611 | 191 | 【名】選手権、決勝戦 |
| ☐ chan·nel | [tʃǽnl] | 1827 | 191 | 【名】海峡、水路、チャネル、通信路 |
| ☐ char·ac·ter·is·tic | [kærəktɚrístik] | 1406 | 83 | 【形】特有な、【名】特徴 |
| ☐ charge | [tʃáɚdʒ] | 1171 | 191 | 【他動】（料金を）請求する、【名】料金 |
| ☐ char·i·ty | [tʃǽrəti] | 2173 | 191 | 【名】慈善 |
| ☐ charm | [tʃáɚm] | 2829 | 191 | 【名】魅力、魔法 |
| ☐ charm·ing | [tʃáɚmiŋ] | 2780 | 191 | 【形】魅力的な |
| ☐ chart | [tʃáɚt] | 2788 | 191 | 【名】図表、グラフ、海図、チャート |
| ☐ chase | [tʃéis] | 2143 | 190 | 【他動】追いかける、【名】追求 |
| ☐ chat | [tʃǽt] | 2544 | 191 | 【名】おしゃべり、チャット |

| | | | | | |
|---|---|---|---|---|---|
| ☐ cheap | [tʃíːp] | 1271 | 190 | 【形】安い、安っぽい |
| ☐ cheat | [tʃíːt] | 2997 | 190 | 【他動】だます、カンニングする |
| ☐ cheek | [tʃíːk] | 1784 | 190 | 【名】(顔)ほお |
| ☐ cheer | [tʃíɚ] | 2440 | 191 | 【他動】声援する、【名】歓声 |
| ☐ cheer·ful | [tʃíɚfl] | 2769 | 192 | 【形】陽気な、機嫌のいい |
| ☐ cheese | [tʃíːz] | 1787 | 190 | 【名】チーズ |
| ☐ chem·i·cal | [kémikl] | 1148 | 148 | 【形】化学の、【名】化学製品 |
| ☐ chest | [tʃést] | 1704 | 190 | 【名】胸、(衣類保存の)箱 |
| ☐ chick·en | [tʃíkin] | 1687 | 190 | 【名】にわとり、チキン |
| ☐ chief | [tʃíːf] | 1046 | 190 | 【名】長、かしら |
| ☐ child·hood | [tʃáildhùd] | 1754 | 191 | 【名】子供時代、子供の頃 |
| ☐ chin | [tʃín] | 2839 | 190 | 【名】あご |
| ☐ chip | [tʃíp] | 2114 | 190 | 【名】切れ端、ポテトチップ |
| ☐ choc·o·late | [tʃɔ́ːkələt] | 2213 | 191 | 【名】チョコレート |
| ☐ cho·sen | [tʃóuzn] | 2516 | 191 | 【形】選ばれた |
| ☐ cig·a·rette | [sìgɚrét] | 1589 | 81 | 【名】タバコ、紙巻タバコ |
| ☐ cir·cle | [sɚ́ːkl] | 1379 | 228 | 【名】円、サークル |
| ☐ cir·cum·stance | [sɚ́ːkəmstæns] | 1913 | 228 | 【名】(周囲の)状況、事情 |
| ☐ cit·i·zen | [sítizn] | 1553 | 222 | 【名】市民、国民 |
| ☐ civ·il | [sívl] | 1258 | 222 | 【形】市民の、民間の |
| ☐ civ·i·li·za·tion | [sìvələzéiʃən] | 2661 | 253 | 【名】文明 |
| ☐ claim | [kléim] | 1192 | 156 | 【他動】請求する、【名】請求 |
| ☐ clas·sic | [klæsik] | 2358 | 157 | 【形】古典の、一流の作品の |
| ☐ clas·si·cal | [klæsikl] | 2535 | 157 | 【形】古典的な、クラッシックの |
| ☐ clas·si·fy | [klæsəfài] | 2926 | 157 | 【他動】分類する、機密扱いにする |
| ☐ class·room | [klæsrùːm] | 2021 | 157 | 【名】教室 |
| ☐ clay | [kléi] | 2523 | 156 | 【名】粘土 |
| ☐ clerk | [klɚ́ːk] | 1969 | 158 | 【名】事務員 |
| ☐ cle·ver | [klévɚ] | 1741 | 156 | 【形】利口な、器用な |
| ☐ cliff | [klíf] | 2841 | 156 | 【名】がけ、(海岸の)絶壁 |
| ☐ cli·mate | [kláimət] | 1608 | 157 | 【名】(年間の)気候、風土、風潮 |
| ☐ clock | [klák] | 1472 | 157 | 【名】時計(腕時計は watch) |
| ☐ close·ly | [klóusli] | 1591 | 158 | 【副】親密に、綿密に |
| ☐ cloth | [klɔ́(ː)θ] | 1938 | 158 | 【名】布、布切れ |
| ☐ clothe | [klóuð] | 2014 | 158 | 【他動】服を着る |
| ☐ cloth·ing | [klóuðiŋ] | 2095 | 158 | 【名】衣類 |
| ☐ cloud | [kláud] | 1369 | 157 | 【名】雲 |
| ☐ clue | [klúː] | 2239 | 156 | 【名】手がかり、ヒント |

| | | | | | |
|---|---|---|---|---|---|
| ☐ coach | [kóutʃ] | 1282 | 153 | 【名】 | コーチ、家庭教師 |
| ☐ coal | [kóul] | 1654 | 153 | 【名】 | 石炭 |
| ☐ coast | [kóust] | 1389 | 153 | 【名】 | 海岸、沿岸 |
| ☐ coat | [kóut] | 1425 | 153 | 【名】 | コート、（スーツ）上着 |
| ☐ code | [kóud] | 1679 | 153 | 【名】 | 信号、コード、法典 |
| ☐ cof·fee | [kɔ́:fi] | 1060 | 153 | 【名】 | コーヒー |
| ☐ cof·fin | [kɔ́:fn] | 2799 | 153 | 【名】 | ひつぎ（棺） |
| ☐ coin | [kɔ́in] | 2015 | 153 | 【名】 | 硬貨、コイン |
| ☐ col·league | [káli:g] | 1929 | 152 | 【名】 | 同僚、仲間（主に職場） |
| ☐ col·lect | [kəlékt] | 1056 | 88 | 【他動】 | 集める |
| ☐ col·lec·tion | [kəlékʃən] | 1555 | 88 | 【名】 | 収集（物）、コレクション |
| ☐ col·o·ny | [káləni] | 2363 | 152 | 【名】 | 植民地 |
| ☐ col·umn | [káləm] | 2105 | 152 | 【名】 | 円柱、囲み記事、コラム |
| ☐ com·bi·na·tion | [kàmbənéiʃən] | 1617 | 208 | 【名】 | 組み合わせ |
| ☐ com·bine | [kəmbáin] | 1685 | 121 | 【他動】 | 結合させる |
| ☐ com·e·dy | [kámədi] | 2901 | 152 | 【名】 | 喜劇、コメディー |
| ☐ com·fort | [kámfɚt] | 1759 | 150 | 【名】 | 快適さ、慰め |
| ☐ com·fort·a·ble | [kámfɚtəbl] | 1439 | 150 | 【形】 | 快適な、気持ちの良い |
| ☐ com·ic | [kámik] | 2130 | 152 | 【形】 | 喜劇の、【名】漫画 |
| ☐ com·mand | [kəmǽnd] | 1489 | 204 | 【他動】 | 命令する、【名】命令 |
| ☐ com·ment | [káment] | 1537 | 152 | 【名】 | コメント、論評 |
| ☐ com·mer·cial | [kəmɚ́:ʃl] | 1622 | 205 | 【名】 | コマーシャル、【形】商業用の |
| ☐ com·mit·tee | [kəmíti] | 1257 | 202 | 【名】 | 委員会 |
| ☐ com·mon·ly | [kámənli] | 2694 | 152 | 【名】 | 一般に、普通には |
| ☐ com·mu·ni·cate | [kəmjú:nikèit] | 1464 | 206 | 【自動】 | 意思を通じる、交信する |
| ☐ com·pan·ion | [kəmpǽnjən] | 2016 | 106 | 【名】 | 仲間、話し相手 |
| ☐ com·par·i·son | [kəmpǽrəsn] | 2322 | 106 | 【名】 | 比較 |
| ☐ com·pete | [kəmpí:t] | 1987 | 104 | 【自動】 | 競争する、匹敵する |
| ☐ com·pe·ti·tion | [kàmpətíʃən] | 1288 | 132 | 【名】 | 競争、試合 |
| ☐ com·pet·i·tive | [kəmpétətiv] | 2257 | 102 | 【形】 | 競争の、競争力のある |
| ☐ com·plain | [kəmpléin] | 1558 | 111 | 【自動】 | 不満を言う |
| ☐ com·plex | [kəmpléks] | 1110 | 111 | 【形】 | 複雑な、複合の |
| ☐ com·pli·cat·ed | [kámpləkèitəd] | 2424 | 152 | 【形】 | 込み入った、複雑な |
| ☐ com·pose | [kəmpóuz] | 2377 | 108 | 【他動】 | 組み立てる、（歌・詩を）作る |
| ☐ com·pos·er | [kəmpóuzɚ] | 2856 | 108 | 【名】 | 作曲家、作者 |
| ☐ com·pound | [kámpaund] | 2734 | 152 | 【形】 | 合成の、【名】混合物 |
| ☐ con·cen·trate | [kánsəntrèit] | 1638 | 151 | 【他動】 | 集中する |
| ☐ con·cen·tra·tion | [kànsəntréiʃən] | 1725 | 82 | 【名】 | 集中 |

| | | | | | |
|---|---|---|---|---|---|
| ☐ con·cept | [kánsept] | 1508 | 151 | 【名】概念、発想、コンセプト |
| ☐ con·cert | [kánsɚt] | 1583 | 151 | 【名】音楽会、コンサート |
| ☐ con·clude | [kənklúːd] | 2172 | 156 | 【他動】終える、締めくくる |
| ☐ con·clu·sion | [kənklúːʒən] | 1876 | 156 | 【名】結論 |
| ☐ con·crete | [kánkriːt] | 2334 | 152 | 【形】有形の、【名】コンクリート |
| ☐ con·duct | [kándʌkt] | 1433 | 151 | 【名】行ない、行為 |
| ☐ con·fer·ence | [kánf(ə)rəns] | 1863 | 152 | 【名】会議 |
| ☐ con·fi·dence | [kánfəd(ə)ns] | 1695 | 151 | 【名】確信、自信 |
| ☐ con·fi·dent | [kánfəd(ə)nt] | 2028 | 152 | 【形】自信に満ちた |
| ☐ con·firm | [kənfɚ́ːm] | 2217 | 175 | 【他動】確認する、裏付ける |
| ☐ con·flict | [kánflikt] | 1388 | 151 | 【名】争い、不一致 |
| ☐ con·fuse | [kənfjúːz] | 2089 | 173 | 【他動】混同する |
| ☐ con·fu·sion | [kənfjúːʒən] | 2120 | 173 | 【名】混乱 |
| ☐ con·gress | [káŋgrəs] | 1561 | 152 | 【名】議会 |
| ☐ con·nect | [kənékt] | 1386 | 207 | 【他動】つなぐ、結びつける |
| ☐ con·nec·tion | [kənékʃən] | 1590 | 207 | 【名】接続、つなぐこと、縁故 |
| ☐ con·scious | [kánʃəs] | 2126 | 152 | 【形】意識している、意識のある |
| ☐ con·scious·ness | [kánʃəsnəs] | 2638 | 152 | 【名】自覚、気づいていること |
| ☐ con·se·quence | [kánsəkwèns] | 2156 | 151 | 【名】結果、成り行き |
| ☐ con·sid·er·a·bly | [kənsídɚrəbli] | 2549 | 223 | 【副】かなり、ずいぶん |
| ☐ con·sist | [kənsíst] | 1496 | 223 | 【自動】…から成る |
| ☐ con·stant | [kánstənt] | 1835 | 151 | 【形】一定の、不変の、【名】一定 |
| ☐ con·stant·ly | [kánstəntli] | 2167 | 151 | 【副】絶えず、しきりに |
| ☐ con·sti·tu·tion | [kànstət(j)úːʃən] | 2165 | 132 | 【名】構成、憲法 |
| ☐ con·struct | [kənstrʌ́kt] | 2309 | 236 | 【他動】建設する、組み立てる |
| ☐ con·sult·ant | [kənsʌ́ltənt] | 2607 | 225 | 【名】顧問、コンサルタント |
| ☐ con·sum·er | [kəns(j)úːmɚ] | 1718 | 224 | 【名】消費者 |
| ☐ con·tain·er | [kəntéinɚ] | 2770 | 131 | 【名】容器、(貨物用) コンテナ |
| ☐ con·tem·po·rar·y | [kəntémpɚrèri] | 2337 | 131 | 【形】現代の、同時代の |
| ☐ con·tent | [kántent] | 1387 | 151 | 【名】中身、内容 |
| ☐ con·test | [kántest] | 1830 | 151 | 【名】競技、コンテスト |
| ☐ con·text | [kántekst] | 1610 | 151 | 【名】前後関係、文脈 |
| ☐ con·ti·nent | [kántənənt] | 1907 | 151 | 【名】大陸 |
| ☐ con·tract | [kántrækt] | 1208 | 151 | 【名】契約、【他動】契約する |
| ☐ con·trast | [kántræst] | 1393 | 151 | 【名】対比、コントラスト |
| ☐ con·trib·ute | [kəntríbjuːt] | 1598 | 137 | 【他動】寄付する、貢献する |
| ☐ con·tri·bu·tion | [kàntribjúːʃən] | 1926 | 124 | 【名】寄付金、貢献 |
| ☐ con·ven·ient | [kənvíːniənt] | 2584 | 181 | 【形】便利な、都合の良い |

| □ con·vey | [kənvéi] | 2559 | 180 | 【他動】運ぶ、運搬する |
| □ con·vince | [kənvíns] | 1964 | 181 | 【他動】納得させる、確信させる |
| □ cook | [kúk] | 1234 | 149 | 【他動】料理する、【名】料理人 |
| □ cook·ing | [kúkiŋ] | 2308 | 149 | 【名】料理、【形】料理用の |
| □ cool | [kú:l] | 1343 | 150 | 【形】涼しい |
| □ cope | [kóup] | 2414 | 153 | 【自動】うまく処理する |
| □ cop·y | [kápi] | 1077 | 152 | 【名】複写、コピー、【他動】コピーする |
| □ corn | [kɔ́ɚn] | 2712 | 155 | 【名】トウモロコシ |
| □ cor·rect | [kərékt] | 1090 | 81 | 【形】正しい、【他動】訂正する |
| □ cor·rect·ly | [kəréktli] | 2755 | 81 | 【副】正しく、正確に |
| □ cor·re·spond | [kɔ̀ɚrəspánd] | 2878 | 240 | 【自動】一致する、通信する |
| □ cor·ri·dor | [kɔ́ɚrədɚ] | 2739 | 155 | 【名】廊下 |
| □ cot·tage | [kátiʤ] | 2166 | 152 | 【名】小別荘、小屋、コテージ |
| □ cot·ton | [kátn] | 2323 | 152 | 【名】綿、ワタ |
| □ coun·cil | [káunsl] | 1756 | 153 | 【名】評議会、会議 |
| □ count·er | [káuntɚ] | 1910 | 153 | 【名】売り台、カウンター |
| □ coun·try·side | [kántrisàid] | 1559 | 150 | 【名】田舎、地方 |
| □ cour·age | [kə́:riʤ] | 1994 | 154 | 【名】勇気 |
| □ cous·in | [kázn] | 2233 | 150 | 【名】いとこ、同胞 |
| □ cow | [káu] | 1904 | 153 | 【名】牛、雌牛、乳牛 |
| □ crack | [krǽk] | 1909 | 161 | 【名】裂け目、ひび、【自動】裂ける |
| □ craft | [krǽft] | 2675 | 161 | 【名】手芸、工芸技術 |
| □ crash | [krǽʃ] | 1536 | 161 | 【名】衝突、【自動】衝突する、衝突させる |
| □ crawl | [krɔ́:l] | 2756 | 162 | 【自動】はう、腹ばいで進む |
| □ cra·zy | [kréizi] | 1683 | 160 | 【形】気が狂った、まともじゃない |
| □ cream | [krí:m] | 1542 | 160 | 【名】クリーム |
| □ cre·a·tion | [kriéiʃən] | 2061 | 58 | 【名】創造、創造物 |
| □ cre·a·tive | [kriéitiv] | 1982 | 58 | 【形】創造力のある |
| □ crea·ture | [krí:tʃɚ] | 1278 | 160 | 【名】生き物、動物、人間 |
| □ cred·it | [krédit] | 1796 | 159 | 【名】信用、つけ、クレジット |
| □ crew | [krú:] | 1587 | 160 | 【名】乗務員 |
| □ crime | [kráim] | 1441 | 161 | 【名】罪、犯罪 |
| □ crim·i·nal | [kríminl] | 2033 | 160 | 【形】犯罪の、【名】犯人 |
| □ cri·sis | [kráisis] | 1557 | 161 | 【名】危機 |
| □ crit·ic | [krítik] | 2113 | 160 | 【名】批評家 |
| □ crit·i·cal | [krítikl] | 2085 | 160 | 【形】批判的な、批評の |
| □ crit·i·cism | [krítəsìzm] | 2054 | 160 | 【名】批評、非難 |
| □ crit·i·cize | [krítəsàiz] | 2808 | 160 | 【他動】批評する |

| ☐ | crop | [kráp] | 1631 | 161 | 【名】農作物、収穫物 |
| ☐ | crown | [kráun] | 1535 | 161 | 【名】王冠 |
| ☐ | cru·el | [krú:əl] | 2740 | 160 | 【形】残酷な、非情な |
| ☐ | cruise | [krú:z] | 2966 | 160 | 【名】巡航、クルーズ |
| ☐ | cul·tur·al | [kʌ́ltʃərl] | 1003 | 150 | 【形】文化の |
| ☐ | cup·board | [kʌ́bərd] | 2882 | 150 | 【名】(食器) 戸棚　(p 無音注意) |
| ☐ | cure | [kjúər] | 2750 | 155 | 【他動】治療する、【名】治療 |
| ☐ | cu·ri·ous | [kjúəriəs] | 2041 | 155 | 【形】好奇心の強い |
| ☐ | curl | [kə́ːl] | 2565 | 154 | 【名】カール、巻き毛 |
| ☐ | cur·rent | [kə́ːrənt] | 1162 | 154 | 【形】今の、最新の、【名】流れ |
| ☐ | cur·tain | [kə́ːtn] | 1927 | 154 | 【名】カーテン |
| ☐ | curve | [kə́ːv] | 2493 | 154 | 【名】曲線、カーブ |
| ☐ | cus·tom | [kʌ́stəm] | 1444 | 150 | 【名】習慣、税関 |
| ☐ | cus·tom·er | [kʌ́stəmər] | 1157 | 150 | 【名】顧客 |
| ☐ | cy·cle | [sáikl] | 2039 | 226 | 【名】周期、サイクル |
| ☐ | dad·dy | [dǽdi] | 2174 | 142 | 【名】パパ (愛称) |
| ☐ | dai·ly | [déili] | 1191 | 140 | 【副】毎日、【形】日常の |
| ☐ | danc·er | [dǽnsər] | 2546 | 142 | 【名】ダンサー、舞踏家 |
| ☐ | danc·ing | [dǽnsiŋ] | 2499 | 142 | 【名】踊り、ダンス |
| ☐ | dan·ger·ous | [déinʤərəs] | 1031 | 140 | 【形】危険な |
| ☐ | dare | [déər] | 2059 | 143 | 【他動】あえて…する (dare to...) |
| ☐ | dark·ness | [dáərknəs] | 1659 | 144 | 【名】暗さ、やみ |
| ☐ | da·ta | [déitə] | 1479 | 140 | 【名】データ |
| ☐ | dawn | [dɔ́ːn] | 2461 | 143 | 【名】夜明け |
| ☐ | deaf | [déf] | 1693 | 139 | 【形】耳が聞こえない |
| ☐ | de·bate | [dibéit] | 1742 | 118 | 【他動】討論する |
| ☐ | debt | [dét] | 1831 | 140 | 【名】借金、恩義　(発音に注意) |
| ☐ | dec·ade | [dékeid] | 1765 | 139 | 【名】10 年間 |
| ☐ | de·cent | [dí:snt] | 2979 | 141 | 【形】りっぱな、きちんとした |
| ☐ | deck | [dék] | 2610 | 140 | 【名】甲板、デッキ |
| ☐ | dec·la·ra·tion | [dèkləréiʃən] | 2758 | 82 | 【名】宣言、宣言書 |
| ☐ | de·clare | [diklér] | 1619 | 159 | 【他動】宣言する |
| ☐ | de·crease | [dikrí:s] | 2066 | 160 | 【自動】減少する |
| ☐ | deep·ly | [dí:pli] | 1446 | 141 | 【副】深く |
| ☐ | deer | [díər] | 2937 | 143 | 【名】鹿 |
| ☐ | de·feat | [difí:t] | 1453 | 172 | 【他動】(敵・相手) 破る、負かす |
| ☐ | de·fend | [difénd] | 2078 | 171 | 【他動】守る |
| ☐ | de·fense | [diféns] | 1606 | 171 | 【名】防御、守備 |

| | | | | |
|---|---|---|---|---|
| ☐ de·fine | [difáin] | 1775 | 174 | 【他動】定義する |
| ☐ def·i·nite·ly | [défənətli] | 2669 | 140 | 【副】明確に、きっぱりと |
| ☐ de·lay | [diléi] | 2227 | 88 | 【他動】遅らせる、延期する、【名】遅れ |
| ☐ de·lib·er·ate·ly | [dilíbərətli] | 2595 | 89 | 【副】わざと、故意に |
| ☐ del·i·cate | [délikət] | 2792 | 140 | 【形】精巧な、優美な |
| ☐ de·li·cious | [dilíʃəs] | 2718 | 89 | 【形】（とても）おいしい |
| ☐ de·light | [diláit] | 2383 | 92 | 【自動】大喜びする、【名】歓喜 |
| ☐ de·light·ed | [diláitid] | 2423 | 92 | 【形】喜んで |
| ☐ de·live·r | [dilívər] | 1632 | 89 | 【他動】配達する |
| ☐ de·moc·ra·cy | [dimákrəsi] | 1833 | 204 | 【名】民主主義 |
| ☐ dem·on·strate | [démənstrèit] | 2211 | 140 | 【他動】実証する、【自動】デモする |
| ☐ dem·on·stra·tion | [dèmənstréiʃən] | 2404 | 235 | 【名】実演、デモ |
| ☐ de·ny | [dinái] | 1717 | 210 | 【他動】否定する |
| ☐ de·part·ment | [dipáðtmənt] | 1024 | 109 | 【名】部門、デパートの売り場 |
| ☐ depth | [dépθ] | 2057 | 140 | 【名】深さ |
| ☐ de·scend | [disénd] | 2947 | 222 | 【自動】下る（くだる）、降りる |
| ☐ de·scrip·tion | [diskrípʃən] | 2083 | 245 | 【名】記述、説明 |
| ☐ des·ert | [dézərt] | 1527 | 139 | 【名】砂漠、【他動】見捨てる |
| ☐ de·serve | [dizə́ːv] | 2093 | 254 | 【他動】…に値する |
| ☐ de·sign·er | [dizáinər] | 2515 | 254 | 【名】デザイナー |
| ☐ de·sire | [dizáiər] | 1215 | 254 | 【他動】（強く）望む、【名】欲望 |
| ☐ desk | [désk] | 1263 | 139 | 【名】机 |
| ☐ de·spair | [dispéər] | 2845 | 239 | 【名】絶望 |
| ☐ des·per·ate | [déspərət] | 2570 | 140 | 【形】必死の |
| ☐ des·per·ate·ly | [déspərətli] | 2621 | 140 | 【副】必死に |
| ☐ de·spite | [dispáit] | 1385 | 240 | 【前】にもかかわらず |
| ☐ des·ti·na·tion | [dèstənéiʃən] | 2692 | 208 | 【名】目的地、行き先 |
| ☐ de·stroy | [distrói] | 1017 | 237 | 【他動】破壊する |
| ☐ de·struc·tion | [distrákʃon] | 1955 | 236 | 【名】破壊 |
| ☐ de·tail | [díːteil] | 1218 | 141 | 【名】詳細、細部 |
| ☐ de·tailed | [díːteild] | 2017 | 141 | 【形】詳細な |
| ☐ de·tec·tive | [ditéktiv] | 1925 | 131 | 【名】刑事 |
| ☐ de·ter·mine | [ditə́ːmin] | 1001 | 135 | 【他動】…と決心する |
| ☐ de·vel·op·ing | [divéləpiŋ] | 1597 | 180 | 【形】発展途上の |
| ☐ de·vice | [diváis] | 1840 | 182 | 【名】装置、仕掛け |
| ☐ dev·il | [dévl] | 2671 | 140 | 【名】悪魔 |
| ☐ de·vote | [divóut] | 2304 | 182 | 【他動】ささげる、専念する |
| ☐ di·a·mond | [dáimənd] | 2663 | 142 | 【名】ダイアモンド |

| | | | | | |
|---|---|---|---|---|---|
| ☐ di·a·ry | [dáiəri] | 1768 | 142 | 【名】 | 日記 |
| ☐ dic·tio·nar·y | [díkʃənèri] | 2408 | 140 | 【名】 | 辞書、辞典 |
| ☐ di·et | [dáiət] | 1963 | 142 | 【名】 | ダイエット、減食 |
| ☐ dif·fer | [dífɚ] | 2283 | 140 | 【自動】 | 異なる、違う |
| ☐ dif·fer·ent·ly | [dífrəntli] | 2403 | 140 | 【副】 | 異なって |
| ☐ dig | [díg] | 2011 | 140 | 【他動】 | (土を) 掘る |
| ☐ dig·ni·ty | [dígnəti] | 2843 | 140 | 【名】 | 威厳、気高さ |
| ☐ di·no·saur | [dáinəsɔ̀ɚ] | 2593 | 142 | 【名】 | 恐竜 |
| ☐ di·ox·ide | [daiáksaid] | 2355 | 70 | 【名】 | 二酸化物 |
| ☐ di·rect | [dərékt] | 1004 | 81 | 【形】 | まっすぐな、直接の |
| ☐ di·rect·ly | [dəréktli] | 1084 | 81 | 【副】 | 直接に、じかに、まっすぐに |
| ☐ dirt·y | [dɚ́ːti] | 1711 | 143 | 【形】 | 汚い |
| ☐ dis·a·bil·i·ty | [dìsəbíləti] | 2798 | 119 | 【名】 | 身体障害、障害 |
| ☐ dis·a·bled | [diséibld] | 2001 | 58 | 【形】 | 機能しない、動作しない |
| ☐ dis·a·gree | [dìsəgríː] | 2927 | 170 | 【自動】 | 意見が合わない、一致しない |
| ☐ dis·ap·pear | [dìsəpíɚ] | 1019 | 109 | 【自動】 | 見えなくなる、消える |
| ☐ dis·ap·point·ment | [dìsəpɔ́intmənt] | 2604 | 109 | 【名】 | 失望、期待はずれ |
| ☐ di·sas·ter | [dizǽstɚ] | 1789 | 254 | 【名】 | 災害、大惨事、完全な失敗 |
| ☐ dis·ci·pline | [dísəplin] | 2216 | 140 | 【名】 | 訓練、しつけ、【他動】 懲罰する |
| ☐ dis·cov·er·y | [diskʌ́vɚri] | 1548 | 150 | 【名】 | 発見 |
| ☐ dis·crim·i·na·tion | [diskrìmənéiʃən] | 2411 | 208 | 【名】 | 区別、差別 |
| ☐ dish | [díʃ] | 1569 | 140 | 【名】 | 皿、大皿 |
| ☐ dis·like | [disláik] | 2952 | 92 | 【他動】 | 嫌う |
| ☐ dis·or·der | [disɔ́ɚdɚ] | 2397 | 76 | 【名】 | 騒乱、無秩序 |
| ☐ dis·play | [displéi] | 1375 | 111 | 【他動】 | 陳列する、【名】 展示 |
| ☐ dis·tant | [dístənt] | 1919 | 140 | 【形】 | 遠い |
| ☐ dis·tin·guish | [distíŋgwiʃ] | 1847 | 132 | 【他動】 | 見分ける、識別する |
| ☐ dis·trict | [dístrikt] | 1819 | 140 | 【名】 | (行政) 区域、地区、地域 |
| ☐ dis·turb | [distɚ́ːb] | 2256 | 135 | 【他動】 | かき乱す、妨げる |
| ☐ dive | [dáiv] | 2956 | 142 | 【自動】 | 飛び込む、潜る |
| ☐ di·ver·si·ty | [divɚ́ːsəti] | 2953 | 182 | 【名】 | 多様性 |
| ☐ di·vide | [diváid] | 1345 | 182 | 【他動】 | 分ける、分割する |
| ☐ di·vi·sion | [divíʒən] | 1603 | 181 | 【名】 | 分割、区切り、部門 |
| ☐ di·vorce | [divɔ́ɚs] | 2280 | 183 | 【名】 | 離婚、【他動】 離婚する |
| ☐ doc·u·ment | [dákjəmənt] | 2013 | 142 | 【名】 | 文書 |
| ☐ doll | [dál] | 2861 | 142 | 【名】 | 人形 |
| ☐ dol·lar | [dálɚ] | 1183 | 142 | 【名】 | ドル |
| ☐ dol·phin | [dálfin] | 2236 | 142 | 【名】 | イルカ |

| | | | | | |
|---|---|---|---|---|---|
| ☐ dom·i·nant | [dámənənt] | 2701 | 142 | 【形】もっとも有力な、支配的な | |
| ☐ door·way | [dɔ́ɚwèi] | 2852 | 144 | 【名】出入り口、戸口 | |
| ☐ double | [dʌ́bl] | 1255 | 141 | 【形】2倍の、2重の、【名】2倍 | |
| ☐ down·stairs | [dáunstéɚz] | 2445 | 142 | 【副】【形】階下に、1階の | |
| ☐ doz·en | [dʌ́zn] | 2643 | 141 | 【名】ダース（12個） | |
| ☐ drag | [drǽg] | 1981 | 146 | 【他動】（重いものを）引きずる | |
| ☐ drag·on | [drǽgn] | 2924 | 146 | 【名】ドラゴン、竜 | |
| ☐ drain | [dréin] | 2528 | 145 | 【他動】（液体）排出させる、水を切る | |
| ☐ dra·ma | [drá:mə] | 1951 | 146 | 【名】劇、ドラマ | |
| ☐ dra·ma·tic | [drəmǽtik] | 2043 | 204 | 【形】劇的な | |
| ☐ draw·er | [drɔ́ɚ] | 2764 | 146 | 【名】引き出し | |
| ☐ draw·ing | [drɔ́:iŋ] | 1934 | 146 | 【名】絵、線画 | |
| ☐ dread·ful | [drédfl] | 2984 | 145 | 【形】恐ろしい、ひどい | |
| ☐ drift | [dríft] | 2212 | 145 | 【自動】漂流する、【名】漂流 | |
| ☐ drill | [dríl] | 2474 | 145 | 【名】キリ、ドリル、訓練 | |
| ☐ drown | [dráun] | 2864 | 146 | 【動】おぼれ死ぬ | |
| ☐ drug | [drʌ́g] | 1330 | 145 | 【名】薬 | |
| ☐ drum | [drʌ́m] | 2485 | 145 | 【名】ドラム、太鼓 | |
| ☐ drunk | [drʌ́ŋk] | 2811 | 145 | 【形】（酒に）酔った | |
| ☐ duck | [dʌ́k] | 2689 | 141 | 【名】カモ、アヒル | |
| ☐ duke | [dú:k] | 2775 | 141 | 【名】公爵、君主 | |
| ☐ dull | [dʌ́l] | 2554 | 141 | 【形】頭の鈍い | |
| ☐ dust | [dʌ́st] | 2027 | 141 | 【名】ほこり、ちり | |
| ☐ du·ty | [dú:ti] | 1297 | 141 | 【名】義務 | |
| ☐ ea·ger | [í:gɚ] | 2667 | 61 | 【形】熱望している | |
| ☐ ea·gle | [í:gl] | 2480 | 60 | 【名】ワシ | |
| ☐ ear | [íɚ] | 1120 | 76 | 【名】耳 | |
| ☐ earn | [ɚ́:n] | 1432 | 75 | 【他動】（金・名声）かせぐ、得る | |
| ☐ earth·quake | [ɚ́:θkwèik] | 2513 | 75 | 【名】地震 | |
| ☐ ease | [í:z] | 1946 | 60 | 【名】容易さ、気楽さ | |
| ☐ east | [í:st] | 1122 | 60 | 【名】東、東方 | |
| ☐ east·ern | [í:stɚn] | 1821 | 60 | 【形】東の | |
| ☐ ech·o | [ékou] | 2307 | 56 | 【名】こだま、反響 | |
| ☐ ec·o·nom·ics | [èkənámiks] | 2564 | 210 | 【名】経済学 | |
| ☐ e·con·o·my | [ikánəmi] | 1337 | 152 | 【名】経済、節約すること | |
| ☐ edge | [éʤ] | 1096 | 56 | 【名】ふち、刃 | |
| ☐ ed·i·tor | [édətɚ] | 1993 | 56 | 【名】編集者 | |
| ☐ ed·u·cate | [éʤəkèit] | 2520 | 56 | 【他動】教育する | |

| | | | | |
|---|---|---|---|---|
| ☐ ed·u·ca·tion·al | [èʤəkéiʃənl] | 1758 | 149 | 【形】教育の |
| ☐ ef·fec·tive | [iféktiv] | 1451 | 171 | 【形】効果的である |
| ☐ ef·fec·tive·ly | [iféktivli] | 2405 | 171 | 【副】効果的に |
| ☐ ef·fi·cien·cy | [ifíʃənsi] | 2583 | 172 | 【名】効率、能率 |
| ☐ ef·fi·cient | [ifíʃənt] | 2274 | 172 | 【形】効率が良い、有能な |
| ☐ egg | [ég] | 1049 | 56 | 【名】卵 |
| ☐ el·der·ly | [éldɚli] | 1618 | 56 | 【形】年配の、初老の |
| ☐ e·lect | [ilékt] | 1923 | 88 | 【他動】（投票で）選ぶ |
| ☐ e·lec·tion | [ilékʃən] | 1605 | 88 | 【名】選挙 |
| ☐ e·lec·tric | [iléktrik] | 1977 | 88 | 【形】電気の、電動の |
| ☐ e·lec·tri·cal | [iléktrikl] | 2894 | 88 | 【形】電気の |
| ☐ elec·tric·i·ty | [ilèktrísəti] | 1391 | 137 | 【名】電気、電力 |
| ☐ elec·tron·ic | [ilèktránik] | 1848 | 138 | 【形】電子の、電子工学の |
| ☐ el·e·ment | [éləmənt] | 1237 | 56 | 【名】要素、元素 |
| ☐ el·e·phant | [éləfənt] | 1943 | 56 | 【名】ぞう（象） |
| ☐ e·lim·i·nate | [ilímənèit] | 2597 | 89 | 【他動】削除する、消去する |
| ☐ em·bar·rassed | [embǽrəst] | 2985 | 120 | 【形】気まずい思いで、恥ずかしい |
| ☐ em·brace | [embréis] | 2674 | 127 | 【他動】抱きしめる |
| ☐ e·merge | [imɚ́ːʤ] | 2099 | 205 | 【自動】現われる、出てくる |
| ☐ e·mer·gen·cy | [imɚ́ːʤ(ə)nsi] | 2055 | 205 | 【名】緊急事態 |
| ☐ e·mis·sion | [imíʃən] | 2919 | 202 | 【名】放出、放射、発散 |
| ☐ e·mo·tion | [imóuʃən] | 1652 | 205 | 【名】感情、感動 |
| ☐ e·mo·tion·al | [imóuʃənl] | 1660 | 205 | 【形】感情の、感情的な |
| ☐ em·per·or | [émpɚrɚ] | 2853 | 58 | 【名】皇帝、天皇 |
| ☐ em·pha·sis | [émfəsis] | 2067 | 58 | 【名】強調 |
| ☐ em·pha·size | [émfəsàiz] | 2606 | 58 | 【他動】強調する |
| ☐ em·pire | [émpaiɚ] | 2087 | 58 | 【名】帝国 |
| ☐ em·ploy·ee | [implɔ́ii:] | 1705 | 113 | 【名】従業員 |
| | [implɔiíː] | | | |
| ☐ emp·ty | [émpti] | 1030 | 57 | 【形】からの、【他動】空にする |
| ☐ en·a·ble | [inéibl] | 1577 | 208 | 【他動】…することを可能にさせる |
| ☐ en·coun·ter | [inkáuntɚ] | 1892 | 153 | 【他動】（偶然）出会う、遭遇する |
| ☐ end·less | [éndləs] | 2510 | 56 | 【形】終わりのない、果てしのない |
| ☐ en·e·my | [énəmi] | 1166 | 56 | 【名】敵 |
| ☐ en·gage | [ingéiʤ] | 2230 | 165 | 【他動】従事させる、婚約する |
| ☐ en·gine | [énʤən] | 1338 | 57 | 【名】エンジン、原動機 |
| ☐ en·gi·neer | [ènʤəníɚ] | 1974 | 211 | 【名】技師、エンジニア |
| ☐ en·gi·neer·ing | [ènʤəníɚriŋ] | 2152 | 211 | 【名】工学 |

| □ e·nor·mous | [inɔ́ɚməs] | 1948 | 211 | 【形】非常に大きい |
| □ en·ter·tain·ment | [èntɚtéinmənt] | 2574 | 131 | 【名】もてなし、宴会、娯楽 |
| □ en·thu·si·asm | [inθ(j)úːziæzm] | 2433 | 185 | 【名】熱狂、熱中 |
| □ en·tire | [intáiɚ] | 1620 | 136 | 【形】全体の、全部揃っている |
| □ en·tire·ly | [intáiɚli] | 1588 | 136 | 【副】まったく、すっかり |
| □ en·trance | [éntrəns] | 1906 | 57 | 【名】入口 |
| □ en·try | [éntri] | 2044 | 57 | 【名】入場、参加 |
| □ en·ve·lope | [énvəlòup] | 2347 | 57 | 【名】封筒 |
| □ en·vi·ron·men·tal | [envàiɚrənméntl] | 1356 | 202 | 【形】環境上の、周囲の |
| □ e·qual | [íːkwəl] | 1165 | 60 | 【形】等しい |
| □ e·qual·i·ty | [ikwɑ́ləti] | 2974 | 163 | 【名】等しいこと、平等 |
| □ e·qual·ly | [íːkwəli] | 1570 | 60 | 【副】等しく |
| □ e·quip·ment | [ikwípmənt] | 1568 | 163 | 【名】装備、備品 |
| □ e·quiv·a·lent | [ikwív(ə)lənt] | 2473 | 163 | 【形】同等の、等しい |
| □ er·a | [íːrə] | 2311 | 60 | 【名】時代、年代 |
| □ er·ror | [érɚ] | 2007 | 56 | 【名】誤り、エラー |
| □ es·say | [ései] | 2168 | 57 | 【名】小論文、エッセー、随筆 |
| □ es·sence | [ésns] | 2872 | 57 | 【名】本質、エッセンス |
| □ es·sen·tial | [isénʃəl] | 1362 | 221 | 【形】(絶対に)必要な、欠かせない |
| □ es·sen·tial·ly | [isénʃəli] | 2582 | 221 | 【副】本質的には |
| □ es·tab·lish | [istǽbliʃ] | 1073 | 232 | 【他動】設立する(学校・会社など) |
| □ es·tate | [istéit] | 2146 | 131 | 【名】(広大な)地所、屋敷 |
| □ es·ti·mate | [éstəmèit] | 1738 | 57 | 【他動】見積もる |
| □ etc. | [ètsétrə] | 1594 | 221 | 【副】…など、et cetera の略 |
| □ eth·nic | [éθnik] | 2012 | 57 | 【形】民族の |
| □ e·ven·tu·al·ly | [ivéntʃuəli] | 1354 | 180 | 【副】ゆくゆくは、いつかは |
| □ eve·ry·day | [évridèi] | 2079 | 56 | 【形】毎日の、日々の |
| □ eve·ry·where | [évri(h)wèɚ] | 1430 | 56 | 【副】どこにでも |
| □ ev·i·dence | [évidns] | 1008 | 56 | 【名】証拠 |
| □ e·vil | [íːvl] | 1582 | 60 | 【名】悪、【形】悪質な |
| □ ev·o·lu·tion | [èvəlúːʃən] | 2774 | 90 | 【名】発展、進化 |
| □ e·volve | [ivɑ́lv] | 2824 | 181 | 【他動】発展させる |
| □ ex·act | [igzǽkt] | 2142 | 254 | 【形】正確な、厳密な |
| □ ex·am | [igzǽm] | 2459 | 254 | 【名】試験 |
| □ ex·am·i·na·tion | [igzæmənéiʃən] | 1701 | 208 | 【名】試験、検査 |
| □ ex·am·ine | [igzǽmin] | 1063 | 254 | 【他動】調査する、試験をする |
| □ ex·cel·lent | [éks(ə)lənt] | 1544 | 57 | 【形】非常にすぐれた |
| □ ex·cep·tion | [eksépʃən] | 2438 | 221 | 【名】例外、特例 |

| | | | | | |
|---|---|---|---|---|---|
| ☐ ex·cit·ed | [eksáitid] | 2468 | 226 | 【形】 | 興奮した、活気のある |
| ☐ ex·cite·ment | [eksáitmənt] | 1973 | 226 | 【名】 | 興奮 |
| ☐ ex·cit·ing | [eksáitiŋ] | 1434 | 226 | 【形】 | 興奮させるような |
| ☐ ex·claim | [ekskléim] | 2874 | 156 | 【動】 | 叫ぶ |
| ☐ ex·cuse | [ekskjú:z] | 1437 | 155 | 【他動】 | 許す、言い訳をする |
| ☐ ex·ec·u·tive | [igzékjətiv] | 2138 | 253 | 【名】 | 役員、重役 |
| ☐ ex·hi·bi·tion | [èksəbíʃən] | 1627 | 119 | 【名】 | 展示会、エキシビション |
| ☐ ex·ist·ence | [igzístns] | 1541 | 253 | 【名】 | 存在（すること） |
| ☐ ex·pand | [ekspǽnd] | 1733 | 106 | 【他動】 | 広げる、拡張する |
| ☐ ex·pe·di·tion | [èkspədíʃən] | 2908 | 140 | 【名】 | 遠征、探検 |
| ☐ ex·pen·sive | [ekspénsiv] | 1182 | 102 | 【形】 | 高価な |
| ☐ ex·per·i·ment | [ekspéərəmənt] | 1015 | 109 | 【名】 | 実験、【自動】実験する |
| ☐ ex·pert | [ékspət] | 1118 | 57 | 【名】 | 熟練者、プロ |
| ☐ ex·pla·na·tion | [èksplənéiʃən] | 1229 | 208 | 【名】 | 説明 |
| ☐ ex·plode | [eksplóud] | 2637 | 113 | 【自動】 | 爆発する |
| ☐ ex·plo·ra·tion | [èkspləréiʃən] | 2879 | 82 | 【名】 | 探検、実地調査 |
| ☐ ex·plore | [eksplɔ́ə] | 1761 | 113 | 【他動】 | 探検する、探査する |
| ☐ ex·plo·sion | [eksplóuʒən] | 2170 | 113 | 【名】 | 爆発 |
| ☐ ex·port | [ékspoət] | 1760 | 57 | 【他動】 | 輸出する |
| ☐ ex·pose | [ekspóuz] | 2237 | 108 | 【他動】 | さらす、暴露する |
| ☐ ex·tend | [eksténd] | 1492 | 130 | 【他動】 | 延長する、拡張する |
| ☐ ex·tent | [ekstént] | 1860 | 130 | 【名】 | 範囲、広がり |
| ☐ ex·tra | [ékstrə] | 1136 | 57 | 【形】 | 余分な、必要以上の |
| ☐ ex·traor·di·nar·y | [ekstrɔ́ədənèri] | 2247 | 76 | 【形】 | 並はずれた |
| ☐ ex·treme | [ikstríːm] | 2052 | 138 | 【形】 | 極端な |
| ☐ ex·treme·ly | [ikstríːmli] | 1424 | 138 | 【副】 | 極端に |
| ☐ eye·brow | [áibràu] | 2917 | 71 | 【名】 | まゆ毛 |
| ☐ fa·cil·i·ty | [fəsíləti] | 2218 | 223 | 【名】 | 施設、設備、器用さ |
| ☐ fac·tor | [fǽktə] | 1173 | 173 | 【名】 | 要因、要素、ファクター |
| ☐ fac·to·ry | [fǽktəri] | 1352 | 173 | 【名】 | 工場 |
| ☐ fac·ul·ty | [fǽkəlti] | 2898 | 173 | 【名】 | 才能、（大学）学部 |
| ☐ fade | [féid] | 2518 | 171 | 【自動】 | しぼむ、色あせる |
| ☐ fail·ure | [féiljə] | 1347 | 171 | 【名】 | 失敗 |
| ☐ faint | [féint] | 2713 | 171 | 【形】 | かすかな、弱々しい |
| ☐ fair | [féə] | 1168 | 175 | 【形】 | 公正な、公平な |
| ☐ fair·ly | [féəli] | 1586 | 175 | 【副】 | （良い意味）かなり、公正に |
| ☐ fair·y | [féəri] | 2732 | 175 | 【名】 | 妖精 |
| ☐ faith | [féiθ] | 1680 | 171 | 【名】 | 信頼、信仰 |

| | | | | | |
|---|---|---|---|---|---|
| ☐ false | [fɔ́ːls] | 2266 | 175 | 【形】 | 誤った、偽りの |
| ☐ fa·mil·iar | [fəmíljɚ] | 1251 | 202 | 【形】 | よく知っている、親しい |
| ☐ fan | [fǽn] | 1248 | 173 | 【名】 | ファン、愛好者、うちわ |
| ☐ fan·cy | [fǽnsi] | 2940 | 173 | 【名】 | 空想、【他動】 空想する |
| ☐ fan·tas·tic | [fæntǽstik] | 2888 | 133 | 【形】 | すばらしい、夢のような |
| ☐ fan·ta·sy | [fǽntəsi] | 2537 | 173 | 【名】 | 空想、ファンタジー |
| ☐ farm·er | [fáɚmɚ] | 1018 | 176 | 【名】 | 農民 |
| ☐ farm·ing | [fáɚmiŋ] | 2426 | 176 | 【名】 | 農場経営、農業 |
| ☐ fas·ci·nat·ing | [fǽsənèitiŋ] | 2659 | 173 | 【形】 | 魅力的な |
| ☐ fash·ion | [fǽʃən] | 1668 | 173 | 【名】 | 流行、ファッション |
| ☐ fat | [fǽt] | 1563 | 173 | 【形】 | 太った、【名】 脂肪 |
| ☐ fate | [féit] | 2369 | 171 | 【名】 | 運命 |
| ☐ fault | [fɔ́ːlt] | 1856 | 175 | 【名】 | 欠陥、誤り、(過失の) 責任 |
| ☐ favor | [féivɚ] | 1505 | 171 | 【名】 | 好意、親切な行ない |
| ☐ fa·vor·ite | [féivɚrət] | 1051 | 171 | 【形】 | お気に入りの |
| ☐ feath·er | [féðɚ] | 2479 | 171 | 【名】 | 羽 |
| ☐ fea·ture | [fíːtʃɚ] | 1127 | 172 | 【名】 | 特徴、顔立ち、呼び物記事 |
| ☐ feed | [fíːd] | 1326 | 172 | 【他動】 | 食事を与える、えさを与える |
| ☐ fel·low | [félou] | 1350 | 171 | 【名】 | 人、やつ、男 |
| ☐ fe·male | [fíːmeil] | 1007 | 172 | 【形】 | 女性の、【名】 女性 |
| ☐ fence | [féns] | 2098 | 171 | 【名】 | へい |
| ☐ fes·ti·val | [féstəvl] | 1418 | 171 | 【名】 | 祭り、祝祭 |
| ☐ fetch | [fétʃ] | 2980 | 171 | 【他動】 | (行って) 取って来る |
| ☐ fic·tion | [fíkʃən] | 1998 | 172 | 【名】 | 小説、フィクション |
| ☐ fight·er | [fáitɚ] | 2768 | 174 | 【名】 | 戦士、戦う人 |
| ☐ file | [fáil] | 2005 | 174 | 【名】 | ファイル、綴じ込み帳 |
| ☐ fil·ter | [fíltɚ] | 2719 | 172 | 【名】 | フィルター、ろ過器 |
| ☐ fi·nan·cial | [fainǽnʃl] | 1764 | 209 | 【形】 | 財政上の、金融の |
| ☐ firm | [fɚ́ːm] | 1293 | 175 | 【形】 | 堅い、しっかりした |
| ☐ firm·ly | [fɚ́ːmli] | 1968 | 175 | 【副】 | しっかりと |
| ☐ fish·er·man | [fíʃɚmən] | 2998 | 172 | 【名】 | 漁師、釣り人 |
| ☐ fish·ing | [fíʃiŋ] | 2125 | 172 | 【名】 | 魚釣り |
| ☐ fist | [físt] | 2633 | 172 | 【名】 | げんこつ、こぶし |
| ☐ fit | [fít] | 1059 | 172 | 【形】 | ぴったりの、【他動】 ぴったり合う |
| ☐ fix | [fíks] | 1353 | 172 | 【他動】 | (しっかり) 固定する |
| ☐ flag | [flǽg] | 2177 | 177 | 【名】 | 旗 |
| ☐ flame | [fléim] | 2715 | 177 | 【名】 | ほのお、火 |
| ☐ flash | [flǽʃ] | 2068 | 177 | 【名】 | (光の) きらめき、フラッシュ |

| | | | | | |
|---|---|---|---|---|---|
| ☐ flat | [flǽt] | 1268 | 177 | 【形】 | 平らな、平坦な |
| ☐ fleet | [flíːt] | 2978 | 177 | 【名】 | 船団、艦隊 |
| ☐ flesh | [fléʃ] | 2161 | 176 | 【名】 | 肉 |
| ☐ flex·i·ble | [fléksəbl] | 2625 | 177 | 【形】 | 曲げられる、融通のきく |
| ☐ flight | [fláit] | 1125 | 178 | 【名】 | 飛行、飛ぶこと |
| ☐ float | [flóut] | 1922 | 178 | 【自動】 | 浮かぶ |
| ☐ flood | [flʌ́d] | 1854 | 177 | 【名】 | 洪水 |
| ☐ flow | [flóu] | 1230 | 178 | 【自動】 | 流れる、【名】 流れ |
| ☐ fo·cus | [fóukəs] | 1202 | 174 | 【名】 | 焦点 |
| ☐ fold | [fóuld] | 2183 | 174 | 【他動】 | 折りたたむ |
| ☐ folk | [fóuk] | 1933 | 174 | 【名】 | 人々、家族 |
| ☐ fond | [fánd] | 2623 | 174 | 【形】 | …が好きな (be fond of ...) |
| ☐ fool | [fúːl] | 1739 | 172 | 【名】 | ばか者 |
| ☐ fool·ish | [fúːliʃ] | 2754 | 173 | 【形】 | ばかな、愚かな |
| ☐ foot·ball | [fútbɔːl] | 1111 | 172 | 【名】 | フットボール、(英国) サッカー |
| ☐ fore·head | [fɔ́ərhèd] | 2842 | 176 | 【名】 | ひたい (額) |
| ☐ for·eign·er | [fɔ́ərənər] | 2326 | 176 | 【名】 | 外国人 |
| ☐ for·ev·er | [fər(r)évər] | 1782 | 56 | 【副】 | 永遠に、永久に |
| ☐ for·give | [fərgív] | 2276 | 165 | 【他動】 | 許す |
| ☐ fork | [fɔ́ərk] | 2918 | 176 | 【名】 | フォーク (食事用) |
| ☐ for·mal | [fɔ́ərml] | 1450 | 176 | 【形】 | 形式的な |
| ☐ for·tu·nate·ly | [fɔ́ərtʃnətli] | 2498 | 176 | 【副】 | 運よく、幸運にも |
| ☐ for·tune | [fɔ́ərtʃn] | 2264 | 176 | 【名】 | 富、財産、多額の金 |
| ☐ fos·sil | [fásl] | 2346 | 174 | 【名】 | 化石 |
| ☐ found | [fáund] | 1200 | 174 | 【他動】 | 設立した、見つけた |
| ☐ foun·da·tion | [faundéiʃən] | 2108 | 140 | 【名】 | 土台、設立 |
| ☐ frame | [fréim] | 2107 | 179 | 【名】 | 骨組み |
| ☐ free·ly | [fríːli] | 2660 | 179 | 【副】 | 自由に |
| ☐ fre·quen·cy | [fríːkwənsi] | 2070 | 179 | 【名】 | 周波数、頻度 (ひんど) |
| ☐ fre·quent | [fríːkwənt] | 2649 | 179 | 【形】 | たびたびの |
| ☐ fre·quent·ly | [fríːkwəntli] | 1700 | 179 | 【副】 | しばしば |
| ☐ fresh | [fréʃ] | 1074 | 178 | 【形】 | 新鮮な、新しい |
| ☐ friend·ly | [fréndli] | 1291 | 178 | 【形】 | 友好的な、親しい |
| ☐ friend·ship | [fréndʃip] | 1849 | 178 | 【名】 | 友情 |
| ☐ fright·ened | [fráitnd] | 2496 | 179 | 【形】 | おびえた |
| ☐ frog | [frɑg] | 2733 | 179 | 【名】 | カエル |
| ☐ frown | [fráun] | 2855 | 179 | 【自動】 | 顔をしかめる |
| ☐ fruit | [frúːt] | 1149 | 179 | 【名】 | フルーツ、果物 |

| | | | | | |
|---|---|---|---|---|---|
| ☐ fry | [frái] | 2970 | 179 | 【他動】（油で）揚げる、いためる |
| ☐ fu·el | [fjúːəl] | 1339 | 173 | 【名】燃料 |
| ☐ ful·fill | [fulfíl] | 2647 | 172 | 【他動】（義務・目的を）果たす |
| ☐ ful·ly | [fúli] | 1515 | 172 | 【副】十分に |
| ☐ fun | [fʌ́n] | 1012 | 173 | 【名】楽しみ、【形】愉快な |
| ☐ func·tion | [fʌ́ŋkʃən] | 1236 | 173 | 【名】機能、【自動】作動する |
| ☐ fund | [fʌ́nd] | 1662 | 173 | 【名】資金、基金 |
| ☐ fu·ner·al | [fjúːnərəl] | 2121 | 173 | 【名】葬式 |
| ☐ fun·ny | [fʌ́ni] | 1164 | 173 | 【形】面白い、おかしい |
| ☐ fur | [fə́ː] | 2899 | 175 | 【名】毛皮 |
| ☐ fur·ni·ture | [fə́ːnitʃər] | 2333 | 175 | 【名】家具 |
| ☐ fur·ther | [fə́ːðər] | 1172 | 175 | 【副】さらに遠くに、それ以上に |
| ☐ fur·ther·more | [fə́ːðərmɔ̀ər] | 2636 | 175 | 【副】さらに |
| ☐ gain | [géin] | 1098 | 165 | 【他動】得る、手に入れる |
| ☐ gap | [gǽp] | 1790 | 165 | 【名】すきま、ギャップ |
| ☐ ga·rage | [gəráːdʒ] | 2350 | 84 | 【名】ガレージ、車庫 |
| ☐ gar·lic | [gáərlik] | 2892 | 166 | 【名】にんにく |
| ☐ gate | [géit] | 1428 | 165 | 【名】門 |
| ☐ gath·er | [gǽðər] | 1105 | 165 | 【他動】集める、【自動】集まる |
| ☐ gaze | [géiz] | 1956 | 165 | 【自動】じっと見つめる、【名】凝視 |
| ☐ gear | [gíər] | 2807 | 166 | 【名】歯車、ギア、用具一式 |
| ☐ gen·der | [dʒéndər] | 2820 | 192 | 【名】（社会的・文化的な役割での）性 |
| ☐ gene | [dʒíːn] | 1937 | 193 | 【名】遺伝子 |
| ☐ gen·er·al·ly | [dʒénərəli] | 1045 | 192 | 【副】一般に、たいていは |
| ☐ gen·er·ate | [dʒénərèit] | 2058 | 192 | 【他動】発生させる、生み出す |
| ☐ gen·er·a·tion | [dʒènəréiʃən] | 1057 | 82 | 【名】世代、同世代の人々 |
| ☐ gen·er·ous | [dʒénərəs] | 2875 | 192 | 【形】気前のよい、寛大な |
| ☐ ge·net·ic | [dʒənétik] | 2560 | 207 | 【形】遺伝子の、遺伝の |
| ☐ gen·ius | [dʒíːnjəs] | 2618 | 193 | 【名】天才 |
| ☐ gen·tle | [dʒéntl] | 1670 | 192 | 【形】優しい、親切な |
| ☐ gen·tle·man | [dʒéntlmən] | 1533 | 192 | 【名】紳士、殿方 |
| ☐ gent·ly | [dʒéntli] | 1518 | 192 | 【副】優しく、ゆるやかに |
| ☐ ge·og·ra·phy | [dʒiágrəfi] | 2868 | 70 | 【名】地理学、地勢 |
| ☐ ges·ture | [dʒéstʃər] | 1599 | 192 | 【名】身振り、ジェスチャー |
| ☐ ghost | [góust] | 2208 | 166 | 【名】幽霊（ゆうれい） |
| ☐ giant | [dʒáiənt] | 1443 | 194 | 【名】巨人 |
| ☐ gift | [gíft] | 1331 | 165 | 【名】贈り物 |
| ☐ girl·friend | [gə́ːlfrènd] | 2603 | 166 | 【名】女ともだち、ガールフレンド |

| | | | | | |
|---|---|---|---|---|---|
| ☐ giv·en | [gívn] | 2131 | 165 | 【形】定められた、与えられた |
| ☐ glad | [glǽd] | 1076 | 167 | 【形】うれしい、うれしく思う |
| ☐ glance | [glǽns] | 1419 | 167 | 【動】【名】ちらりと見る（こと） |
| ☐ glob·al | [glóubl] | 1503 | 168 | 【形】全世界の、地球的な |
| ☐ globe | [glóub] | 2910 | 168 | 【名】地球、地球儀、球体 |
| ☐ glo·ry | [gló:ri] | 2707 | 168 | 【名】栄光 |
| ☐ glove | [glʌ́v] | 2664 | 167 | 【名】手袋、グローブ |
| ☐ glow | [glóu] | 2532 | 168 | 【自動】白熱する、赤々燃える |
| ☐ goat | [góut] | 2973 | 166 | 【名】ヤギ |
| ☐ god | [gád] | 1062 | 166 | 【名】神 |
| ☐ gold·en | [góuldn] | 1467 | 166 | 【形】金色の |
| ☐ golf | [gálf] | 2182 | 166 | 【名】ゴルフ |
| ☐ good·bye | [gùdbái] | 2193 | 121 | 【間】さようなら |
| ☐ gov·ern | [gʌ́vɚn] | 2688 | 165 | 【他動】（国を）治める |
| ☐ gov·er·nor | [gʌ́vɚnɚ] | 2102 | 165 | 【名】知事 |
| ☐ grab | [grǽb] | 1965 | 170 | 【他動】つかむ、ひったくる |
| ☐ grade | [gréid] | 1737 | 169 | 【名】等級、段階、グレード |
| ☐ grad·u·al·ly | [grǽʤuəli] | 1524 | 170 | 【副】だんだんと |
| ☐ grad·u·ate | [grǽʤuèit] | 1855 | 170 | 【自動】卒業する |
| ☐ grain | [gréin] | 2154 | 169 | 【名】穀物（こくもつ）、粒 |
| ☐ gram·mar | [grǽmɚ] | 2589 | 170 | 【名】文法 |
| ☐ grand | [grǽnd] | 2206 | 170 | 【形】壮大な、【名】千ドル |
| ☐ grand·fa·ther | [grǽn(d)fà:ðɚ] | 2260 | 170 | 【名】祖父、おじいさん |
| ☐ grand·ma | [grǽn(d)mà:] | 2993 | 170 | 【名】おばあちゃん |
| ☐ grand·moth·er | [grǽn(d)mʌðɚ] | 2278 | 170 | 【名】祖母、おばあさん |
| ☐ grant | [grǽnt] | 1253 | 170 | 【他動】（願いを）聞き入れる、かなえる |
| ☐ grasp | [grǽsp] | 2670 | 170 | 【他動】把握する、理解する |
| ☐ grass | [grǽs] | 1310 | 170 | 【名】草 |
| ☐ grate·ful | [gréitfl] | 2192 | 169 | 【形】ありがたく思う |
| ☐ grave | [gréiv] | 1883 | 169 | 【名】墓場、墓所 |
| ☐ gray | [gréi] | 1260 | 169 | 【形】灰色の、【名】灰色、グレー |
| ☐ great·ly | [gréitli] | 1772 | 169 | 【副】おおいに、非常に |
| ☐ green·house | [grí:nhàus] | 2482 | 169 | 【名】温室 |
| ☐ greet | [grí:t] | 2176 | 169 | 【他動】あいさつをする |
| ☐ grin | [grín] | 2104 | 169 | 【自動】歯を見せて、にっこり笑う |
| ☐ grip | [gríp] | 2277 | 169 | 【他動】握る、しっかりつかむ |
| ☐ guard | [gáɚd] | 1377 | 166 | 【他動】守る、【名】ガード、護衛者 |
| ☐ guest | [gést] | 1131 | 164 | 【名】ゲスト、客 |

| | | | | | |
|---|---|---|---|---|---|
| ☐ guilt·y | [gílti] | 1864 | 165 | 【形】有罪の |
| ☐ gui·tar | [gitáɚ] | 2312 | 135 | 【名】ギター |
| ☐ ha | [há:] | 1431 | 198 | 【間】ほう、おや（驚き、喜び） |
| ☐ hab·it | [hǽbit] | 1510 | 197 | 【名】習慣 |
| ☐ hall | [hɔ́:l] | 1121 | 199 | 【名】ホール、集会所 |
| ☐ hand·i·cap | [hǽndikæp] | 2460 | 198 | 【名】ハンディキャップ |
| ☐ han·dle | [hǽndl] | 1180 | 198 | 【名】取っ手、【他動】取り扱う |
| ☐ hand·some | [hǽnsəm] | 2250 | 198 | 【形】（男性）ハンサムな（発音注意） |
| ☐ hang | [hǽŋ] | 1141 | 197 | 【他動】つるす、掛ける |
| ☐ hap·pi·ly | [hǽpili] | 2171 | 197 | 【副】幸福に |
| ☐ hap·pi·ness | [hǽpinəs] | 2038 | 197 | 【名】幸せ |
| ☐ har·bor | [háɚbɚ] | 2340 | 199 | 【名】港 |
| ☐ harm | [háɚm] | 1911 | 199 | 【名】危害、損害、【他動】害する |
| ☐ har·mo·ny | [háɚməni] | 2539 | 199 | 【名】調和、ハーモニー |
| ☐ hat | [hǽt] | 1360 | 197 | 【名】（縁のある）帽子 |
| ☐ hatch | [hǽtʃ] | 2914 | 197 | 【他動】卵をかえす、【名】昇降口 |
| ☐ hate | [héit] | 1194 | 196 | 【他動】憎む、嫌う |
| ☐ head·line | [hédlàin] | 2906 | 196 | 【名】（新聞）大見出し |
| ☐ health·y | [hélθi] | 1317 | 196 | 【形】健康な |
| ☐ heav·en | [hévn] | 1970 | 196 | 【名】天国 |
| ☐ heav·i·ly | [hévili] | 2339 | 196 | 【副】重く、重苦しく |
| ☐ heel | [hí:l] | 2741 | 197 | 【名】かかと |
| ☐ height | [háit] | 1722 | 198 | 【名】高さ |
| ☐ hell | [hél] | 1528 | 196 | 【名】地獄 |
| ☐ hel·lo | [helóu] | 1340 | 93 | 【間】こんにちは、もしもし |
| ☐ help·ful | [hélpfl] | 2073 | 196 | 【形】役立つ |
| ☐ herb | [ɚ́:b] | 2913 | 75 | 【名】ハーブ、香りの草 |
| ☐ her·it·age | [hérətiʤ] | 2555 | 196 | 【名】相続財産、文化遺産 |
| ☐ he·ro | [hí:rou] | 1545 | 197 | 【名】英雄、ヒーロー |
| ☐ hers | [hɚ́:z] | 2226 | 199 | 【代】彼女のもの |
| ☐ hes·i·tate | [hézətèit] | 2135 | 196 | 【自動】ためらう |
| ☐ hey | [héi] | 2002 | 196 | 【間】おーい! |
| ☐ hi | [hái] | 2331 | 198 | 【間】やあ、こんにちは |
| ☐ hid·den | [hídn] | 2389 | 196 | 【形】隠された |
| ☐ hide | [háid] | 1064 | 198 | 【他動】隠す、【自動】隠れる |
| ☐ high·ly | [háili] | 1139 | 198 | 【副】非常に、おおいに |
| ☐ high·way | [háiwèi] | 2728 | 198 | 【名】高速道路、ハイウェイ |
| ☐ hint | [hínt] | 2476 | 196 | 【名】ヒント、暗示 |

| | | | | | |
|---|---|---|---|---|---|
| ☐ hire | [háiə˞] | 2356 | 200 | 【他動】雇う、賃借りする |
| ☐ his·tor·ic | [histɔ́ə˞rik] | 2599 | 134 | 【形】歴史上有名な、歴史的な |
| ☐ his·tor·i·cal | [histɔ́ə˞rikl] | 1697 | 134 | 【形】歴史的な、歴史に関する |
| ☐ hol·i·day | [hálədèi] | 1033 | 198 | 【名】休日 |
| ☐ ho·ly | [hóuli] | 2225 | 198 | 【形】神聖な |
| ☐ hon·est | [ánəst] | 1896 | 70 | 【形】正直な |
| ☐ hon·est·ly | [ánəstli] | 2846 | 70 | 【副】正直に |
| ☐ hon·ey | [háni] | 2996 | 197 | 【名】はちみつ |
| ☐ hon·or | [ánə˞] | 1413 | 70 | 【名】名誉 |
| ☐ hook | [húk] | 2797 | 197 | 【名】釣り針、（引っ掛ける）カギ |
| ☐ hop | [háp] | 2662 | 198 | 【自動】跳ぶ（ぴょんぴょん） |
| ☐ hope·ful·ly | [hóupfəli] | 2929 | 198 | 【副】できれば、うまくいけば |
| ☐ ho·ri·zon | [hə˞ráizn] | 2971 | 85 | 【名】地平線、水平線 |
| ☐ horn | [hɔ́ə˞n] | 2717 | 200 | 【名】角（つの） |
| ☐ hor·ri·ble | [hɔ́ə˞rəbl] | 2512 | 200 | 【形】恐ろしい、ぞっとする |
| ☐ hor·ror | [hɔ́ə˞rə˞] | 2137 | 200 | 【名】恐怖 |
| ☐ host | [hóust] | 1322 | 198 | 【名】主人、主催者 |
| ☐ house·hold | [háus(h)òuld] | 1809 | 198 | 【名】世帯、家族（全員） |
| ☐ hous·ing | [háuziŋ] | 2269 | 198 | 【名】住宅、住宅供給 |
| ☐ hu·man·i·ty | [hju:mǽnəti] | 2877 | 204 | 【名】人間らしさ、博愛 |
| ☐ hu·mor | [hjú:mə˞] | 1873 | 200 | 【名】こっけい、ユーモア |
| ☐ hun·ger | [háŋgə˞] | 2578 | 197 | 【名】空腹、飢え |
| ☐ hun·gry | [háŋgri] | 1770 | 197 | 【形】空腹の |
| ☐ hunt | [hánt] | 1841 | 197 | 【他動】狩る、【名】狩猟 |
| ☐ hunt·ing | [hántiŋ] | 2265 | 197 | 【名】狩猟 |
| ☐ hur·ry | [hə́:ri] | 1308 | 199 | 【自動】急ぐ、急いで行く |
| ☐ i·de·al | [aidí:əl] | 1517 | 141 | 【形】理想的な |
| ☐ i·den·ti·fy | [aidéntəfài] | 1798 | 140 | 【他動】同一と認める、認定する |
| ☐ i·den·ti·ty | [aidéntəti] | 1690 | 139 | 【名】身元、同一であること |
| ☐ ig·nore | [ignɔ́ə˞] | 1176 | 211 | 【他動】無視する |
| ☐ ill | [íl] | 1412 | 59 | 【形】病気の、【名】病気 |
| ☐ ill·ness | [ílnəs] | 1689 | 59 | 【名】病気 |
| ☐ il·lu·sion | [ilú:ʒən] | 2507 | 90 | 【名】錯覚、幻想 |
| ☐ il·lus·trate | [íləstrèit] | 2472 | 59 | 【他動】（挿絵で）説明する |
| ☐ i·mag·i·na·tion | [imæʤənéiʃən] | 1844 | 208 | 【名】想像、想像力 |
| ☐ im·me·di·ate | [imí:diət] | 1902 | 203 | 【形】即座の、即時の |
| ☐ im·mi·grant | [ímigrənt] | 2881 | 59 | 【名】移民（外国から）、入植者 |
| ☐ im·pact | [ímpækt] | 1788 | 59 | 【名】衝撃、インパクト |

| | | | | |
|---|---|---|---|---|
| ☐ im·port | [impɔ́ɚt] | 2214 | 110 | 【他動】輸入する、【名】輸入 |
| ☐ im·por·tance | [impɔ́ɚt(ə)ns] | 1140 | 110 | 【名】重要性 |
| ☐ im·pos·si·ble | [impásəbl] | 1035 | 106 | 【形】不可能な |
| ☐ im·press | [imprés] | 1935 | 115 | 【他動】感銘を与える |
| ☐ im·pres·sion | [impréʃən] | 1500 | 115 | 【名】印象 |
| ☐ im·pres·sive | [imprésiv] | 2608 | 115 | 【形】強い印象を与える、印象的な |
| ☐ im·prove·ment | [imprúːvmənt] | 2327 | 116 | 【名】改良、改善 |
| ☐ inch | [intʃ] | 1746 | 59 | 【名】インチ（長さ、2.54cm） |
| ☐ in·ci·dent | [ínsədənt] | 2084 | 60 | 【名】出来事 |
| ☐ in·clud·ing | [inklúːdiŋ] | 3000 | 156 | 【前】…を含めて |
| ☐ in·come | [ínkʌm] | 1972 | 60 | 【名】収入、所得 |
| ☐ in·creas·ing·ly | [inkríːsiŋli] | 2008 | 160 | 【副】ますます |
| ☐ in·de·pend·ence | [indipéndəns] | 1416 | 102 | 【名】独立 |
| ☐ in·de·pend·ent | [indipéndənt] | 1276 | 102 | 【形】独立した、自立した |
| ☐ in·dex | [índeks] | 2341 | 60 | 【名】索引、見出し |
| ☐ in·di·cate | [índikèit] | 1666 | 59 | 【他動】…であると示す、表示する |
| ☐ in·dus·tri·al | [indʌ́striəl] | 1245 | 141 | 【形】産業の、工業の |
| ☐ in·fant | [ínfənt] | 2391 | 60 | 【名】幼児 |
| ☐ in·form | [infɔ́ɚm] | 1857 | 176 | 【他動】通知する、知らせる |
| ☐ in·for·mal | [infɔ́ɚml] | 2790 | 176 | 【形】非公式の |
| ☐ in·gre·di·ent | [ingríːdiənt] | 2616 | 169 | 【名】成分、構成要素 |
| ☐ in·hab·it·ant | [inhǽbitənt] | 2810 | 197 | 【名】住民、居住者 |
| ☐ i·ni·tial | [iníʃl] | 2229 | 208 | 【形】初めの、最初の |
| ☐ in·jure | [índʒɚ] | 2097 | 60 | 【他動】傷つける |
| ☐ in·ju·ry | [índʒɚri] | 1865 | 60 | 【名】負傷、傷害 |
| ☐ in·ner | [ínɚ] | 1747 | 60 | 【形】内側の、内部の |
| ☐ in·no·cent | [ínəsənt] | 2609 | 60 | 【形】無罪の、無邪気な |
| ☐ in·sect | [ínsekt] | 1755 | 60 | 【名】虫、昆虫 |
| ☐ in·sist | [insíst] | 1281 | 223 | 【動】主張する |
| ☐ in·spire | [inspáiɚ] | 2490 | 240 | 【他動】ふるい立たせる |
| ☐ in·stant | [ínstənt] | 2448 | 60 | 【形】即座の、インスタントの |
| ☐ in·stant·ly | [ínstəntli] | 2822 | 60 | 【副】すぐに、即座に |
| ☐ in·stinct | [ínstiŋkt] | 2738 | 60 | 【名】本能、勘 |
| ☐ in·sti·tu·tion | [instət(j)úːʃən] | 1684 | 132 | 【名】社会施設、機構、協会 |
| ☐ in·struc·tion | [instrʌ́kʃən] | 1499 | 236 | 【名】教え、指図 |
| ☐ in·stru·ment | [ínstrəmənt] | 1458 | 60 | 【名】器具、楽器 |
| ☐ in·sult | [insʌ́lt] | 2745 | 225 | 【他動】侮辱する、【名】侮辱（ぶじょく） |
| ☐ in·tel·lec·tu·al | [ìntəléktʃuəl] | 2586 | 88 | 【形】知能に関する、知性的な |

| | | | | | |
|---|---|---|---|---|---|
| ☐ in·tel·li·gence | [intélidʒəns] | 1721 | 130 | 【名】知性 |
| ☐ in·tel·li·gent | [intélidʒənt] | 2124 | 130 | 【形】知能が高い |
| ☐ in·tend | [inténd] | 1380 | 130 | 【他動】意図する、するつもり |
| ☐ in·ter·fere | [ìntəfíə] | 2863 | 175 | 【自動】邪魔をする、妨げる |
| ☐ in·ter·pret | [intə́ːprət] | 2000 | 135 | 【他動】解釈する |
| ☐ in·ter·pre·ta·tion | [intə̀ːpritéiʃən] | 2148 | 131 | 【名】解釈 |
| ☐ in·ter·rupt | [ìntərʌ́pt] | 2398 | 84 | 【他動】じゃまをする、中断する |
| ☐ in·ter·view | [íntəvjùː] | 1072 | 59 | 【名】インタビュー、【他動】面接する |
| ☐ in·tro·duc·tion | [ìntrədʌ́kʃən] | 1626 | 142 | 【名】紹介 |
| ☐ in·va·sion | [invéiʒən] | 2742 | 180 | 【名】侵略、侵入 |
| ☐ in·vent | [invént] | 2006 | 180 | 【他動】発明する |
| ☐ in·ven·tion | [invénʃən] | 2806 | 180 | 【名】発明 |
| ☐ in·vi·ta·tion | [invitéiʃən] | 2294 | 131 | 【名】招待 |
| ☐ in·vite | [inváit] | 1011 | 182 | 【他動】招待する |
| ☐ i·ron | [áiən] | 1549 | 71 | 【名】鉄 |
| ☐ i·tem | [áitəm] | 1262 | 71 | 【名】項目 |
| ☐ jack·et | [dʒǽkit] | 1751 | 193 | 【名】上着、ジャケット |
| ☐ jail | [dʒéil] | 2316 | 193 | 【名】刑務所 |
| ☐ jaw | [dʒɔ́ː] | 2648 | 194 | 【名】あご |
| ☐ jet | [dʒét] | 2876 | 192 | 【名】噴出、ジェット機 |
| ☐ joke | [dʒóuk] | 1225 | 194 | 【名】冗談、しゃれ、【自動】冗談を言う |
| ☐ jour·nal·ist | [dʒə́ːnəlist] | 2425 | 195 | 【名】報道記者、ジャーナリスト |
| ☐ jour·ney | [dʒə́ːni] | 1092 | 195 | 【名】旅行 |
| ☐ joy | [dʒɔ́i] | 1482 | 194 | 【名】喜び |
| ☐ judg·ment | [dʒʌ́dʒmənt] | 2286 | 193 | 【名】判断、裁判 |
| ☐ juice | [dʒúːs] | 2325 | 193 | 【名】ジュース |
| ☐ jun·gle | [dʒʌ́ŋgl] | 2817 | 193 | 【名】ジャングル |
| ☐ jun·ior | [dʒúːnjə] | 1779 | 193 | 【形】年下の、後輩の |
| ☐ jus·tice | [dʒʌ́stis] | 1918 | 193 | 【名】正義 |
| ☐ key | [kíː] | 1032 | 149 | 【名】鍵、かぎ |
| ☐ kick | [kík] | 1578 | 149 | 【他動】蹴る（ける） |
| ☐ kill·er | [kílə] | 2777 | 149 | 【名】殺し屋、殺人者 |
| ☐ ki·lom·e·ter | [kilámətə] | 2042 | 91 | 【名】キロメートル |
| ☐ king·dom | [kíŋdəm] | 1802 | 149 | 【名】王国 |
| ☐ kiss | [kís] | 1133 | 149 | 【他動】キスする、【名】キス |
| ☐ knee | [níː] | 1436 | 208 | 【名】ひざ |
| ☐ knife | [náif] | 1465 | 210 | 【名】ナイフ、小刀 |
| ☐ knock | [nák] | 1296 | 210 | 【自動】ノックする、【他動】殴る |

| | | | | | |
|---|---|---|---|---|---|
| ☐ known | [nóun] | 1392 | 211 | 【形】 | 有名な、知られている |
| ☐ la·bor | [léibɚ] | 1065 | 88 | 【名】 | (つらい) 労働、【自動】 労働する |
| ☐ lab·o·ra·to·ry | [lǽbrətɔ̀ːri] | 1961 | 91 | 【名】 | 実験室、試験所 |
| ☐ lad·der | [lǽdɚ] | 2752 | 91 | 【名】 | はしご |
| ☐ lake | [léik] | 1177 | 88 | 【名】 | 湖 |
| ☐ lamp | [lǽmp] | 2568 | 91 | 【名】 | 照明、ランプ |
| ☐ land·ing | [lǽndiŋ] | 2522 | 91 | 【名】 | 着陸 |
| ☐ land·scape | [lǽn(d)skèip] | 2140 | 91 | 【名】 | 風景、景色 |
| ☐ lane | [léin] | 2542 | 88 | 【名】 | 車線、細道、レーン |
| ☐ lap | [lǽp] | 2725 | 91 | 【名】 | ひざ |
| ☐ large·ly | [láːdʒli] | 2273 | 93 | 【副】 | おもに |
| ☐ lat·er | [léitɚ] | 2999 | 88 | 【副】 | あとで、【形】 もっと遅く |
| ☐ lat·ter | [lǽtɚ] | 1967 | 91 | 【形】 | 後者の、あとの、【名】 後者 |
| ☐ laugh·ter | [lǽftɚ] | 1753 | 91 | 【名】 | 笑い (大きな声) |
| ☐ lawn | [lɔ́ːn] | 2975 | 93 | 【名】 | 芝生 |
| ☐ law·yer | [lɔ́ːjɚ] | 1669 | 93 | 【名】 | 弁護士、法律家 |
| ☐ lay·er | [léiɚ] | 1644 | 88 | 【名】 | 層、重なり |
| ☐ lead·er·ship | [líːdɚʃip] | 2452 | 89 | 【名】 | 指導力、リーダーシップ |
| ☐ leaf | [líːf] | 1743 | 89 | 【名】 | (木・草) 葉 |
| ☐ league | [líːg] | 1363 | 89 | 【名】 | 同盟、競技連盟 |
| ☐ lean | [líːn] | 1429 | 89 | 【自動】 | 寄りかかる、傾く |
| ☐ leap | [líːp] | 2384 | 89 | 【自動】 | はねる、跳ぶ |
| ☐ leath·er | [léðɚ] | 2435 | 88 | 【名】 | (なめし) 皮、レザー |
| ☐ lec·ture | [léktʃɚ] | 1908 | 88 | 【名】 | 講義 |
| ☐ le·gal | [líːgl] | 1874 | 89 | 【形】 | 法律の |
| ☐ leg·end | [lédʒənd] | 2395 | 88 | 【名】 | 伝説 |
| ☐ lei·sure | [líːʒɚ] | 2705 | 89 | 【名】 | 余暇、自由時間、レジャー |
| ☐ lend | [lénd] | 2336 | 88 | 【他動】 | (金・物を) 貸す |
| ☐ length | [léŋ(k)θ] | 1266 | 88 | 【形】 | 長さ |
| ☐ lens | [lénz] | 2958 | 88 | 【名】 | レンズ |
| ☐ les·son | [lésn] | 1061 | 88 | 【名】 | 講義、授業、課 |
| ☐ lib·er·a·tion | [lìbɚréiʃən] | 2902 | 82 | 【名】 | 解放、釈放 |
| ☐ lib·er·ty | [líbɚti] | 2676 | 89 | 【名】 | 自由 |
| ☐ li·brar·y | [láibrèri] | 1198 | 92 | 【名】 | 図書館、蔵書 |
| ☐ life·time | [láiftàim] | 2519 | 92 | 【名】 | 一生、寿命 |
| ☐ light·ly | [láitli] | 2886 | 92 | 【副】 | 軽く、そっと |
| ☐ lin·guis·tic | [liŋgwístik] | 2196 | 168 | 【形】 | 言葉の、言語の |
| ☐ link | [líŋk] | 1227 | 89 | 【名】 | 輪、連結、リンク |

| | | | | | |
|---|---|---|---|---|---|
| ☐ li·on | [láiən] | 2071 | 92 | 【名】ライオン |
| ☐ lip | [líp] | 1174 | 89 | 【名】くちびる |
| ☐ liq·uid | [líkwid] | 2297 | 89 | 【名】液体、【形】液体の |
| ☐ lis·ten·er | [lísnɚ] | 2959 | 89 | 【名】聴取者、リスナー |
| ☐ lit·er·al·ly | [lítɚrəli] | 2771 | 89 | 【副】文字通りに |
| ☐ lit·er·ar·y | [lítɚrèri] | 2652 | 89 | 【形】文学の |
| ☐ lit·er·a·ture | [lítɚrətʃɚ] | 1532 | 89 | 【名】文学 |
| ☐ lit·ter | [lítɚ] | 2954 | 89 | 【名】ごみくず、【他動】散らかす |
| ☐ live·ly | [láivli] | 2691 | 92 | 【形】活発な、元気な |
| ☐ load | [lóud] | 2180 | 93 | 【名】積荷、重荷、【他動】(荷を) 積む |
| ☐ lo·cate | [lóukeit] | 1893 | 93 | 【他動】場所を見つける、置く |
| ☐ lo·ca·tion | [loukéiʃən] | 1986 | 149 | 【名】位置、場所、ロケーション |
| ☐ lock | [lák] | 1442 | 91 | 【名】錠 (key が lock を開ける) |
| ☐ log | [lɔ́(:)g] | 2501 | 93 | 【名】丸太、記録、ログ |
| ☐ lone·ly | [lóunli] | 1845 | 93 | 【形】(孤独で) さびしい |
| ☐ loose | [lú:s] | 2866 | 90 | 【形】ゆるい、たるんだ、ルーズな |
| ☐ lord | [lɔ́ɚd] | 1713 | 94 | 【名】君主、領主、主 (キリスト) |
| ☐ lost | [lɔ́(:)st] | 1414 | 93 | 【形】失われた、迷った |
| ☐ loud | [láud] | 1534 | 92 | 【形】(声・音) 大きい、うるさい |
| ☐ loud·ly | [láudli] | 2800 | 92 | 【副】大声で |
| ☐ love·ly | [lʌ́vli] | 1206 | 91 | 【形】かわいい、美しい |
| ☐ lov·er | [lʌ́vɚ] | 1912 | 91 | 【名】恋人 |
| ☐ low·er | [lóuɚ] | 2400 | 93 | 【形】より低い、【他動】下げる |
| ☐ luck | [lʌ́k] | 1574 | 91 | 【名】運 |
| ☐ luck·y | [lʌ́ki] | 1366 | 91 | 【形】運が良い |
| ☐ lump | [lʌ́mp] | 2969 | 91 | 【名】かたまり、こぶ |
| ☐ lunch | [lʌ́ntʃ] | 1106 | 91 | 【名】昼食 |
| ☐ lung | [lʌ́ŋ] | 2803 | 91 | 【名】肺 |
| ☐ lux·u·ry | [lʌ́kʃəri] | 2804 | 91 | 【名】ぜいたく、贅沢品 |
| ☐ ma·chin·er·y | [məʃí:nɚri] | 2655 | 213 | 【名】機械、機械装置 |
| ☐ mad | [mǽd] | 1800 | 204 | 【形】気が狂った、頭にきている |
| ☐ mag·a·zine | [mǽgəzì:n] | 1134 | 203 | 【名】雑誌、弾薬庫 |
| ☐ mag·ic | [mǽdʒik] | 1519 | 204 | 【名】魔法 |
| ☐ mag·net·ic | [mægnétik] | 2815 | 207 | 【形】磁気の、磁石の |
| ☐ mag·nif·i·cent | [mægnífəsnt] | 2494 | 208 | 【形】壮大な、荘厳な |
| ☐ mail | [méil] | 1915 | 202 | 【名】郵便、メール |
| ☐ main·ly | [méinli] | 1462 | 202 | 【副】主に |
| ☐ main·tain | [meintéin] | 1341 | 131 | 【他動】維持する、保つ |

| | | | | | |
|---|---|---|---|---|---|
| ☐ ma·jor·i·ty | [mədʒɔ́ərəti] | 1781 | 195 | 【名】過半数、大多数 |
| ☐ mak·er | [méikər] | 2726 | 202 | 【名】製造業者、メーカー |
| ☐ mam·mal | [mǽml] | 2748 | 204 | 【名】ほ乳類、ほ乳動物 |
| ☐ man·age·ment | [mǽnidʒmənt] | 1763 | 204 | 【名】管理、経営 |
| ☐ man·ner | [mǽnər] | 1199 | 203 | 【名】マナー、身だしなみ、態度 |
| ☐ man·u·al | [mǽnjuəl] | 2364 | 204 | 【名】マニュアル、手引書 |
| ☐ man·u·fac·ture | [mǽnjəfǽktʃər] | 2348 | 173 | 【他動】製造する、【名】製造 |
| ☐ man·u·fac·tur·er | [mǽnjəfǽktʃərər] | 2241 | 173 | 【名】製造業者 |
| ☐ map | [mǽp] | 1103 | 203 | 【名】地図 |
| ☐ march | [máərtʃ] | 1839 | 205 | 【自動】行進する、【名】行進 |
| ☐ mar·gin | [máərdʒin] | 2812 | 205 | 【名】ふち（縁）、余白 |
| ☐ ma·rine | [mərí:n] | 2925 | 83 | 【形】海の |
| ☐ mar·riage | [mǽridʒ] | 1055 | 203 | 【名】結婚 |
| ☐ mask | [mǽsk] | 2491 | 204 | 【名】仮面、マスク |
| ☐ mass | [mǽs] | 1708 | 204 | 【名】かたまり |
| ☐ mas·ter | [mǽstər] | 1013 | 203 | 【名】主人、師 |
| ☐ match | [mǽtʃ] | 1025 | 203 | 【名】試合、調和、マッチ、【他動】似合う |
| ☐ math | [mǽθ] | 2883 | 204 | 【名】数学、mathmatics の略 |
| ☐ math·e·mat·ics | [mǽθəmǽtiks] | 2464 | 204 | 【名】数学 |
| ☐ may·or | [méiər] | 2075 | 206 | 【名】市長 |
| ☐ mean·while | [mí:n(h)wàil] | 2063 | 203 | 【副】その間に、一方では |
| ☐ meat | [mí:t] | 1203 | 203 | 【名】肉 |
| ☐ me·chan·i·cal | [məkǽnikl] | 2791 | 151 | 【形】機械の |
| ☐ med·al | [médl] | 2220 | 201 | 【名】メダル、勲章（くんしょう） |
| ☐ me·di·a | [mí:diə] | 1901 | 203 | 【名】マスコミ機関、マスメディア |
| ☐ med·i·cal | [médikl] | 1021 | 201 | 【形】医学の、内科の |
| ☐ med·i·cine | [médəsn] | 1476 | 201 | 【名】薬、医術 |
| ☐ melt | [mélt] | 2642 | 202 | 【自動】とける（融ける） |
| ☐ me·mo·ri·al | [məmɔ́:riəl] | 2783 | 205 | 【名】記念碑、記念館 |
| ☐ men·tal | [méntl] | 1677 | 201 | 【形】精神の、心の |
| ☐ men·tal·ly | [méntli] | 2720 | 201 | 【副】精神的に、心に |
| ☐ men·u | [ménju:] | 2530 | 201 | 【名】メニュー |
| ☐ mer·chant | [mə́:tʃənt] | 1985 | 205 | 【名】(貿易・小売) 商人 |
| ☐ mere | [míər] | 2203 | 206 | 【形】ほんの、たったの |
| ☐ mere·ly | [míərli] | 1581 | 206 | 【副】ただ単に |
| ☐ mess | [més] | 2779 | 201 | 【名】散らかした状態、散乱 |
| ☐ met·al | [métl] | 1321 | 201 | 【名】金属 |
| ☐ met·a·phor | [métəfɔ̀ər] | 2981 | 201 | 【名】比喩（ひゆ） |

| ☐ me·ter | [míːtər] | 1274 | 203 | 【名】メートル、計量メーター |
| ☐ mid·night | [mídnàit] | 2329 | 202 | 【名】真夜中 |
| ☐ mi·gra·tion | [maigréiʃən] | 2928 | 169 | 【名】移住、(魚鳥)移動、渡り |
| ☐ mil·i·tary | [mílətèri] | 1250 | 202 | 【名】軍隊、軍人、【形】軍の |
| ☐ milk | [mílk] | 1170 | 202 | 【名】牛乳、ミルク、【他動】乳をしぼる |
| ☐ min·er | [máinər] | 2827 | 204 | 【名】炭鉱夫、坑夫 |
| ☐ min·er·al | [mínərəl] | 2731 | 202 | 【名】鉱物、鉱石、ミネラル |
| ☐ min·is·ter | [mínəstər] | 1315 | 202 | 【名】大臣 |
| ☐ min·is·try | [mínəstri] | 2296 | 202 | 【名】省庁、内閣 |
| ☐ mi·nor | [máinər] | 2505 | 204 | 【形】小さいほうの、マイナー |
| ☐ mir·a·cle | [mírəkl] | 2631 | 203 | 【名】奇跡 |
| ☐ mirror | [mírər] | 1655 | 203 | 【名】鏡 |
| ☐ mis·er·a·ble | [mízərəbl] | 2851 | 202 | 【形】みじめな、なさけない |
| ☐ mis·sion | [míʃən] | 1724 | 202 | 【名】使命、任務、使節団 |
| ☐ mist | [míst] | 2869 | 202 | 【名】霧、かすみ |
| ☐ mix | [míks] | 1427 | 202 | 【他動】混ぜる |
| ☐ mix·ture | [míkstʃər] | 2134 | 202 | 【名】混ぜ物、混合 |
| ☐ mod·ule | [máʤuːl] | 2388 | 204 | 【名】モジュール、規格化部品 |
| ☐ mol·e·cule | [máləkjùːl] | 2854 | 204 | 【名】分子、微分子 |
| ☐ mon·i·tor | [mánətər] | 2242 | 204 | 【名】モニター(装置)、監視装置 |
| ☐ mon·key | [máŋki] | 2475 | 203 | 【名】サル |
| ☐ mon·ster | [mánstər] | 2197 | 204 | 【名】怪物、モンスター |
| ☐ mon·u·ment | [mánjəmənt] | 2860 | 204 | 【名】記念碑、遺跡 |
| ☐ mood | [múːd] | 1897 | 203 | 【名】気分、ムード |
| ☐ moon | [múːn] | 1454 | 203 | 【名】月 |
| ☐ mor·al | [mɔ́ːrəl] | 2040 | 206 | 【形】道徳的な、【名】道徳、モラル |
| ☐ more·o·ver | [mɔːr(r)óuvər] | 2371 | 73 | 【副】その上 |
| ☐ most·ly | [móustli] | 1635 | 205 | 【副】たいていは |
| ☐ mo·tion | [móuʃən] | 2047 | 205 | 【名】動作、運動、モーション |
| ☐ mo·tor | [móutər] | 2271 | 205 | 【名】モーター、原動機 |
| ☐ mouse | [máus] | 1777 | 204 | 【名】ネズミ |
| ☐ mud | [mʌ́d] | 2635 | 203 | 【名】泥、ぬかるみ |
| ☐ mum·my | [mʌ́mi] | 2263 | 203 | 【名】ミイラ |
| ☐ mur·der | [mə́ːdər] | 1791 | 205 | 【名】殺人、【他動】殺す |
| ☐ mur·mur | [mə́ːmər] | 2639 | 205 | 【自動】ささやく |
| ☐ mus·cle | [mʌ́sl] | 1815 | 203 | 【名】筋肉(発音に注意) |
| ☐ mu·se·um | [mjuːzíəm] | 1334 | 253 | 【名】博物館、記念館 |
| ☐ mu·si·cal | [mjúːzikl] | 1817 | 206 | 【形】音楽の、【名】ミュージカル |

| ☐ mu·si·cian | [mjuːzíʃən] | 2077 | 253 | 【名】音楽家 |
| ☐ mu·tu·al | [mjúːtʃuəl] | 2630 | 206 | 【形】相互の |
| ☐ mys·ter·i·ous | [mistíəriəs] | 2443 | 135 | 【形】謎のような、不可解な |
| ☐ mys·ter·y | [místəri] | 1706 | 202 | 【名】謎 |
| ☐ myth | [míθ] | 2299 | 202 | 【名】神話 |
| ☐ nar·row | [nǽrou] | 1335 | 209 | 【形】狭い |
| ☐ nas·ty | [nǽsti] | 2990 | 209 | 【形】意地の悪い、不快な |
| ☐ na·tive | [néitiv] | 1286 | 208 | 【形】故郷の、生まれつきの |
| ☐ nat·u·ral·ly | [nǽtʃərəli] | 1539 | 209 | 【形】自然に、ひとりでに |
| ☐ na·vy | [néivi] | 2697 | 208 | 【名】海軍 |
| ☐ near·by | [níərbái] | 1607 | 211 | 【形】すぐ近くの、【副】すぐそばに |
| ☐ neat | [níːt] | 2657 | 209 | 【形】こぎれいな、きちんとした |
| ☐ nec·es·sar·i·ly | [nèsəsérəli] | 1878 | 221 | 【副】必ず、どうしても |
| ☐ ne·ces·si·ty | [nəsésəti] | 2456 | 221 | 【名】必要性、必需品 |
| ☐ neck | [nék] | 1372 | 207 | 【名】首、えり |
| ☐ nee·dle | [níːdl] | 2449 | 209 | 【名】針 |
| ☐ neg·a·tive | [négətiv] | 1812 | 207 | 【形】否定的な |
| ☐ neigh·bor | [néibər] | 1212 | 208 | 【名】隣人、【自動】隣り合っている |
| ☐ neigh·bor·hood | [néibərhùd] | 2118 | 208 | 【名】近所 |
| ☐ nei·ther | [níːðər] | 1100 | 209 | 【副】どちらも…でない |
| ☐ nerve | [nə́ːv] | 2428 | 211 | 【名】神経 |
| ☐ nerv·ous | [nə́ːvəs] | 1565 | 211 | 【形】神経質な、神経の |
| ☐ nest | [nést] | 2110 | 207 | 【名】(鳥の)巣 |
| ☐ net | [nét] | 1384 | 207 | 【名】網、ネット |
| ☐ net·work | [nétwə̀ːk] | 1238 | 207 | 【名】ネットワーク、網状のもの |
| ☐ neu·tral | [n(j)úːtrəl] | 2900 | 209 | 【形】中立の |
| ☐ nev·er·the·less | [nèvərðəlés] | 1703 | 88 | 【副】それにもかかわらず |
| ☐ new·ly | [n(j)úːli] | 2447 | 209 | 【副】新しく、最近 |
| ☐ night·mare | [náitmèər] | 2988 | 210 | 【名】悪夢 |
| ☐ nod | [nád] | 1184 | 210 | 【自動】うなずく、居眠りする |
| ☐ noise | [nɔ́iz] | 1207 | 211 | 【名】音、騒音 |
| ☐ nois·y | [nɔ́izi] | 2946 | 211 | 【形】騒がしい、やかましい |
| ☐ none | [nʌ́n] | 1041 | 209 | 【代】ひとつもない |
| ☐ non·sense | [nánsens] | 2615 | 210 | 【名】ばかげたこと、ナンセンス |
| ☐ nor·mal·ly | [nɔ́rməli] | 1712 | 211 | 【副】普通に、標準的に |
| ☐ north·ern | [nɔ́rðərn] | 1521 | 211 | 【形】北の |
| ☐ nose | [nóuz] | 1318 | 210 | 【名】鼻 |
| ☐ no·tion | [nóuʃən] | 2481 | 211 | 【名】観念、考え方 |

| | | | | | |
|---|---|---|---|---|---|
| ☐ nov·el | [návl] | 1575 | 210 | 【名】 | 小説 |
| ☐ now·a·days | [náuədèiz] | 2550 | 210 | 【副】 | 近ごろ、最近は |
| ☐ no·where | [nóu(h)wèɚ] | 2430 | 211 | 【副】 | どこにもない |
| ☐ nu·cle·ar | [n(j)úːkliɚ] | 1265 | 209 | 【形】 | 原子力の、【名】核兵器 |
| ☐ nu·mer·ous | [n(j)úːmərəs] | 2687 | 209 | 【形】 | 多数の、たくさんの |
| ☐ nurse | [nɚːs] | 1169 | 211 | 【名】 | 看護婦、看護師 |
| ☐ nurs·er·y | [nɚːsəri] | 2335 | 211 | 【名】 | 子供部屋、託児所 |
| ☐ nurs·ing | [nɚːsiŋ] | 2315 | 211 | 【名】 | 看護 |
| ☐ nut | [nʌ́t] | 2828 | 209 | 【名】 | 木の実、ナッツ |
| ☐ o'clock | [əklák] | 1932 | 157 | 【副】 | ～時、時計では |
| ☐ oak | [óuk] | 2290 | 73 | 【名】 | オーク（の木）、オーク材 |
| ☐ o·bey | [oubéi] | 2508 | 118 | 【他動】 | 従う、服従する |
| ☐ ob·ser·va·tion | [àbzɚvéiʃən] | 1903 | 180 | 【名】 | 観察 |
| ☐ ob·serve | [əbzɚ́ːv] | 1240 | 254 | 【他動】 | 観察する |
| ☐ ob·tain | [əbtéin] | 1928 | 131 | 【他動】 | 手に入れる |
| ☐ ob·vi·ous | [ábviəs] | 1621 | 70 | 【形】 | あきらかな、明白な |
| ☐ ob·vi·ous·ly | [ábviəsli] | 1324 | 70 | 【副】 | 明らかに |
| ☐ oc·ca·sion | [əkéiʒ(ə)n] | 1395 | 149 | 【名】 | 行事、（特定の）場合 |
| ☐ oc·cu·pa·tion | [àkjəpéiʃən] | 2543 | 103 | 【名】 | 占有、占領 |
| ☐ oc·cu·py | [ákjəpài] | 2091 | 70 | 【他動】 | 占有する |
| ☐ o·cean | [óuʃən] | 1562 | 73 | 【名】 | 大洋、大海 |
| ☐ odd | [ád] | 1891 | 70 | 【形】 | 奇妙な、かわった |
| ☐ o·kay, OK | [óukéi] | 1135 | 72 | 【副】 | オーケー、はい |
| ☐ on·ion | [ʌ́njən] | 2923 | 66 | 【名】 | 玉ねぎ |
| ☐ on·to | [ántə] | 1130 | 70 | 【前】 | …の上に |
| ☐ op·er·ate | [ápərèit] | 1514 | 70 | 【自動】 | 作動する、手術する |
| ☐ op·er·a·tor | [ápərèitɚ] | 2497 | 70 | 【名】 | 操作者、オペレータ |
| ☐ op·po·nent | [əpóunənt] | 2301 | 108 | 【名】 | （競争）相手 |
| ☐ op·pose | [əpóuz] | 2343 | 108 | 【他動】 | 反対する |
| ☐ op·po·site | [ápəzit] | 1396 | 70 | 【形】 | 正反対の、反対側の |
| ☐ op·po·si·tion | [àpəzíʃən] | 1995 | 253 | 【名】 | 反対、抵抗 |
| ☐ or·ange | [ɔ́ɚrinʤ] | 1799 | 77 | 【名】 | オレンジ（ミカン科） |
| ☐ or·ches·tra | [ɔ́ɚkəstrə] | 2189 | 76 | 【名】 | オーケストラ |
| ☐ or·di·nar·y | [ɔ́ɚdnèri] | 1066 | 76 | 【形】 | 普通の |
| ☐ or·gan | [ɔ́ɚgən] | 2602 | 76 | 【名】 | オルガン、臓器 |
| ☐ or·gan·ism | [ɔ́ɚgnizm] | 2844 | 76 | 【名】 | 生物、有機体 |
| ☐ or·gan·i·za·tion | [ɔ̀ɚgənəzéiʃən] | 1311 | 253 | 【名】 | 組織、団体 |
| ☐ or·gan·ize | [ɔ́ɚgnàiz] | 1793 | 76 | 【他動】 | 組織する |

| | | | | | |
|---|---|---|---|---|---|
| ☐ or·i·gin | [ɔ́ːrədʒin] | 1342 | 77 | 【名】 | 起源、始まり |
| ☐ o·rig·i·nal | [ərídʒənl] | 1070 | 83 | 【形】 | 最初の、独創的な、【名】原本 |
| ☐ o·rig·i·nal·ly | [ərídʒənəli] | 1640 | 83 | 【副】 | もとは、元来 |
| ☐ oth·er·wise | [ʌ́ðərwàiz] | 1609 | 66 | 【副】 | そうでなければ、…以外では |
| ☐ ought | [ɔ́ːt] | 1381 | 73 | 【助】 | すべきである |
| ☐ ours | [áuərz] | 2467 | 77 | 【代】 | 私達のもの |
| ☐ our·selves | [àuərsélvz] | 1144 | 221 | 【代】 | 我々自身 |
| ☐ out·door | [áutdɔ̀ər] | 2932 | 72 | 【形】 | 屋外の、戸外の |
| ☐ out·er | [áutər] | 2367 | 72 | 【形】 | 外側の |
| ☐ out·line | [áutlàin] | 2163 | 72 | 【名】 | 概略、りんかく |
| ☐ out·sid·er | [àutsáidər] | 2942 | 226 | 【名】 | よそ者、部外者 |
| ☐ ov·en | [ʌ́vn] | 2867 | 66 | 【名】 | オーブン、かまど |
| ☐ o·ver·come | [òuvərkʌ́m] | 1786 | 150 | 【他動】 | 打ち勝つ、克服する |
| ☐ o·ver·seas | [òuvərsíːz] | 2454 | 73 | 【副】 | 海外に、【名】外国、【形】海外の |
| ☐ owe | [óu] | 1999 | 73 | 【他動】 | （金・物を）借りている |
| ☐ own·er | [óunər] | 1048 | 72 | 【名】 | 持ち主、オーナー |
| ☐ ox·y·gen | [áksidʒən] | 2219 | 70 | 【名】 | 酸素 |
| ☐ o·zone | [óuzoun] | 2706 | 73 | 【名】 | オゾン |
| ☐ pace | [péis] | 2020 | 103 | 【名】 | 歩調、ペース |
| ☐ pack | [pǽk] | 1228 | 105 | 【名】 | 包み、荷物、【他動】荷造りする |
| ☐ pack·age | [pǽkidʒ] | 1629 | 105 | 【名】 | 小包、パッケージ |
| ☐ pack·et | [pǽkət] | 2796 | 105 | 【名】 | 小包、手紙の包み、小箱 |
| ☐ paid | [péid] | 2349 | 103 | 【形】 | 有給の、支払い済みの |
| ☐ pain·ful | [péinfl] | 2465 | 103 | 【形】 | 痛い、つらい |
| ☐ paint·er | [péintər] | 2246 | 103 | 【名】 | 画家、ペンキ屋 |
| ☐ pair | [péər] | 1069 | 109 | 【名】 | 一組、ペア、夫婦 |
| ☐ pal·ace | [pǽləs] | 2037 | 105 | 【名】 | 宮殿 |
| ☐ pale | [péil] | 1843 | 103 | 【形】 | （顔が）青白い |
| ☐ palm | [páːm] | 2737 | 106 | 【名】 | 手のひら、（植物）ヤシ |
| ☐ pan | [pǽn] | 2760 | 105 | 【名】 | フライパン、平なべ |
| ☐ pan·el | [pǽnl] | 1647 | 105 | 【名】 | はめ板、パネル |
| ☐ pan·ic | [pǽnik] | 2759 | 105 | 【名】 | 大混乱、パニック、恐慌 |
| ☐ par·a·graph | [pǽrəgræf] | 2410 | 106 | 【名】 | （文章の）段落、パラグラフ |
| ☐ par·al·lel | [pǽrəlèl] | 2627 | 106 | 【形】 | 並行な |
| ☐ par·don | [páərdn] | 2977 | 108 | 【名】 | 許し、恩赦、【他動】許す |
| ☐ par·lia·ment | [páərləmənt] | 2291 | 108 | 【名】 | 議会、国会 |
| ☐ par·tic·i·pate | [paərtísəpèit] | 2209 | 132 | 【自動】 | 参加する、加わる |
| ☐ part·ly | [páərtli] | 1771 | 108 | 【副】 | 部分的に |

| | | | | | | |
|---|---|---|---|---|---|---|
| ☐ | part·ner | [pάːrtnɚ] | 1348 | 108 | 【名】 | 相棒、仲間、パートナー |
| ☐ | pas·sage | [pǽsidʒ] | 1953 | 105 | 【名】 | 通路、(文章) 1 節 |
| ☐ | pas·sen·ger | [pǽsndʒɚ] | 1313 | 105 | 【名】 | 乗客 |
| ☐ | pas·sion | [pǽʃən] | 2665 | 105 | 【名】 | 情熱 |
| ☐ | pas·sive | [pǽsiv] | 2991 | 105 | 【形】 | 受身の、消極的な |
| ☐ | patch | [pǽtʃ] | 2903 | 105 | 【名】 | 継ぎ (当て)、パッチ |
| ☐ | path | [pǽθ] | 1146 | 105 | 【名】 | 道、小道 |
| ☐ | pause | [pɔ́ːz] | 1367 | 109 | 【名】 | 中断、小休止 |
| ☐ | pave·ment | [péivmənt] | 2816 | 103 | 【名】 | 舗装、舗装道路 |
| ☐ | peace·ful | [píːsfl] | 2235 | 104 | 【形】 | 平和な |
| ☐ | peak | [píːk] | 2149 | 104 | 【名】 | 頂点、ピーク |
| ☐ | pen | [pén] | 1879 | 102 | 【名】 | ペン (ボールペン、万年筆) |
| ☐ | pen·cil | [pénsl] | 2640 | 102 | 【名】 | 鉛筆 |
| ☐ | pen·ny | [péni] | 2556 | 102 | 【名】 | 1 セント貨、ペニー |
| ☐ | pep·per | [pépɚ] | 2527 | 102 | 【名】 | コショウ |
| ☐ | per | [pɚ́ː] | 1114 | 108 | 【前】 | …につき |
| ☐ | per·ceive | [pɚsíːv] | 2463 | 223 | 【他動】 | 知覚する、気づく |
| ☐ | per·cent·age | [pɚséntidʒ] | 2558 | 221 | 【名】 | パーセント、百分率 |
| ☐ | per·cep·tion | [pɚsépʃən] | 1889 | 221 | 【名】 | 知覚 (作用)、理解 |
| ☐ | per·fect | [pɚ́ːfikt] | 1115 | 108 | 【形】 | 完全な、全部そろっている |
| ☐ | per·fect·ly | [pɚ́ːfiktli] | 1602 | 108 | 【副】 | 完璧に、申し分なく |
| ☐ | per·form | [pɚfɔ́ːrm] | 1075 | 176 | 【他動】 | 行なう (義務)、【自動】演奏する |
| ☐ | per·ma·nent | [pɚ́ːm(ə)nənt] | 2035 | 108 | 【形】 | 永久的な、【名】パーマ |
| ☐ | per·mis·sion | [pɚmíʃən] | 2133 | 202 | 【名】 | 許可、認可 |
| ☐ | per·mit | [pɚmít] | 2198 | 202 | 【他動】 | 許可する、【名】免許証 |
| ☐ | per·son·al·i·ty | [pɚ̀ːsnǽləti] | 1579 | 209 | 【名】 | 個性、人格、パーソナリティ |
| ☐ | per·son·al·ly | [pɚ́ːsnəli] | 2540 | 108 | 【副】 | 自分自身で、個人的に |
| ☐ | per·spec·tive | [pɚspéktiv] | 2378 | 238 | 【名】 | 遠近画法、大局観 |
| ☐ | per·suade | [pɚswéid] | 1729 | 250 | 【他動】 | 説得する |
| ☐ | pet | [pét] | 2318 | 102 | 【名】 | ペット、愛玩動物 |
| ☐ | pet·rol | [pétrəl] | 2961 | 103 | 【名】 | (英) ガソリン |
| ☐ | phase | [féiz] | 2406 | 171 | 【名】 | 局面、(変化の) 段階、相 |
| ☐ | phe·nom·e·non | [finάmənὰn] | 2409 | 210 | 【名】 | (並外れた) 現象 |
| ☐ | phi·los·o·pher | [filάsəfɚ] | 2437 | 91 | 【名】 | 哲学者 |
| ☐ | phi·los·o·phy | [filάsəfi] | 1899 | 91 | 【名】 | 哲学 |
| ☐ | pho·to | [fóutou] | 2252 | 174 | 【名】 | 写真 |
| ☐ | pho·to·graph | [fóutəgræf] | 1151 | 174 | 【名】 | 写真、【自動】写真をとる |
| ☐ | pho·tog·ra·pher | [fətάgrəfɚ] | 2673 | 133 | 【名】 | 写真家、カメラマン |

| | | | | |
|---|---|---|---|---|
| ☐ phrase | [fréiz] | 1744 | 179 | 【名】(言葉) 句、成句 |
| ☐ phys·i·cal | [fízikl] | 1047 | 172 | 【形】肉体の、身体の |
| ☐ phys·i·cal·ly | [fízikli] | 2478 | 172 | 【副】物理的に、肉体的に |
| ☐ phys·ics | [fíziks] | 2547 | 172 | 【名】物理学 |
| ☐ pi·an·o | [piǽnou] | 2032 | 68 | 【名】ピアノ |
| ☐ pig | [píg] | 2181 | 103 | 【名】ブタ |
| ☐ pile | [páil] | 1980 | 106 | 【名】積み重ね |
| ☐ pi·lot | [páilət] | 1529 | 106 | 【名】パイロット、操縦士 |
| ☐ pin | [pín] | 2200 | 103 | 【名】ピン、留め針 |
| ☐ pine | [páin] | 2912 | 106 | 【名】松、松材 |
| ☐ pink | [píŋk] | 1975 | 103 | 【名】ピンク、桃色、【形】ピンクの |
| ☐ pipe | [páip] | 1984 | 106 | 【名】パイプ、導管 |
| ☐ pitch | [pítʃ] | 2222 | 103 | 【他動】投げる、【名】音の高さ |
| ☐ plain | [pléin] | 1513 | 111 | 【形】明白な、簡素な |
| ☐ plane | [pléin] | 1219 | 111 | 【形】平らな、【名】飛行機 |
| ☐ plan·et | [plǽnit] | 1397 | 112 | 【名】惑星 |
| ☐ plas·tic | [plǽstik] | 1306 | 112 | 【名】プラスチック |
| ☐ plate | [pléit] | 1123 | 111 | 【名】(平) 皿 |
| ☐ plat·form | [plǽtfɔ˞m] | 1962 | 112 | 【名】(駅) プラットフォーム、演壇 |
| ☐ plead | [plí:d] | 2949 | 112 | 【自動】嘆願する、弁護する |
| ☐ pleas·ant | [pléznt] | 1942 | 111 | 【形】愉快な |
| ☐ pleased | [plí:zd] | 1674 | 111 | 【形】うれしい |
| ☐ pleas·ure | [pléʒ˞] | 1214 | 111 | 【名】喜び、楽しみ |
| ☐ plen·ty | [plénti] | 1633 | 111 | 【名】たくさん、多量 |
| ☐ pock·et | [pάkət] | 1249 | 106 | 【名】ポケット |
| ☐ po·em | [póuəm] | 1357 | 108 | 【名】詩、韻文 |
| ☐ po·et | [póuət] | 1628 | 108 | 【名】詩人 |
| ☐ po·et·ry | [póuətri] | 1858 | 108 | 【名】詩 |
| ☐ poi·son | [pɔ́izn] | 2313 | 109 | 【名】毒 |
| ☐ pole | [póul] | 1947 | 108 | 【名】棒、ポール、極 |
| ☐ po·lice·man | [pəlí:smən] | 1816 | 89 | 【名】警官、巡査 |
| ☐ pol·i·cy | [pάləsi] | 1081 | 106 | 【名】方針、政策 |
| ☐ po·lite | [pəláit] | 2422 | 92 | 【形】ていねいな |
| ☐ pol·i·ti·cian | [pὰlətíʃən] | 1868 | 132 | 【名】政治家 |
| ☐ pol·lu·tion | [pəlú:ʃən] | 1417 | 90 | 【名】汚染、公害 |
| ☐ pond | [pάnd] | 2151 | 106 | 【名】池 |
| ☐ pool | [pú:l] | 1511 | 104 | 【名】プール、小さな池 |
| ☐ pop | [pάp] | 1459 | 106 | 【自動】ポンと鳴る、はじける |

**291**

| ☐ | port | [pɔ́ərt] | 1886 | 110 | 【名】港 |
| ☐ | por·trait | [pɔ́ərtrət] | 2698 | 110 | 【名】肖像画 |
| ☐ | pos·i·tive | [pázətiv] | 1435 | 106 | 【形】肯定的な、自信のある |
| ☐ | pos·ses·sion | [pəzéʃən] | 2321 | 253 | 【名】所有 |
| ☐ | pos·si·bil·i·ty | [pàsəbíləti] | 1201 | 119 | 【名】可能性、ありうること |
| ☐ | pos·si·bly | [pásəbli] | 1401 | 106 | 【副】ひょっとしたら |
| ☐ | post | [póust] | 1179 | 108 | 【名】郵便、柱、ポスト |
| ☐ | post·er | [póustər] | 2936 | 108 | 【名】ポスター、びら |
| ☐ | pot | [pát] | 1881 | 106 | 【名】深いなべ、ポット |
| ☐ | po·ta·to | [pətéitou] | 1850 | 131 | 【名】じゃがいも、ポテト |
| ☐ | po·ten·tial | [pəténʃəl] | 1551 | 131 | 【名】可能性、【形】可能性のある |
| ☐ | pour | [pɔ́ər] | 1522 | 110 | 【他動】（液体を）注ぐ |
| ☐ | pov·er·ty | [pávərti] | 1851 | 106 | 【名】貧困、びんぼう |
| ☐ | pow·der | [páudər] | 2922 | 107 | 【名】粉、おしろい |
| ☐ | pow·er·ful | [páuərfl] | 1091 | 107 | 【形】強力な |
| ☐ | prac·ti·cal | [præktikl] | 1438 | 116 | 【形】実用的な、現実的な |
| ☐ | praise | [préiz] | 2025 | 115 | 【名】ほめること、【他動】ほめる |
| ☐ | pray | [préi] | 1920 | 115 | 【動】祈る |
| ☐ | pray·er | [préiər] | 2031 | 117 | 【名】祈る人、祈り [préər] |
| ☐ | pre·cious | [préʃəs] | 2119 | 115 | 【形】高価な、大切な |
| ☐ | pre·cise·ly | [prisáisli] | 2526 | 226 | 【副】正確に、まったくその通り |
| ☐ | pre·dict | [pridíkt] | 1957 | 140 | 【他動】予言する |
| ☐ | pre·fer | [prifə́ːr] | 1158 | 175 | 【他動】…の方を好む |
| ☐ | pref·er·ence | [préfərəns] | 2552 | 115 | 【名】好み、…より好むこと |
| ☐ | prej·u·dice | [préʤədəs] | 2577 | 115 | 【名】偏見、先入観 |
| ☐ | prep·a·ra·tion | [prèpəréiʃən] | 2418 | 82 | 【名】準備、用意 |
| ☐ | pres·ence | [prézns] | 1773 | 114 | 【名】出席、いること |
| ☐ | pre·sen·ta·tion | [prèzəntéiʃən] | 2370 | 131 | 【名】発表、贈呈 |
| ☐ | pre·serve | [prizə́ːv] | 1478 | 254 | 【他動】保存する |
| ☐ | pre·tend | [priténd] | 1846 | 130 | 【他動】ふりをする、見せかける |
| ☐ | pre·vent | [privént] | 1082 | 180 | 【他動】妨げる、防ぐ |
| ☐ | pre·vi·ous | [príːviəs] | 1814 | 115 | 【形】以前の |
| ☐ | pre·vi·ous·ly | [príːviəsli] | 2373 | 115 | 【副】以前に |
| ☐ | pride | [práid] | 1949 | 116 | 【名】誇り、自尊心、プライド |
| ☐ | priest | [príːst] | 1853 | 115 | 【名】牧師、聖職者 |
| ☐ | prime | [práim] | 1653 | 116 | 【形】第1の、最も重要な |
| ☐ | prim·i·tive | [prímətiv] | 2982 | 115 | 【形】原始的な、粗野な |
| ☐ | prince | [príns] | 1526 | 115 | 【名】王子 |

| | | | | | |
|---|---|---|---|---|---|
| ☐ prin·cess | [prínsəs] | 1762 | 115 | 【名】王女 |
| ☐ prin·ci·pal | [prínsəpl] | 1287 | 115 | 【形】おもな、【名】校長 |
| ☐ prin·ci·ple | [prínsəpl] | 1455 | 115 | 【名】原理、主義 |
| ☐ print | [prínt] | 1152 | 115 | 【他動】印刷する |
| ☐ pri·or·i·ty | [praióﾗrəti] | 2359 | 77 | 【名】優先、優先すべきこと |
| ☐ pris·on | [prízn] | 1336 | 115 | 【名】刑務所 |
| ☐ pris·on·er | [príznﾗ] | 1698 | 115 | 【名】(刑務所の) 囚人、捕虜 |
| ☐ prize | [práiz] | 1383 | 116 | 【名】賞、賞品 |
| ☐ prob·a·bil·i·ty | [prὰbəbíləti] | 2735 | 119 | 【名】確率、ありそうなこと |
| ☐ pro·ceed | [prəsíːd] | 2365 | 223 | 【自動】進む、続行する |
| ☐ pro·duc·er | [prədúːsﾗ] | 2310 | 141 | 【名】製作者、プロデューサー |
| ☐ pro·duc·tion | [prədÁkʃən] | 1080 | 141 | 【名】生産、製造、製作 |
| ☐ pro·fes·sion | [prəféʃən] | 2601 | 171 | 【名】職業 |
| ☐ pro·fes·sor | [prəfésﾗ] | 1516 | 171 | 【名】教授 |
| ☐ prof·it | [práfət] | 1540 | 116 | 【名】利益 |
| ☐ pro·mote | [prəmóut] | 1898 | 205 | 【他動】宣伝販売する、昇進させる |
| ☐ pro·mo·tion | [prəmóuʃən] | 2668 | 205 | 【名】昇進、進級 |
| ☐ prop·er | [prápﾗ] | 1445 | 116 | 【形】ふさわしい、適した |
| ☐ prop·er·ly | [prápﾗli] | 1502 | 116 | 【副】きちんと、適切に |
| ☐ prop·er·ty | [prápﾗti] | 1785 | 116 | 【名】不動産、財産、特性 |
| ☐ pro·pose | [prəpóuz] | 2730 | 108 | 【動】提案する、プロポーズする |
| ☐ pro·tec·tion | [prətékʃən] | 1862 | 131 | 【名】保護、援護 |
| ☐ pro·tein | [próutiːn] | 1958 | 117 | 【名】たんぱく質 |
| ☐ pro·test | [próutest] | 1456 | 117 | 【名】抗議、【他動】抗議する |
| ☐ proud | [práud] | 1365 | 117 | 【形】誇りをもっている |
| ☐ psy·cho·log·i·cal | [sὰikəládʒikl] | 2789 | 91 | 【形】心理学的な |
| ☐ psy·chol·o·gist | [saikáləʤist] | 2744 | 152 | 【名】心理学者、精神分析医 |
| ☐ psy·chol·o·gy | [saikáləʤi] | 2721 | 152 | 【名】心理学 |
| ☐ pump | [pÁmp] | 2683 | 105 | 【名】ポンプ、吸水器 |
| ☐ punch | [pÁntʃ] | 2629 | 105 | 【他動】げんこつでなぐる |
| ☐ pun·ish | [pÁniʃ] | 2850 | 105 | 【他動】罰する、こらしめる |
| ☐ pu·pil | [pjúːpl] | 1604 | 104 | 【名】生徒、教え子 |
| ☐ pur·chase | [pﾗ́ːtʃəs] | 1992 | 108 | 【他動】購入する |
| ☐ pure | [pjúﾗ] | 1642 | 104 | 【形】純粋な |
| ☐ pur·sue | [pﾗs(j)úː] | 2431 | 224 | 【他動】追跡する、あとを追う |
| ☐ quan·ti·ty | [kwántəti] | 2145 | 163 | 【名】量 |
| ☐ quar·ter | [kwɔ́ﾗtﾗ] | 1423 | 164 | 【名】4 分の 1、15 分 |
| ☐ queen | [kwíːn] | 1155 | 163 | 【名】女王、王妃 |

| | | | | | |
|---|---|---|---|---|---|
| ☐ quick | [kwík] | 1193 | 163 | 【形】 | すばやい、速い |
| ☐ qui·et·ly | [kwáiətli] | 1319 | 163 | 【副】 | そっと、静かに |
| ☐ quit | [kwít] | 2916 | 163 | 【他動】 | やめる（仕事など） |
| ☐ rab·bit | [rǽbət] | 1615 | 84 | 【名】 | うさぎ |
| ☐ ra·cial | [réiʃl] | 2766 | 82 | 【形】 | 人種の、民族の |
| ☐ ra·di·a·tion | [rèidiéiʃən] | 2650 | 58 | 【名】 | 放射、放射能 |
| ☐ rail | [réil] | 2314 | 82 | 【名】 | レール、線路 |
| ☐ rail·way | [réilwèi] | 1813 | 82 | 【名】 | 鉄道 |
| ☐ range | [réinʤ] | 1408 | 82 | 【他動】 | 連なる、【名】列、区域 |
| ☐ rank | [rǽŋk] | 2302 | 84 | 【名】 | 階級、列 |
| ☐ rap·id | [rǽpid] | 1914 | 84 | 【形】 | すばやい、敏速な |
| ☐ rap·id·ly | [rǽpidli] | 1567 | 84 | 【副】 | 速く、迅速に |
| ☐ rare | [réɚ] | 1797 | 86 | 【形】 | まれな、珍しい |
| ☐ rare·ly | [réɚli] | 1834 | 86 | 【副】 | めったに…ない |
| ☐ rat | [rǽt] | 2195 | 84 | 【名】 | ネズミ |
| ☐ raw | [rɔ́:] | 2188 | 86 | 【形】 | 生の、加工していない |
| ☐ ray | [réi] | 2915 | 82 | 【名】 | 光線、放射線 |
| ☐ re·act | [riǽkt] | 2076 | 67 | 【自動】 | 反応する、影響しあう |
| ☐ re·ac·tion | [riǽkʃən] | 1448 | 67 | 【名】 | 反応 |
| ☐ read·er | [rí:dɚ] | 1205 | 83 | 【名】 | 読者 |
| ☐ read·i·ly | [rédili] | 2727 | 81 | 【副】 | あっさりと、快く |
| ☐ re·al·i·ty | [riǽləti] | 1181 | 67 | 【名】 | 現実性、真実なもの |
| ☐ re·call | [rikɔ́:l] | 1614 | 153 | 【他動】 | 思い出す、【名】リコール |
| ☐ rec·i·pe | [résəpi] | 2787 | 81 | 【名】 | レシピ、調理法 |
| ☐ rec·og·ni·tion | [rèkəgníʃən] | 2254 | 208 | 【名】 | 認識、わかること |
| ☐ rec·og·nize | [rékəgnàiz] | 1010 | 81 | 【他動】 | 認める |
| ☐ rec·om·mend | [rèkəménd] | 2382 | 202 | 【他動】 | 推薦する |
| ☐ re·cov·er | [rikʌ́vɚ] | 1547 | 150 | 【他動】 | 回復する |
| ☐ re·cycle | [risáikl] | 2729 | 226 | 【他動】 | リサイクルする |
| ☐ re·fer | [rifɚ́:] | 1083 | 175 | 【自動】 | 引用する、参照する |
| ☐ re·flect | [riflékt] | 1109 | 177 | 【他動】 | 反射する |
| ☐ re·flec·tion | [riflékʃən] | 2679 | 177 | 【名】 | 反射 |
| ☐ ref·u·gee | [rèfjuʤí:] | 2129 | 193 | 【名】 | 避難民、亡命者 |
| ☐ re·gard | [rigáɚd] | 1023 | 166 | 【他動】 | みなす、【名】尊敬 |
| ☐ re·gard·less | [rigáɚdləs] | 2920 | 166 | 【形】 | 気にしない、かまわない |
| ☐ re·gion | [rí:ʤ(ə)n] | 1196 | 83 | 【名】 | 地域、地方 |
| ☐ reg·is·ter | [réʤistɚ] | 2136 | 81 | 【他動】 | 登録する、【名】登録簿 |
| ☐ re·gret | [rigrét] | 2338 | 169 | 【他動】 | 後悔する、【名】残念 |

| | | | | | |
|---|---|---|---|---|---|
| ☐ reg·u·lar | [régjələ˞] | 1325 | 81 | 【形】通常の、一定の、規則正しい |
| ☐ reg·u·lar·ly | [régjələ˞li] | 2088 | 81 | 【副】規則正しく |
| ☐ re·ject | [ridʒékt] | 2065 | 192 | 【他動】拒絶する、断る |
| ☐ re·late | [riléit] | 1239 | 88 | 【動】関係付ける、親戚関係にある |
| ☐ re·la·tion | [riléiʃən] | 1150 | 88 | 【名】関係 |
| ☐ rel·a·tive | [rélətiv] | 1153 | 81 | 【形】相対的な、関連した |
| ☐ rel·a·tive·ly | [rélətivli] | 1875 | 81 | 【副】比較的に |
| ☐ re·lax | [rilǽks] | 1477 | 91 | 【他動】くつろぐ、リラックスする |
| ☐ re·lease | [rilíːs] | 1053 | 89 | 【他動】自由にする、開放する、【名】開放 |
| ☐ re·li·a·ble | [riláiəbl] | 2849 | 92 | 【形】信頼できる、頼りになる |
| ☐ re·lief | [rilíːf] | 1732 | 89 | 【名】（心配の）軽減、除去、救助 |
| ☐ re·lieve | [rilíːv] | 2413 | 89 | 【他動】（不安・苦痛を）取り除く |
| ☐ re·li·gion | [rilídʒ(ə)n] | 1457 | 89 | 【名】宗教 |
| ☐ re·li·gious | [rilídʒəs] | 1468 | 89 | 【形】宗教の |
| ☐ re·ly | [rilái] | 1750 | 92 | 【自動】頼る、当てにする |
| ☐ re·main·ing | [riméiniŋ] | 1988 | 202 | 【形】残りの |
| ☐ re·mark | [rimá˞k] | 1944 | 205 | 【動】（意見・感想）言う |
| ☐ re·mark·a·ble | [rimá˞kəbl] | 1778 | 205 | 【形】注目すべき、著しい |
| ☐ re·mind | [rimáind] | 1279 | 204 | 【他動】気づかせる、念を押す |
| ☐ re·mote | [rimóut] | 2293 | 205 | 【形】遠く離れた、へんぴな |
| ☐ re·move | [rimúːv] | 1036 | 203 | 【他動】取り外す |
| ☐ re·pair | [ripéə˞] | 1811 | 109 | 【他動】修理する、【名】修理、修繕 |
| ☐ re·peat | [ripíːt] | 1142 | 104 | 【他動】くり返す、くり返して言う |
| ☐ re·place | [ripléis] | 1204 | 111 | 【他動】取り替える、取って代わる |
| ☐ re·por·ter | [ripó˞tə˞] | 1807 | 110 | 【名】報告者、レポーター |
| ☐ rep·re·sent·a·tive | [rèprizéntətiv] | 2092 | 253 | 【名】代表者、代議士 |
| ☐ re·pub·lic | [ripʌ́blik] | 2487 | 105 | 【名】共和国 |
| ☐ rep·u·ta·tion | [rèpjətéiʃən] | 2511 | 131 | 【名】評判、うわさ |
| ☐ re·quest | [rikwést] | 1358 | 162 | 【名Ⅰ】要請、【他動】リクエストする |
| ☐ res·cue | [réskjuː] | 1954 | 81 | 【他動】救う、【名】救出 |
| ☐ re·search·er | [risə́ːtʃə˞] | 1639 | 228 | 【名】研究者 |
| ☐ re·sem·ble | [rizémbl] | 2896 | 253 | 【他動】似ている |
| ☐ res·er·va·tion | [rèzə˞véiʃən] | 2702 | 180 | 【名】予約、保留 |
| ☐ re·serve | [rizə́ːv] | 1650 | 254 | 【他動】とっておく、予約する |
| ☐ re·sist | [rizíst] | 2123 | 253 | 【他動】抵抗する、敵対する |
| ☐ re·sist·ance | [rizístəns] | 2298 | 253 | 【名】抵抗、妨害、レジスタンス |
| ☐ re·spond | [rispánd] | 1422 | 240 | 【自動】応答する、反応する |
| ☐ re·sponse | [rispáns] | 1112 | 239 | 【名】応答、反応 |

| □ re·spon·si·bil·i·ty | [rispὰnsəbíləti] | 1261 | 119 | 【名】責任 |
| □ re·spon·si·ble | [rispάnsəbl] | 1554 | 240 | 【形】責任のある |
| □ res·tau·rant | [réstərənt] | 1043 | 81 | 【名】レストラン、料理店 |
| □ re·store | [ristɔ́ɚ] | 2303 | 233 | 【他動】修復する、戻す |
| □ re·stric·tion | [ristríkʃən] | 2600 | 236 | 【名】制限、限定 |
| □ re·tire | [ritáiɚ] | 2101 | 136 | 【自動】退職する、身を引く |
| □ re·veal | [rivíːl] | 1309 | 181 | 【他動】現わす（秘密など） |
| □ re·verse | [rivɚ́ːs] | 2553 | 182 | 【他動】逆にする、【名】逆 |
| □ rev·o·lu·tion | [rèvəl(j)úːʃən] | 1612 | 90 | 【名】革命 |
| □ re·ward | [riwɔ́ɚd] | 1895 | 98 | 【名】ほうび、報酬 |
| □ rhythm | [ríðm] | 2072 | 82 | 【名】リズム、調子 |
| □ rice | [ráis] | 1917 | 85 | 【名】米 |
| □ rid | [ríd] | 2094 | 82 | 【他動】取り除く |
| □ rid·er | [ráidɚ] | 2306 | 85 | 【名】乗り手 |
| □ risk | [rísk] | 1213 | 82 | 【名】危険、賭け、【他動】危険をおかす |
| □ rit·u·al | [ríʧuəl] | 2887 | 82 | 【名】儀式 |
| □ ri·val | [ráivl] | 2285 | 85 | 【名】競争相手、ライバル |
| □ ro·bot | [róubɑt] | 2907 | 86 | 【名】ロボット |
| □ roll | [róul] | 1124 | 85 | 【自動】転がる、【他動】転がす |
| □ ro·man·tic | [roumǽntik] | 2857 | 204 | 【形】ロマンチックな、恋愛小説的な |
| □ roof | [rúːf] | 1592 | 83 | 【名】屋根 |
| □ root | [rúːt] | 1209 | 83 | 【名】根、根元 |
| □ rope | [róup] | 2279 | 85 | 【名】ロープ、綱（つな）、縄（なわ） |
| □ rose | [róuz] | 1361 | 85 | 【名】バラ |
| □ rough | [rʌ́f] | 1723 | 83 | 【形】乱暴な、（表面）ざらざらした |
| □ route | [rúːt] | 1254 | 83 | 【名】道筋、ルート |
| □ rou·tine | [ruːtíːn] | 2488 | 132 | 【名】いつもの手順、ルーチン |
| □ row | [róu] | 1411 | 85 | 【名】（横）列、【他動】（舟）こぐ |
| □ roy·al | [rɔ́i(ə)l] | 1298 | 86 | 【形】国王の |
| □ rub | [rʌ́b] | 2184 | 83 | 【他動】こする |
| □ rub·bish | [rʌ́biʃ] | 2439 | 84 | 【名】がらくた、ごみ、ナンセンス |
| □ rug·by | [rʌ́gbi] | 2605 | 84 | 【名】ラグビー |
| □ ru·in | [rúːin] | 2050 | 83 | 【名】荒廃、【他動】破滅させる |
| □ rul·er | [rúːlɚ] | 2680 | 83 | 【名】支配者 |
| □ ru·mor | [rúːmɚ] | 2813 | 83 | 【名】うわさ |
| □ run·ner | [rʌ́nɚ] | 2289 | 84 | 【名】走者、ランナー |
| □ rush | [rʌ́ʃ] | 1143 | 83 | 【自動】急いで行く |
| □ sack | [sǽk] | 2357 | 225 | 【名】麻袋、（丈夫な）袋 |

| | | | | | |
|---|---|---|---|---|---|
| ☐ sa·cred | [séikrid] | 2385 | 222 | 【形】神聖な |
| ☐ sac·ri·fice | [sǽkrəfàis] | 2352 | 225 | 【名】いけにえ、犠牲 |
| ☐ sad | [sǽd] | 1224 | 225 | 【形】悲しい |
| ☐ sad·ly | [sǽdli] | 2240 | 225 | 【副】悲しそうに |
| ☐ safe·ly | [séifli] | 2450 | 222 | 【副】安全に |
| ☐ safe·ty | [séifti] | 1407 | 222 | 【名】安全 |
| ☐ sail | [séil] | 1312 | 222 | 【名】帆、帆船、【自動】船旅をする |
| ☐ sail·or | [séilɚ] | 2911 | 222 | 【名】船員、水兵 |
| ☐ sake | [séik] | 1979 | 222 | 【名】ため、(for the sake of)、目的 |
| ☐ sal·ad | [sǽləd] | 2569 | 225 | 【名】サラダ |
| ☐ sal·a·ry | [sǽləri] | 2573 | 225 | 【名】給料、サラリー |
| ☐ salt | [sɔ́:lt] | 1495 | 227 | 【名】塩 |
| ☐ sample | [sǽmpl] | 2194 | 225 | 【名】見本、サンプル |
| ☐ sand | [sǽnd] | 1556 | 225 | 【名】砂 |
| ☐ sand·wich | [sǽn(d)witʃ] | 2612 | 225 | 【名】サンドイッチ |
| ☐ sat·el·lite | [sǽtəlàit] | 2757 | 225 | 【名】衛星 |
| ☐ sat·is·fac·tion | [sæ̀tisfǽkʃən] | 2320 | 173 | 【名】満足 |
| ☐ sat·is·fy | [sǽtisfài] | 1573 | 225 | 【他動】満足させる |
| ☐ sauce | [sɔ́:s] | 2761 | 227 | 【名】ソース（食物用） |
| ☐ saw | [sɔ́:] | 2686 | 227 | 【名】のこぎり、【動】see 過去形 |
| ☐ scale | [skéil] | 1474 | 243 | 【名】目盛り、スケール |
| ☐ scared | [skéɚd] | 2711 | 245 | 【形】おびえた |
| ☐ scat·ter | [skǽtɚ] | 2785 | 243 | 【他動】まき散らす、ばらまく |
| ☐ sched·ule | [skédʒu:l] | 1825 | 242 | 【名】予定表、スケジュール |
| ☐ schol·ar | [skálɚ] | 2419 | 244 | 【名】学者 |
| ☐ sci·en·ti·fic | [sàiəntífik] | 1272 | 132 | 【形】科学的な、科学の |
| ☐ score | [skɔ́ɚ] | 1252 | 244 | 【名】得点、スコア、【他動】得点する |
| ☐ scream | [skrí:m] | 1584 | 245 | 【自動】（金切り）声をあげる、叫ぶ |
| ☐ screen | [skrí:n] | 1305 | 245 | 【名】ついたて、スクリーン |
| ☐ sculp·ture | [skʌ́lptʃɚ] | 2700 | 243 | 【名】彫刻 |
| ☐ seal | [sí:l] | 2272 | 223 | 【名】シール、封印、印 |
| ☐ sec·ond·ly | [sékəndli] | 2802 | 221 | 【副】第2に、次に |
| ☐ sec·re·tar·y | [sékrətèri] | 1491 | 221 | 【名】秘書、《俗》事務員 |
| ☐ sec·tion | [sékʃən] | 1294 | 221 | 【名】部分、区画、部門 |
| ☐ se·cu·ri·ty | [sikjúɚrəti] | 1113 | 155 | 【名】安全、警備 |
| ☐ seed | [sí:d] | 1634 | 223 | 【名】種 |
| ☐ seek | [sí:k] | 1160 | 223 | 【他動】捜す、捜し求める |
| ☐ seize | [sí:z] | 2624 | 223 | 【他動】つかむ、握る |

| | | | | | | |
|---|---|---|---|---|---|---|
| ☐ | sel·dom | [séldəm] | 2658 | 221 | 【副】 | めったにない |
| ☐ | se·lect | [səlékt] | 1494 | 88 | 【他動】 | 選び出す |
| ☐ | se·lec·tion | [səlékʃən] | 2295 | 88 | 【名】 | 選択 |
| ☐ | self | [sélf] | 2258 | 221 | 【名】 | 自己、自身 |
| ☐ | sell·er | [sélɚ] | 2819 | 221 | 【名】 | 売り手 |
| ☐ | sen·ior | [síːnjɚ] | 1211 | 223 | 【形】 | 年上の、先輩の、【名】年上 |
| ☐ | sen·sa·tion | [senséiʃən] | 2939 | 222 | 【名】 | 大評判、感覚 |
| ☐ | sen·si·tive | [sénsətiv] | 1931 | 221 | 【形】 | 感じやすい、(神経)過敏の |
| ☐ | sep·a·rate·ly | [sépərətli] | 2955 | 221 | 【副】 | 別々に |
| ☐ | se·ri·ous·ly | [síɚriəsli] | 1242 | 229 | 【副】 | 本気で、深刻に |
| ☐ | ser·vant | [sɚ́ːvənt] | 1484 | 228 | 【名】 | 使用人、召使い |
| ☐ | set·tle | [sétl] | 1161 | 221 | 【他動】 | 落ち着かせる、置く |
| ☐ | set·tle·ment | [sétlmənt] | 2328 | 221 | 【名】 | 解決、和解、移民すること |
| ☐ | se·vere | [siviɚ] | 2080 | 183 | 【形】 | 厳しい、シビアな |
| ☐ | sex | [séks] | 1370 | 221 | 【名】 | 性、性別、セックス |
| ☐ | shade | [ʃéid] | 2023 | 213 | 【名】 | 陰、日陰 |
| ☐ | shad·ow | [ʃǽdou] | 1509 | 214 | 【名】 | 影 |
| ☐ | shal·low | [ʃǽlou] | 2821 | 214 | 【形】 | 浅い、浅はかな |
| ☐ | shame | [ʃéim] | 2778 | 213 | 【名】 | 恥、恥ずかしさ |
| ☐ | sharp | [ʃáɚp] | 1531 | 214 | 【形】 | (刃が)鋭い、とがった |
| ☐ | sharp·ly | [ʃáɚpli] | 2415 | 214 | 【副】 | 鋭く |
| ☐ | shed | [ʃéd] | 2587 | 213 | 【名】 | 小屋、【他動】(涙を)流す |
| ☐ | sheep | [ʃíːp] | 1675 | 213 | 【名】 | ひつじ |
| ☐ | sheet | [ʃíːt] | 1303 | 213 | 【名】 | シーツ、敷布、一枚の紙 |
| ☐ | shelf | [ʃélf] | 2394 | 212 | 【名】 | 棚 (たな) |
| ☐ | shell | [ʃél] | 2064 | 212 | 【名】 | 貝殻 (かいがら) |
| ☐ | shel·ter | [ʃéltɚ] | 2324 | 212 | 【名】 | 避難所、シェルター |
| ☐ | shift | [ʃíft] | 1678 | 213 | 【他動】 | 移す、変わる、【名】シフト |
| ☐ | shine | [ʃáin] | 1971 | 214 | 【自動】 | 輝く |
| ☐ | shirt | [ʃɚ́ːt] | 1826 | 214 | 【名】 | ワイシャツ |
| ☐ | shock | [ʃák] | 1026 | 214 | 【名】 | 衝撃、ショック |
| ☐ | shoe | [ʃúː] | 1178 | 213 | 【名】 | 靴 (くつ) |
| ☐ | shoot | [ʃúːt] | 1292 | 213 | 【他動】 | 撃つ、シュートする |
| ☐ | shore | [ʃɔ́ɚ] | 1966 | 215 | 【名】 | (海・湖・川)岸 |
| ☐ | short·age | [ʃɔ́ɚtiʤ] | 2693 | 215 | 【名】 | 不足、欠乏 |
| ☐ | short·ly | [ʃɔ́ɚtli] | 1882 | 215 | 【副】 | まもなく、すぐに |
| ☐ | shot | [ʃát] | 1289 | 214 | 【名】 | 発砲、ショット、写真 |
| ☐ | show·er | [ʃáuɚ] | 2380 | 215 | 【名】 | シャワー、にわか雨 |

| | | | | |
|---|---|---|---|---|
| ☐ shrug | [ʃrʌ́g] | 2677 | 215 | 【他動】肩をすくめる |
| ☐ shut | [ʃʌ́t] | 1420 | 214 | 【他動】閉じる |
| ☐ shy | [ʃái] | 2682 | 214 | 【形】内気な、恥ずかしい |
| ☐ sick | [sík] | 1119 | 223 | 【形】病気の |
| ☐ sigh | [sái] | 1806 | 226 | 【自動】ため息をつく、【名】ため息 |
| ☐ sig·nal | [sígnl] | 1329 | 223 | 【名】信号、シグナル |
| ☐ sig·na·ture | [sígnətʃər] | 2963 | 223 | 【名】署名、調印 |
| ☐ sig·nif·i·cance | [signífik(ə)ns] | 2390 | 208 | 【名】重要性、意味 |
| ☐ sig·nif·i·cant | [signífik(ə)nt] | 2003 | 208 | 【形】重要な（意味がある） |
| ☐ si·lence | [sáiləns] | 1094 | 226 | 【名】静けさ |
| ☐ si·lent | [sáilənt] | 1280 | 226 | 【形】静かな |
| ☐ si·lent·ly | [sáiləntli] | 2751 | 226 | 【副】静かに、音もなく |
| ☐ silk | [sílk] | 2436 | 223 | 【名】絹、絹糸 |
| ☐ sil·ly | [síli] | 1804 | 223 | 【形】まぬけな、ばかな |
| ☐ sil·ver | [sílvər] | 1371 | 223 | 【名】銀、【形】銀の |
| ☐ sim·i·lar·i·ty | [simlǽrəti] | 2931 | 91 | 【名】類似点 |
| ☐ sim·i·lar·ly | [símələrli] | 2157 | 222 | 【副】同様に |
| ☐ sing·er | [síŋər] | 2228 | 222 | 【名】歌手 |
| ☐ sink | [síŋk] | 1645 | 222 | 【自動】沈む、【他動】沈める |
| ☐ site | [sáit] | 1154 | 226 | 【名】場所、位置 |
| ☐ skirt | [skə́ːt] | 2267 | 244 | 【名】スカート、へり |
| ☐ slave | [sléiv] | 2248 | 246 | 【名】奴隷（どれい） |
| ☐ slide | [sláid] | 2109 | 246 | 【自動】すべる、【名】（映写）スライド |
| ☐ slight | [sláit] | 2004 | 246 | 【形】わずかな |
| ☐ slight·ly | [sláitli] | 1400 | 246 | 【副】わずかに |
| ☐ slip | [slíp] | 1398 | 247 | 【自動】すべる、すべってころぶ |
| ☐ slope | [slóup] | 2122 | 247 | 【名】坂、【自動】傾斜する |
| ☐ smart | [smáərt] | 2253 | 249 | 【形】利口な、抜け目の無い |
| ☐ smell | [smél] | 1138 | 248 | 【動】においがする |
| ☐ smoke | [smóuk] | 1058 | 248 | 【名】煙、【自動】タバコをすう |
| ☐ smooth | [smúːð] | 1866 | 248 | 【形】なめらかな、スムーズな |
| ☐ snake | [snéik] | 2592 | 250 | 【名】へび（蛇） |
| ☐ snap | [snǽp] | 2598 | 250 | 【動】ポキンと折れる |
| ☐ snow | [snóu] | 1487 | 249 | 【名】雪 |
| ☐ soap | [sóup] | 2656 | 227 | 【名】石ケン |
| ☐ soc·cer | [sákər] | 2284 | 226 | 【名】サッカー |
| ☐ sock | [sák] | 2994 | 226 | 【名】靴下（socks） |
| ☐ so·fa | [sóufə] | 2944 | 227 | 【名】ソファー、長いす |

| | | | | | |
|---|---|---|---|---|---|
| ☐ soft | [sɔ́(ː)ft] | 1040 | 227 | 【形】 | やわらかい、穏やかな |
| ☐ soft·ly | [sɔ́(ː)ftli] | 1871 | 227 | 【副】 | やわらかく、優しく |
| ☐ soil | [sɔ́il] | 1368 | 227 | 【名】 | 土、土壌（どじょう） |
| ☐ so·lar | [sóulɚ] | 2361 | 227 | 【形】 | 太陽の |
| ☐ sol·dier | [sóulʤɚ] | 1006 | 227 | 【名】 | 兵士 |
| ☐ sol·id | [sάləd] | 2150 | 226 | 【形】 | 固体の、かたい、【名】固体 |
| ☐ so·lu·tion | [səlúːʃən] | 1186 | 90 | 【名】 | 解決、解決策 |
| ☐ solve | [sάlv] | 1332 | 226 | 【他動】 | 解決する |
| ☐ some·bod·y | [sΛ́mbὰdi] | 1034 | 224 | 【代】 | だれか |
| ☐ some·how | [sΛ́mhὰu] | 1374 | 224 | 【副】 | とにかく、なんとなく |
| ☐ some·what | [sΛ́m(h)wὰt] | 2019 | 225 | 【副】 | いくぶん |
| ☐ some·where | [sΛ́m(h)wὲɚ] | 1079 | 224 | 【副】 | どこかで |
| ☐ soul | [sóul] | 1601 | 227 | 【名】 | 魂 |
| ☐ soup | [súːp] | 2210 | 224 | 【名】 | スープ |
| ☐ south·ern | [sΛ́ðɚn] | 1440 | 224 | 【形】 | 南の |
| ☐ spare | [spéɚ] | 2354 | 239 | 【形】 | 予備の、スペアの |
| ☐ spe·cial·ist | [spéʃəlist] | 2090 | 238 | 【名】 | 専門家 |
| ☐ spe·cial·ly | [spéʃəli] | 2933 | 238 | 【副】 | 特別に |
| ☐ spe·cif·ic | [spəsífik] | 1550 | 223 | 【形】 | 具体的な、特定の |
| ☐ spec·trum | [spéktrəm] | 2641 | 238 | 【名】 | （光）スペクトル、範囲 |
| ☐ spell | [spél] | 1595 | 238 | 【自動】 | 字をつづる、【名】呪文 |
| ☐ spi·der | [spáidɚ] | 2930 | 240 | 【名】 | クモ（蜘蛛） |
| ☐ spill | [spíl] | 2743 | 239 | 【他動】 | こぼす、まき散らす |
| ☐ spir·it·u·al | [spíritʃu(ə)l] | 2232 | 239 | 【形】 | 精神的な |
| ☐ splen·did | [spléndid] | 2782 | 241 | 【形】 | 豪華な、華麗な |
| ☐ split | [splít] | 2571 | 241 | 【他動】 | 裂く、分裂する |
| ☐ spoil | [spɔ́il] | 2880 | 241 | 【他動】 | 台無しにする、損なう |
| ☐ spo·ken | [spóukn] | 2722 | 240 | 【形】 | 話される、口語の |
| ☐ spon·sor | [spάnsɚ] | 2588 | 239 | 【名】 | スポンサー、後援者 |
| ☐ spoon | [spúːn] | 2967 | 239 | 【名】 | スプーン |
| ☐ spot | [spάt] | 1071 | 239 | 【名】 | 地点、はん点、【他動】見つける |
| ☐ spray | [spréi] | 2723 | 242 | 【名】 | しぶき、スプレー |
| ☐ square | [skwéɚ] | 1269 | 245 | 【名】 | 正方形、広場、【形】正方形の |
| ☐ squeeze | [skwíːz] | 2566 | 245 | 【他動】 | しぼる、握り締める |
| ☐ sta·ble | [stéibl] | 2420 | 231 | 【形】 | 安定した |
| ☐ sta·di·um | [stéidiəm] | 2634 | 231 | 【名】 | 競技場、スタジアム |
| ☐ staff | [stǽf] | 1128 | 232 | 【名】 | スタッフ、職員、社員 |
| ☐ stair | [stéɚ] | 1637 | 233 | 【名】 | 階段 |

| | | | | | |
|---|---|---|---|---|---|
| ☐ stamp | [stǽmp] | 2160 | 232 | 【名】切手、スタンプ |
| ☐ state·ment | [stéitmənt] | 1190 | 231 | 【名】声明 |
| ☐ stat·ue | [stǽtʃuː] | 2368 | 232 | 【名】像、彫像 |
| ☐ sta·tus | [stéitəs] | 1571 | 231 | 【名】地位、状況 |
| ☐ stead·i·ly | [stédili] | 2871 | 230 | 【副】しっかりと、着実に |
| ☐ stead·y | [stédi] | 2678 | 230 | 【形】安定した、一定の |
| ☐ steal | [stíːl] | 2191 | 231 | 【他動】盗む |
| ☐ steam | [stíːm] | 2231 | 231 | 【名】水蒸気、スチーム |
| ☐ steel | [stíːl] | 2288 | 231 | 【名】鋼鉄、はがね |
| ☐ steep | [stíːp] | 2814 | 231 | 【形】（坂など）急な、険しい |
| ☐ stir | [stə́ːr] | 2529 | 233 | 【他動】かきまぜる |
| ☐ stock | [stάk] | 1900 | 232 | 【名】在庫品、ストック、株 |
| ☐ stom·ach | [stʌ́mək] | 1664 | 232 | 【名】胃 |
| ☐ storm | [stɔ́ər m] | 1488 | 233 | 【名】嵐 |
| ☐ strain | [stréin] | 2483 | 235 | 【他動】張りつめる、【名】緊張 |
| ☐ stran·ger | [stréindʒər] | 2205 | 235 | 【名】見知らぬ人、外国人 |
| ☐ strat·e·gy | [strǽtədʒi] | 1887 | 237 | 【名】戦略、作戦 |
| ☐ stream | [stríːm] | 1730 | 236 | 【名】小川、流れ |
| ☐ strength | [stréŋ(k)θ] | 1042 | 235 | 【名】ちから、強さ |
| ☐ stretch | [strétʃ] | 1493 | 235 | 【他動】（手足）伸ばす、広げる |
| ☐ strict | [stríkt] | 2399 | 236 | 【形】厳格な、厳しい |
| ☐ string | [stríŋ] | 1702 | 236 | 【名】ひも、糸 |
| ☐ strip | [stríp] | 2029 | 236 | 【他動】裸にする、【名】細長い切れ |
| ☐ stroke | [stróuk] | 2243 | 237 | 【名】ひとかき、一打ち、ストローク |
| ☐ strong·ly | [strɔ́(ː)ŋli] | 1736 | 237 | 【副】強く、強固に |
| ☐ struc·ture | [strʌ́ktʃər] | 1235 | 236 | 【名】構造、建物 |
| ☐ stu·di·o | [st(j)úːdiòu] | 1538 | 231 | 【名】スタジオ |
| ☐ stuff | [stʌ́f] | 1320 | 232 | 【名】物、材料 |
| ☐ stu·pid | [st(j)úːpəd] | 1795 | 231 | 【形】ばかな、くだらない |
| ☐ sub·stance | [sʌ́bstəns] | 2186 | 225 | 【名】物質、内容 |
| ☐ suc·ceed | [səksíːd] | 1302 | 223 | 【自動】成功する、【他動】あとを継ぐ |
| ☐ suc·cess·ful·ly | [səksésfəli] | 2620 | 221 | 【副】うまく、成功のうちに |
| ☐ suck | [sʌ́k] | 2765 | 225 | 【他動】（液体を）吸う、すする |
| ☐ sud·den | [sʌ́dn] | 1720 | 224 | 【形】突然の |
| ☐ sug·ar | [ʃúgər] | 1673 | 213 | 【名】砂糖 |
| ☐ sug·ges·tion | [sə(g)dʒéstʃən] | 1672 | 192 | 【名】暗示、提案 |
| ☐ su·i·cide | [súːəsàid] | 2989 | 224 | 【名】自殺 |
| ☐ suit | [súːt] | 1087 | 224 | 【名】スーツ (衣服)、【他動】似合う |

| | | | | | |
|---|---|---|---|---|---|
| ☐ suit·a·ble | [súːtəbl] | 2158 | 224 | 【形】 | ふさわしい |
| ☐ sum | [sʌ́m] | 2022 | 225 | 【名】 | 合計 |
| ☐ sum·mit | [sʌ́mit] | 2557 | 225 | 【名】 | 頂上、首脳会談 |
| ☐ sun·light | [sʌ́nlàit] | 2429 | 225 | 【名】 | 日光 |
| ☐ sun·shine | [sʌ́nʃàin] | 2826 | 225 | 【名】 | 日光、太陽光 |
| ☐ su·pe·ri·or | [supíəriər] | 2622 | 109 | 【形】 | よりすぐれている |
| ☐ su·per·mar·ket | [súːpəmàəkət] | 2351 | 224 | 【名】 | スーパー、スーパーマーケット |
| ☐ sup·per | [sʌ́pər] | 2330 | 225 | 【名】 | 夕食 |
| ☐ sup·port·er | [səpɔ́ətər] | 2538 | 110 | 【名】 | 支持者、サポーター |
| ☐ sup·posed | [səpóuzd] | 1461 | 108 | 【形】 | 推定されていた |
| ☐ su·preme | [s(j)upríːm] | 2500 | 115 | 【形】 | 最高位の |
| ☐ sure·ly | [ʃúəli] | 1185 | 215 | 【副】 | 確かに、必ず |
| ☐ sur·geon | [sə́ːʤən] | 2716 | 228 | 【名】 | 外科医 |
| ☐ sur·ger·y | [sə́ːʤəri] | 2486 | 228 | 【名】 | 外科、外科手術 |
| ☐ sur·prised | [səpráizd] | 1116 | 116 | 【形】 | 驚いた |
| ☐ sur·pris·ing | [səpráiziŋ] | 1643 | 116 | 【形】 | 驚くべき |
| ☐ sur·pris·ing·ly | [səpráiziŋli] | 2695 | 116 | 【副】 | 驚くほど |
| ☐ sur·round | [səráund] | 1463 | 85 | 【他動】 | 囲む、包囲する |
| ☐ sur·round·ing | [səráundiŋ] | 2344 | 85 | 【名】 | 環境、周囲の状況 |
| ☐ sur·vey | [səvéi] | 1349 | 180 | 【他動】 | 調べる、じっくり見る |
| ☐ sur·viv·al | [səváivl] | 1921 | 182 | 【名】 | 生き残ること |
| ☐ sus·pect | [səspékt] | 2112 | 238 | 【他動】 | 疑いをかける、【名】容疑者 |
| ☐ sus·pend | [səspénd] | 2891 | 102 | 【他動】 | 一時停止する、つるす |
| ☐ swal·low | [swálou] | 2374 | 251 | 【他動】 | 飲み込む |
| ☐ sweet | [swíːt] | 1188 | 251 | 【形】 | 甘い、【名】キャンディー |
| ☐ swim | [swim] | 1580 | 251 | 【自動】 | 泳ぐ |
| ☐ swing | [swíŋ] | 1870 | 251 | 【他動】 | 揺らす、振り回す |
| ☐ switch | [switʃ] | 1403 | 251 | 【名】 | スイッチ、開閉器 |
| ☐ sword | [sɔ́əd] | 2696 | 228 | 【名】 | 剣、刀 |
| ☐ sym·bol | [símbl] | 1447 | 222 | 【名】 | 記号、シンボル |
| ☐ sym·bol·ic | [simbálik] | 2838 | 121 | 【形】 | 象徴的な、記号による |
| ☐ sym·pa·thy | [símpəθi] | 2572 | 223 | 【名】 | 同情、共感 |
| ☐ tail | [téil] | 1657 | 131 | 【名】 | 尾、しっぽ |
| ☐ tale | [téil] | 1852 | 131 | 【名】 | (伝説の)物語、話 |
| ☐ tal·ent | [tǽlənt] | 1838 | 133 | 【名】 | (芸術的)才能 |
| ☐ tall | [tɔ́ːl] | 1108 | 134 | 【形】 | 背が高い |
| ☐ tank | [tǽŋk] | 2164 | 133 | 【名】 | 水槽(すいそう)、タンク |
| ☐ tap | [tǽp] | 1691 | 133 | 【名】 | (水道)じゃぐち、【他動】軽くたたく |

| | | | | | |
|---|---|---|---|---|---|
| ☐ | tape | [téip] | 1600 | 131 | 【名】テープ、平ひも |
| ☐ | tar·get | [tɑ́ɚgət] | 1983 | 135 | 【名】的、標的 |
| ☐ | task | [tǽsk] | 1175 | 133 | 【名】任務、仕事、タスク |
| ☐ | taste | [téist] | 1104 | 131 | 【他動】味見をする |
| ☐ | tax | [tǽks] | 1050 | 132 | 【名】税金、【他動】税金をとる |
| ☐ | tax·i | [tǽksi] | 1960 | 132 | 【名】タクシー |
| ☐ | tech·ni·cal | [téknikl] | 2270 | 131 | 【形】技術的な、専門の |
| ☐ | tech·nique | [tekníːk] | 1005 | 209 | 【名】テクニック |
| ☐ | teen·a·ger | [tíːnèidʒɚ] | 2159 | 132 | 【名】10代の少年少女（13～19歳） |
| ☐ | tem·per·a·ture | [témpɚrətʃùɚ] | 1189 | 130 | 【名】温度、気温 |
| ☐ | tem·ple | [témpl] | 1997 | 130 | 【名】寺、神殿 |
| ☐ | tend·en·cy | [téndənsi] | 2421 | 130 | 【名】傾向 |
| ☐ | ten·nis | [ténəs] | 1952 | 130 | 【名】テニス |
| ☐ | ten·sion | [ténʃən] | 2562 | 130 | 【名】緊張 |
| ☐ | tent | [tént] | 2567 | 130 | 【名】テント、天幕 |
| ☐ | term | [tɚ́ːm] | 1107 | 135 | 【名】学期、満期日、用語 |
| ☐ | ter·ri·ble | [térəbl] | 1038 | 130 | 【形】ひどい、恐ろしい |
| ☐ | ter·ri·bly | [térəbli] | 2776 | 130 | 【副】ひどく |
| ☐ | ter·ri·to·ry | [térətɔ̀ːri] | 2462 | 130 | 【名】領土、縄張り |
| ☐ | text | [tékst] | 1890 | 130 | 【名】本文、テクスト |
| ☐ | text·book | [tékstbùk] | 2825 | 130 | 【名】教科書、テキスト |
| ☐ | theat·er | [θíətɚ] | 1256 | 184 | 【名】劇場、舞台 |
| ☐ | theme | [θíːm] | 1978 | 184 | 【名】主題、題、テーマ |
| ☐ | thick | [θík] | 1355 | 184 | 【名】厚い、太い |
| ☐ | thin | [θín] | 1217 | 184 | 【形】薄い、細い |
| ☐ | thread | [θréd] | 2951 | 186 | 【名】糸、脈絡、スレッド |
| ☐ | threat | [θrét] | 1726 | 186 | 【名】おどし、脅迫 |
| ☐ | threat·en | [θrétn] | 1426 | 186 | 【他動】おどす、脅かす |
| ☐ | thrill | [θríl] | 2938 | 186 | 【名】スリル、ぞくぞくすること |
| ☐ | throat | [θróut] | 1810 | 186 | 【名】のど |
| ☐ | thumb | [θʌ́m] | 2585 | 185 | 【名】親指 |
| ☐ | tick·et | [tíkət] | 1283 | 131 | 【名】切符、チケット |
| ☐ | tide | [táid] | 2379 | 133 | 【名】潮の満ち干 |
| ☐ | tie | [tái] | 1014 | 133 | 【他動】結ぶ、縛る、【名】ネクタイ |
| ☐ | ti·ger | [táigɚ] | 2563 | 133 | 【名】トラ |
| ☐ | tight | [táit] | 1828 | 133 | 【形】きつい、ぴんと張った |
| ☐ | tight·ly | [táitli] | 2576 | 133 | 【副】きつく、しっかりと |
| ☐ | tile | [táil] | 2767 | 133 | 【名】タイル、かわら |

| | | | | |
|---|---|---|---|---|
| ☐ till | [tíl] | 1373 | 131 | 【前】…まで |
| ☐ tim·ber | [tímbər] | 2685 | 131 | 【名】木材 |
| ☐ ti·ny | [táini] | 1195 | 133 | 【形】とても小さい |
| ☐ tip | [típ] | 1314 | 131 | 【名】（とがった）先、チップ、祝儀 |
| ☐ tired | [táiərd] | 1156 | 136 | 【形】疲れた、飽きた（tire の過去分詞） |
| ☐ ti·tle | [táitl] | 1304 | 133 | 【名】題、タイトル |
| ☐ to·bac·co | [təbǽkou] | 2837 | 120 | 【名】タバコ |
| ☐ toe | [tóu] | 2632 | 134 | 【名】つま先、足の指 |
| ☐ toi·let | [tɔ́ilət] | 2261 | 135 | 【名】トイレ、便所 |
| ☐ to·ma·to | [təméitou] | 2387 | 202 | 【名】トマト |
| ☐ ton | [tʌ́n] | 2259 | 132 | 【名】トン（1000kg） |
| ☐ tone | [tóun] | 1694 | 134 | 【名】音色、音調、トーン |
| ☐ tongue | [tʌ́ŋ] | 1990 | 132 | 【名】舌 |
| ☐ to·night | [tənáit] | 1029 | 210 | 【名】今晩、今夜、【副】今夜は |
| ☐ tool | [túːl] | 1409 | 132 | 【名】工具、ツール |
| ☐ tooth | [túːθ] | 2045 | 132 | 【名】歯 |
| ☐ top·ic | [tápik] | 1820 | 133 | 【名】話題、トピック |
| ☐ to·tal·ly | [tóutli] | 1774 | 134 | 【副】まったく、完全に |
| ☐ tough | [tʌ́f] | 1836 | 132 | 【形】たくましい、タフな |
| ☐ tour | [túər] | 1402 | 135 | 【名】旅行、ツアー |
| ☐ tour·ist | [túərist] | 1576 | 135 | 【名】旅行者、ツーリスト |
| ☐ tour·na·ment | [túərnəmənt] | 2453 | 135 | 【名】勝ち抜き試合、トーナメント |
| ☐ tow·el | [táuəl] | 2847 | 133 | 【名】タオル |
| ☐ tow·er | [táuər] | 1710 | 136 | 【名】塔、タワー |
| ☐ toy | [tɔ́i] | 2202 | 135 | 【名】おもちゃ |
| ☐ trace | [tréis] | 1740 | 137 | 【名】（通った）跡、【他動】あとをたどる |
| ☐ track | [trǽk] | 1052 | 138 | 【名】足跡、走路、【他動】追跡する |
| ☐ trad·er | [tréidər] | 2962 | 137 | 【名】投機家、商人、トレイダー |
| ☐ tra·di·tion | [trədíʃən] | 1220 | 140 | 【名】伝統、しきたり |
| ☐ tra·di·tion·al·ly | [trədíʃənəli] | 2644 | 140 | 【副】伝統的に |
| ☐ traf·fic | [trǽfik] | 1328 | 138 | 【名】交通、往来 |
| ☐ trag·e·dy | [trǽdʒədi] | 2128 | 138 | 【名】悲劇、惨事 |
| ☐ trail | [tréil] | 2082 | 137 | 【名】（通った）跡、【他動】後を追う |
| ☐ trans·fer | [trænsfə́ː] | 2036 | 175 | 【他動】移動させる |
| ☐ trans·form | [trænsfɔ́əm] | 2628 | 176 | 【他動】変換する、変質させる |
| ☐ trans·late | [trænsléit] | 2086 | 88 | 【他動】翻訳する |
| ☐ trans·la·tion | [trænsléiʃən] | 2509 | 88 | 【名】翻訳 |
| ☐ trans·port | [trænspɔ́ət] | 1872 | 110 | 【他動】輸送する、運ぶ |

| | | | | |
|---|---|---|---|---|
| ☐ trap | [trǽp] | 1769 | 138 | 【名】わな、策略 |
| ☐ trav·el·er | [trǽvlɚ] | 1976 | 138 | 【名】旅行者 |
| ☐ tray | [tréi] | 2708 | 137 | 【名】盆、トレー |
| ☐ treas·ure | [tréʒɚ] | 2531 | 137 | 【名】宝物 |
| ☐ treat·ment | [tríːtmənt] | 1270 | 138 | 【名】取り扱い、治療 |
| ☐ trea·ty | [tríːti] | 2234 | 138 | 【名】条約、協定 |
| ☐ trem·ble | [trémbl] | 2710 | 137 | 【自動】震える |
| ☐ tre·men·dous | [trimén dəs] | 2884 | 202 | 【形】強大な、ものすごい |
| ☐ trend | [trénd] | 2238 | 137 | 【名】傾向、トレンド |
| ☐ tri·al | [trái(ə)l] | 1552 | 139 | 【名】試み、試練、裁判 |
| ☐ tribe | [tráib] | 2332 | 139 | 【名】種族、部族 |
| ☐ trick | [trík] | 1867 | 137 | 【名】計略、トリック |
| ☐ tri·umph | [tráiəmf] | 2746 | 139 | 【名】勝利 |
| ☐ trop·i·cal | [trápikl] | 2521 | 138 | 【形】熱帯の |
| ☐ trou·ser | [tráuzɚ] | 2525 | 139 | 【名】ズボン（通常複数形） |
| ☐ truck | [trʌ́k] | 1861 | 138 | 【名】トラック、運搬車 |
| ☐ tru·ly | [trúːli] | 1699 | 138 | 【副】本当に |
| ☐ trunk | [trʌ́ŋk] | 2995 | 138 | 【名】(木の) 幹、胴体、(車) トランク |
| ☐ tube | [t(j)úːb] | 2455 | 132 | 【名】管、チューブ |
| ☐ tune | [t(j)úːn] | 2147 | 132 | 【名】曲、メロディー |
| ☐ tun·nel | [tʌ́nl] | 2127 | 132 | 【名】トンネル、地下道 |
| ☐ twice | [twáis] | 1167 | 136 | 【副】2度、2回、2倍 |
| ☐ twin | [twín] | 2471 | 136 | 【名】双子、対の |
| ☐ twist | [twíst] | 2506 | 136 | 【他動】ねじる、より合わせる |
| ☐ typ·i·cal | [típikl] | 1648 | 131 | 【形】典型的な |
| ☐ typ·i·cal·ly | [típikli] | 2794 | 131 | 【副】典型的に |
| ☐ ug·ly | [ʌ́gli] | 2548 | 66 | 【形】みにくい、不格好な |
| ☐ um·brel·la | [ʌmbrélə] | 2830 | 126 | 【名】かさ |
| ☐ un·a·ble | [ʌnéibl] | 1295 | 58 | 【形】…できない |
| ☐ un·cer·tain·ty | [ʌnsɚ́ːtnti] | 2858 | 228 | 【名】不確実性 |
| ☐ un·cle | [ʌ́ŋkl] | 1471 | 66 | 【名】おじ (父母の兄弟) |
| ☐ un·com·fort·a·ble | [ʌnkʌ́mfɚtəbl] | 2681 | 150 | 【形】心地よくない、落ち着かない |
| ☐ un·con·scious | [ʌnkánʃəs] | 2809 | 152 | 【形】意識のない、気を失った |
| ☐ un·der·neath | [ʌndɚníːθ] | 2865 | 209 | 【前】…の下側に |
| ☐ un·doubt·ed·ly | [ʌndáutidli] | 2893 | 142 | 【副】疑いもなく、確かに |
| ☐ un·ex·pect·ed | [ʌnikspéktid] | 2317 | 238 | 【形】思いがけない、予期しない |
| ☐ un·fair | [ʌnféɚ] | 2905 | 175 | 【形】不公平な |
| ☐ un·for·tu·nate·ly | [ʌnfɔ́ɚtʃnətli] | 1449 | 176 | 【副】不運にも |

| | | | | | |
|---|---|---|---|---|---|
| ☐ un·hap·py | [ʌnhǽpi] | 2115 | 197 | 【形】 | 不幸な |
| ☐ u·ni·form | [júːnəfɔ̀ːm] | 1734 | 64 | 【名】制服、ユニフォーム、【形】均一な |
| ☐ un·ion | [júːnjən] | 1232 | 64 | 【名】 | 組合、結合 |
| ☐ u·nique | [juːníːk] | 1333 | 209 | 【形】 | 独特の、ユニークな |
| ☐ u·nit | [júːnit] | 1421 | 64 | 【名】 | 単位、1個 |
| ☐ u·nite | [junáit] | 2805 | 210 | 【他動】 | 団結させる、一つにする |
| ☐ u·ni·ver·sal | [jùːnəvə́ːsl] | 2393 | 182 | 【形】 | 全世界的な、普遍的な |
| ☐ u·ni·verse | [júːnəvə̀ːs] | 1808 | 64 | 【名】 | 宇宙 |
| ☐ un·known | [ʌnnóun] | 1801 | 211 | 【形】 | 未知の、知られていない |
| ☐ un·less | [ənlés] | 1009 | 88 | 【接】 | でない限り、…でないなら |
| ☐ un·like | [ʌnláik] | 1520 | 92 | 【形】 | 似ていない、ありそうにない |
| ☐ un·nec·es·sar·y | [ʌnnésəsèri] | 2703 | 208 | 【形】 | 不必要な、よけいな |
| ☐ un·pleas·ant | [ʌnpléznt] | 2666 | 111 | 【形】 | 不愉快な |
| ☐ un·u·su·al | [ʌnjúːʒuəl] | 1483 | 64 | 【形】 | 異常な、まれな |
| ☐ up·per | [ʌ́pə] | 2372 | 66 | 【形】 | 上の、上流の |
| ☐ up·set | [ʌpsét] | 1869 | 221 | 【他動】 | ひっくり返す、心を乱す |
| ☐ up·stairs | [ʌ́pstéəz] | 2249 | 233 | 【副】 | 階上へ、2 階へ |
| ☐ ur·ban | [ə́ːbn] | 2153 | 75 | 【形】 | 都会の |
| ☐ urge | [ə́ːʤ] | 1950 | 75 | 【他動】 | せき立てる、催促する |
| ☐ ur·gent | [ə́ːʤənt] | 2935 | 75 | 【形】 | 緊急の、差し迫った |
| ☐ use·ful | [júːsfl] | 1022 | 64 | 【形】 | 役に立つ |
| ☐ use·less | [júːsləs] | 2992 | 64 | 【形】 | 役に立たない |
| ☐ us·er | [júːzə] | 2162 | 64 | 【名】 | 使用者、ユーザー |
| ☐ u·su·al | [júːʒuəl] | 1210 | 64 | 【形】 | いつもの、普通の |
| ☐ va·ca·tion | [veikéiʃən] | 2950 | 149 | 【名】 | 休暇 |
| ☐ val·ley | [vǽli] | 1512 | 181 | 【名】 | 谷、低地 |
| ☐ val·u·a·ble | [vǽljəbl] | 1794 | 181 | 【形】 | 価値の高い、高価な |
| ☐ van | [vǽn] | 2654 | 181 | 【名】 | バン、小型トラック |
| ☐ vanish | [vǽniʃ] | 2611 | 181 | 【自動】 | 消える、見えなくなる |
| ☐ var·y | [véəri] | 1757 | 183 | 【自動】 | 変化する、異なる |
| ☐ vast | [vǽst] | 1564 | 181 | 【形】 | 広大な |
| ☐ veg·e·ta·ble | [véʤətəbl] | 1767 | 180 | 【名】 | 野菜 |
| ☐ ve·hi·cle | [víːəkl] | 1930 | 181 | 【名】乗り物（car, bus などの総称） |
| ☐ ver·sion | [və́ːʒən] | 1625 | 182 | 【名】 | …版、脚色 |
| ☐ ver·ti·cal | [və́ːtikl] | 2747 | 182 | 【形】 | 垂直の、縦の |
| ☐ vic·tim | [víktim] | 1486 | 181 | 【名】 | 被害者 |
| ☐ vic·to·ry | [víktəri] | 1307 | 181 | 【名】 | 勝利 |
| ☐ vil·lag·er | [víliʤə] | 2848 | 181 | 【名】 | 村人 |

| □ vi·o·lence | [váiələns] | 1783 | 182 | 【名】暴力、激しさ |
|---|---|---|---|---|
| □ vi·o·lent | [váiələnt] | 2144 | 182 | 【形】激しい、暴力的な |
| □ vi·o·lin | [vàiəlín] | 2976 | 89 | 【名】バイオリン |
| □ vi·rus | [váiərəs] | 2111 | 182 | 【名】ウイルス |
| □ vis·i·ble | [vízəbl] | 2484 | 181 | 【形】目に見える、可視の |
| □ vi·sion | [víʒən] | 1824 | 180 | 【名】視界、先見性、ビジョン |
| □ vis·i·tor | [vízətər] | 1086 | 181 | 【名】訪問者、見学者 |
| □ vi·su·al | [víʒuəl] | 2427 | 181 | 【形】視覚の |
| □ vi·tal | [váitl] | 2223 | 182 | 【形】命にかかわる、極めて重要な |
| □ vi·ta·min | [váitəmin] | 2613 | 182 | 【名】ビタミン |
| □ vol·ume | [válju(:)m] | 1936 | 181 | 【名】容積、本 |
| □ vol·un·teer | [vàləntíər] | 1241 | 135 | 【名】ボランティア、【自動】志願する |
| □ voy·age | [vɔ́i(i)ʤ] | 2957 | 182 | 【名】(長い) 船旅、航海 |
| □ wage | [wéiʤ] | 1749 | 95 | 【名】賃金、給料 |
| □ wait·er | [wéitər] | 2801 | 95 | 【名】ウエイター、接客係 |
| □ wake | [wéik] | 1275 | 95 | 【動】目を覚ます、目を覚まさせる |
| □ wan·der | [wándər] | 2282 | 97 | 【自動】歩き回る、さまよう |
| □ warmth | [wɔ́ərmθ] | 2360 | 98 | 【名】暖かさ、温情 |
| □ warn | [wɔ́ərn] | 1543 | 98 | 【他動】警告する |
| □ warn·ing | [wɔ́ərniŋ] | 1688 | 98 | 【名】警告 |
| □ weak | [wíːk] | 1290 | 96 | 【形】弱い、弱々しい |
| □ weak·ness | [wíːknəs] | 2594 | 96 | 【名】弱さ、弱点 |
| □ wealth | [wélθ] | 1823 | 95 | 【名】富、富裕 |
| □ wealth·y | [wélθi] | 2561 | 95 | 【形】裕福な、富裕な |
| □ weap·on | [wépn] | 1410 | 95 | 【名】武器 |
| □ weath·er | [wéðər] | 1016 | 95 | 【名】天気、気候 |
| □ weave | [wíːv] | 2972 | 96 | 【他動】織る、編む |
| □ web | [wéb] | 2773 | 95 | 【名】くもの巣、ウエッブ |
| □ wed·ding | [wédiŋ] | 1776 | 95 | 【名】結婚式 |
| □ week·end | [wíːkènd] | 1247 | 96 | 【名】週末 |
| □ week·ly | [wíːkli] | 2889 | 96 | 【形】毎週の、週 1 回の |
| □ weigh | [wéi] | 2069 | 95 | 【他動】重さを量る |
| □ weight | [wéit] | 1037 | 95 | 【名】重さ、重量 |
| □ wel·fare | [wélfèər] | 2492 | 95 | 【名】福祉、幸福 |
| □ wet | [wét] | 1359 | 95 | 【形】ぬれた、湿った |
| □ whale | [(h)wéil] | 2060 | 98 | 【名】くじら |
| □ wheel | [(h)wíːl] | 1719 | 99 | 【名】車輪 |
| □ when·ev·er | [(h)wenévər] | 1507 | 56 | 【接】…するときはいつでも |

| | | | | | |
|---|---|---|---|---|---|
| ☐ where·as | [(h)weɚ(r)ǽz] | 2457 | 68 | 【接】…であるのに |
| ☐ wher·ev·er | [(h)weɚ(r)évɚ] | 2300 | 56 | 【接】どこでも |
| ☐ whis·per | [(h)wíspɚ] | 1399 | 99 | 【自動】ささやく、小声で話す |
| ☐ whis·tle | [(h)wísl] | 2684 | 99 | 【名】口笛、【自動】口笛を吹く |
| ☐ whom | [húːm] | 1067 | 197 | 【代】だれを、だれに |
| ☐ wide·ly | [wáidli] | 1566 | 97 | 【副】広く |
| ☐ wide·spread | [wáidspréd] | 2524 | 97 | 【形】広げた、広く行き渡った |
| ☐ wild·life | [wáildlàif] | 2477 | 97 | 【名】野生動物 |
| ☐ will·ing | [wíliŋ] | 1624 | 95 | 【形】快く…する、やる気がある |
| ☐ wine | [wáin] | 1088 | 97 | 【名】ブドウ酒、ワイン |
| ☐ wing | [wíŋ] | 1404 | 95 | 【名】翼 |
| ☐ win·ner | [wínɚ] | 1837 | 95 | 【名】勝利者 |
| ☐ wipe | [wáip] | 2392 | 97 | 【他動】ふき取る、ぬぐい去る |
| ☐ wire | [wáiɚ] | 2407 | 98 | 【名】針金、ワイヤー |
| ☐ wis·dom | [wízdəm] | 2579 | 95 | 【名】知恵、賢明さ |
| ☐ wise | [wáiz] | 1894 | 97 | 【形】賢い |
| ☐ wit·ness | [wítnəs] | 1859 | 95 | 【名】目撃者 |
| ☐ wolf | [wúlf] | 1707 | 96 | 【名】オオカミ |
| ☐ wood·en | [wúdn] | 1905 | 96 | 【形】木でできた、木製の |
| ☐ wool | [wúl] | 2941 | 96 | 【名】ウール、羊毛 |
| ☐ world·wide | [wɚ́ːldwáid] | 2590 | 97 | 【形】世界的な、世界的に広がった |
| ☐ wor·ried | [wɚ́ːrid] | 1481 | 97 | 【形】心配そうな |
| ☐ worse | [wɚ́ːs] | 2591 | 97 | 【形】もっと悪い |
| ☐ worth·while | [wɚ́ːθwáil] | 2943 | 97 | 【形】やりがいがある、価値ある |
| ☐ wound | [wúːnd] | 1939 | 96 | 【名】傷（体の） |
| ☐ wrap | [rǽp] | 2049 | 84 | 【他動】包む、くるむ |
| ☐ wrist | [ríst] | 2983 | 83 | 【名】手首 |
| ☐ writ·ten | [rítn] | 1277 | 82 | 【形】書かれた、write の過去分詞形 |
| ☐ yard | [jáɚd] | 1316 | 64 | 【名】中庭、ヤード（3 feet, 約91cm） |
| ☐ ye | [jíː] | 2890 | 63 | 【代】なんじらは (you の古・口語) |
| ☐ yell | [jél] | 2762 | 63 | 【自動】大声をあげる |
| ☐ yel·low | [jélou] | 1300 | 63 | 【形】黄色の、【名】黄色 |
| ☐ yours | [júɚz] | 1649 | 65 | 【代】あなた（たち）のもの |
| ☐ youth | [júːθ] | 1244 | 64 | 【名】若さ、青春時代 |
| ☐ zone | [zóun] | 2046 | 254 | 【名】区域、地帯、ゾーン |

# あとがき

　今回は、収録した 2000 単語を材料にして、英語の「音節」を徹底的に分解・整理してみました。もちろん、2000 単語だけでなく、JACET8000 の 8000 単語のすべてを、今回の約 500 音で分類できることをすでに確認してありますのでご安心ください。

　くり返して発音練習していくうちに、自然に「音節」の発音が身につき、単語が脳にすり込まれていきます。本書により、英語の発音のからくりのおもしろさを実感していただけたらうれしく思います。

　私は常々、[s] 音が重要だと提唱しています。その理由の全容は、ようやく本書の最終第 5 部の練習で納得していただけたと思います。実は、英語の発音は、わかってしまえば単純です。あなたにも、そう言い切れる自信を持っていただきたいと願っています。

　CD に収録した音声は、「正確で効果が高いもの」をねらいました。クレア・オコナーさんは長年、英米人の声優のナレーションおよびボイストレーニングの指導を行なっている、英語の声のプロであります。彼女のアメリカ英語の発音の正確さには、著者は全面的な信頼を置いています。

　今回の CD でも彼女を起用し、Lv.1 のように、1 つ 1 つの単語について、発音を嚙みくだくように分解し、まずスローな速度での発音を、続けて、ナチュラルな速度の発音を収録しました。その結果、自然に実用的で完璧な単語の発音が身につく音声に仕上がりました。

　ちなみに、CD のスタジオ録音の後でクレアさんは、「ぜひ私のクラスでも使わせて！」と言って、この本の原稿を持って行ってしまいました。プロの彼女にとても気に入っていただいたことは、私にとってもうれしい驚きです。

　みなさんにお願いする練習回数は、1 つの音番号につき合計 40〜100 回です。練習をはじめると、20 回までは、自分でも気づくほど発音が毎回少しずつ良くなってゆきます。しかし、20〜30 回で十分になってきたと感じても、まだ足りません。40 回までは、運動と同じで、小さな発見が続きます。自分でも気がつかないくらい少しずつ伸びているのです。2〜3 ヶ月で完走しても、

じっくり1年かけても2年かけてもかまいません。英語を話すときに日本語のクセがとれて、英語の発音のクセが身につくまで、ぜひ練習してください。

次の『単語耳』第3巻では、いよいよ「意味」を中心に、次の2500単語（JACET3001〜5500番まで）を徹底的に分類します。音節には、漢字のように隠された意味がひそんでいます。その意味を1つ1つ分解していくと、「あーそうか！」と納得して、英単語がグループでまとまって記憶できます。具体的には、第1巻で紹介したラテン語系の語彙攻略メソッドを使います。第1巻のp.79からp.82までで、ラテン語の語源stare（立つ）から作られた単語をイメージしやすく紹介しました。第3巻では、語源stareを含む重要な語源の数々を使って2500単語を分類します。第2巻で練習した「音節」が第3巻で意味を持つようになる、目からうろこが落ちてゆく興奮を楽しみにしていてください。そしてイッキに語彙を獲得してください。

『改訂版　単語耳』第2巻の完成も、第1巻に引き続き編集を担当していただいた、工藤裕一氏の辞書の編集と同じように根気のいる編集のおかげです。また、KADOKAWAの方々のこの本に対するコミットメントに感謝いたします。

そして、はがきやネットなどでよせられた、みなさまからの暖かいご声援が、この改訂版の実現の支えになっています。みなさん、ありがとうございます。

2021年10月1日　松澤喜好

参考文献·
『ジーニアス英和大辞典』（大修館）
『新英和大辞典　第6版』（研究社）
『ニュー・ヴィクトリー・アンカー英和辞典』（学研）
『JACET8000　英単語』（桐原書店）

松澤喜好（まつざわ・きよし）
1950年、3月1日生まれ。電気通信大学電波通信学科卒。富士ゼロックス（株）に入社。おもにソフト開発に携わり、海外と連携したプロジェクトを多数経験。'75年、英検1級取得。'79〜81年には英国駐在も経験。'00〜04年まで東洋大学にて非常勤講師として発音を指導。日本音声学会、日本英語学会終身会員。アルクのサイトに「基本動詞」のコラムを寄稿している。主な著作である『英語耳』『単語耳』シリーズの累計発行部数は100万部を超える。

改訂版 単語耳 レベル2
中級英単語2000の音を脳に焼き付けて「完全な英語耳」へ

2021年10月20日 初版発行

著者／松澤喜好

協力／大学英語教育学会

発行者／青柳昌行

発行／株式会社KADOKAWA
〒102-8177 東京都千代田区富士見2-13-3
電話 0570-002-301（ナビダイヤル）

印刷・製本／大日本印刷株式会社

ナレーター／クレア・オコナー（米国人）
カバー・帯・表紙デザイン／八木麻祐子（ISSHIKI）
イラスト／團 夢見
編集／工藤裕一（KADOKAWA 教養統括部 ビジネス・ノンフィクション部）